普通高等教育“十一五”国家级规划教材
全国交通土建高职高专规划教材

交通工程学基础

Jiaotong Gongchengxue Jichu

（第二版）

张郃生　易　操　高红宾　主编
裴玉龙［哈尔滨工业大学］
张国清［河北省交通勘察设计研究院］　主审

人民交通出版社

内 容 提 要

本教材为普通高等教育“十一五”国家级规划教材、全国交通土建高职高专规划教材。本书主要介绍了交通工程学发展的历史、现状及存在的问题;介绍了交通流、交通调查与数据分析、道路通行能力和交通规划的基本理论与方法,以及交通事故分析、交通管理与控制、交通与环境、停车场设计等内容。本书课后附有思考题和习题供学生学习使用。

本教材适用于高等职业技术学院道路桥梁工程技术专业及其他相关专业,也可供相应专业中专学生使用。

图书在版编目(CIP)数据

交通工程学基础 / 张郃生等主编. —2 版. —北京:人民交通出版社,2008.7

普通高等教育“十一五”国家级规划教材. 全国交通土建高职高专规划教材

ISBN 978-7-114-07240-6

I. 交… II. 张… III. 交通工程学-高等学校:技术学校-教材 IV. U491

中国版本图书馆 CIP 数据核字(2008)第 092173 号

书　　名:普通高等教育“十一五”国家级规划教材
全国交通土建高职高专规划教材
交通工程学基础(第二版)

著 作 者:张郃生　易　操　高红宾

责任编辑:卢仲贤　郑蕉林

出版发行:人民交通出版社股份有限公司

地　　址:(100011)北京市朝阳区安定门外外馆斜街 3 号

网　　址:http://www.ccpress.com.cn

销售电话:(010) 59757973

总 经 销:人民交通出版社股份有限公司发行部

经　　销:各地新华书店

印　　刷:北京市密东印刷有限公司

开　　本:787×1092　1/16

印　　张:14

字　　数:346 千

版　　次:2002 年 6 月　第 1 版
2008 年 7 月　第 2 版

印　　次:2022 年 5 月　第 2 版　第 17 次印刷　总第 25 次印刷

书　　号:ISBN 978-7-114-07240-6

定　　价:25.00 元

全国交通土建高职高专规划教材编审委员会

总　序

针对高职高专教材建设与发展问题，教育部在《关于加强高职高专教材建设的若干意见》中明确指出：先用2至3年时间，解决好高职高专教材的有无问题。再用2至3年时间，推出一批特色鲜明的高质量的高职高专教育教材，形成**一纲多本、优化配套**的高职高专教育教材体系。

2001年7月，由人民交通出版社发起组织，15所交通高职院校的路桥系主任和骨干教师相聚昆明，研讨交通土建高职高专教材的建设规划，提出了28种高职高专教材的编写与出版计划。后在交通部科教司路桥工程学科委员会的具体指导下，在人民交通出版社精心安排、精心组织下，于2002年7月前完成了28种路桥专业高职高专教材出版工作。

这套教材的出版发行，首先解决了交通高职教育教材的有无问题，有力支持了路桥专业高职教育的顺利发展，也受到了全国各高职院校的普遍欢迎。

随着高职教育教学改革的深入发展、高职教学经验的丰富与积累，以及本行业有关技术标准、规范的更新，本套教材在使用了2至3轮的基础上，对教材适时进行修订是十分必要的，时机也是成熟的。

2004年8月，人民交通出版社在新疆乌鲁木齐召开了有19所交通高职院校领导、系主任、骨干教师共41人参加的教材修订研讨会。会议商定了本套教材修订的基本原则、方法和具体要求。会议决定本套教材更名为"交通土建高职高专统编教材"，并成立了以吉林交通职业技术学院张洪滨为主任委员的"交通土建高职高专统编教材编审委员会"，全面负责本套教材的修订与后续补充教材的建设工作。

2005年6月，编委会在长春召开了同属交通土建大类、与路桥专业链接紧密的"工程监理专业、工程造价专业、高等级公路维护与管理专业"主干课程教材研讨会，正式规划和启动了这三个专业教材的编写出版工作。

2005年12月，教育部高等教育司发布了"关于申报普通高等教育'十一五'国家级规划教材"选题的通知(教高司函[2005]195号)，人民交通出版社积极推荐本套教材参加了"十一五"国家级规划教材选题的评选。

2006年6月，经教育部组织专家评选、网上公示，本套教材中有十五种入选为"十一五"国家级规划教材，2008年1月，又有六种教材在"十一五"国家级规划教材补报中列选，共计21种，标志着广大参与本套教材编写的教师的辛勤劳动得到了社会的认可、本套教材的编写质量得到了社会的认同。

2006年7月，交通土建高职高专统编教材编审委员会及时在银川召开会议，有24所各省区交通高职院校或开办有交通土建类专业的高等学校系部主任、专业带头人、骨干教师以及人民交通出版社领导共39位代表出席了本次会议。会议就全面落实教育部"十一五"国家级规划教材的编写工作进行了研讨。与会代表一致认为必须以入选的十五种国家级规划教材为基本标准，进一步全面提升本套教材的编写质量，编审委员会将严格按照国家级规划教材的要求审稿把关，并决定本套教材更名为**"全国交通土建高职高专规划教材"**，原编委会相应更名为**"全国交通土建高职高专规划教材编审委员会"**。以期在全国绝大多数交通高职院校和开办有交通土建类专业的高等院校的参与、统筹、规划下，本套教材中有更多的进入"十一五"国家级规划教材行列。

2007 年 5 月，编委会在湖南长沙召开工作会议，就“十一五”国家级规划教材主参编人员的确定和教材的编写原则作出了具体安排，全面启动“十一五”国家级规划教材的编写与出版工作。

2008 年 4 月，编委会在广东珠海召开工作会议，研讨了**“工学结合”**高职高专教材编写思路，决定在“十一五”国家级规划教材编写过程中，注重高职教学改革新方向，注重工程实践经验的引入，倡导**“工学结合”。**

本套高职高专规划教材具有以下特色：

——顺应交通高职院校人才培养模式和教学内容体系改革的要求，按照专业培养目标，进一步加强教材内容的针对性和实用性，适应学制转变，合理精简和完善内容，调整教材体系，贴近模块式教学的要求；

——实施开放式的教材编审模式，聘请高等院校知名教授和生产一线专家直接介入教材的编审工作，更加有利于对教材基本理论的严格把关，有利于反映科研生产一线的最新技术，也使得技能培训与实际密切结合；

——全面反映 2003 年以来的公路工程行业已颁布实施的新标准、规范；

——服务于师生、服务于教学，重点突出，逐章均配有思考题或习题，并给出本教材的参考教学大纲；

——注重学生基本素质、基本能力的培养，教材从内容上、形式上力求更加贴近实际；

——为加强学生的实际动手能力，针对《工程测量》、《道路建筑材料》等课程，本套教材特别配套有实训类辅导教材；

——为方便教学，本套教材配套有《道路工程制图多媒体教材》、《公路工程试验实训多媒体教材》、《路基路面施工与养护技术多媒体教材》、《桥涵设计多媒体教材》、《桥涵施工技术多媒体教材》、《现代道路测量仪器与技术多媒体教材》等。

本套教材的出版与修订再版，始终得到了交通部科教司路桥工程学科委员会和全国交通职教路桥专业委员会的指导与支持，凝聚了交通行业专家、教师群体的智慧和辛勤劳动。愿我们共同向精品教材的目标持续努力。

向所有关心、支持本套教材编写出版的各级领导、专家、教师、同学和朋友们致以敬意和谢意。

全国交通土建高职高专规划教材编审委员会
人民交通出版社
2008 年 5 月

第二版前言

本书第一版是根据路桥工程学科委员会高职教材建设联络组2001年7月昆明会议上通过的路桥专业高职教材编审的原则意见和“交通高等职业技术教育路桥专业课程设置框架文件”的要求编写的。2006年6月,本书入选普通高等教育“十一五”国家级规划教材,根据国家级规划教材的要求,本书在第一版的基础上进行了修订。

本书从内容和难度上充分考虑了高职学生的知识基础和路桥专业的要求,结合路桥专业的知识体系,尽量做到与路桥主干专业课内容相衔接,为公路勘测设计、路基路面工程等课程提供必要的相关知识,使学生在掌握交通工程基本理论的基础上,具备交通调查、交通分析的基本能力以及对交通规划和交通设计理论的灵活运用能力。

在本书编写过程中,对所涉及的规范采用了最新版本,对所采用数据也进行了全面更新,根据各交通职业技术院校的反馈意见,对道路交通调查、道路通行能力、道路交通规划、道路交通管理与控制、道路交通环境与保护等章节内容进行了较大修改。

本书共十章。全书由河北交通职业技术学院张郃生主编,由湖北城市建设职业技术学院易操、河北交通职业技术学院高红宾任副主编。全书由哈尔滨工业大学博士生导师裴玉龙教授和河北省交通勘察设计研究院张国清高级工程师主审。东南大学博士生导师过秀成教授对本书提出了许多建设性的意见,河北交通职业技术学院张君纬教授在本书内容的规划上提出了建设性的意见并对全书文字进行了润色。各章的编写人员为:第一、二、四章由张郃生编写;第三章由张郃生和湖北城市建设职业技术学院韩俊平编写;第五章由湖北城市建设职业技术学院韩俊平和河北交通职业技术学院张君纬、高红宾编写;第六章由张郃生和河北省交通规划设计院杜军辉编写;第七章和第九章由河北交通职业技术学院高红宾编写;第八章由湖北城市建设职业技术学院易操和湖南交通职业技术学院蒋芳超编写;第十章由湖北城市建设职业技术学院易操和河北交通职业技术学院孙琳编写。

本书在编写过程中得到了东南大学、河北交通职业技术学院、湖北城市建设职业技术学院、湖南交通职业技术学院、河北省交通规划设计院、京沪高速公路管理处、中交跨世纪公司、大广高速河北南段筹建处有关领导的大力支持;得到了河北交通职业技术学院冯卫星教授、田平教授、李中秋教授及湖南交通职业技术学院彭富强教授的关怀;哈尔滨工业大学博士生导师裴玉龙教授和河北省交通勘察设计研究院张国清高级工程师在百忙中审阅了本书;北京工业大学交通工程研究所贺玉龙教授及人民交通出版社卢仲贤编审审阅了第一稿,并提出了许多有益的修改意见;京沪高速公路管理处的祖贵文、张士兴、张春玉,中土赛科公司的董春,河北省交通厅的邱文利,中交跨世纪公司的张志伟为本书的编写提供了部分资料,河北交通职业技术学院李强绘制了本书的部分插图,在此一并表示感谢。

限于时间和编写者的水平,错误和不当之处恳请读者予以批评指正。

编　者

2008年3月于石家庄

第一版前言

本书根据路桥工程学科委员会高职教材建设联络组2001年7月昆明会议上通过的路桥专业高职教材编审的原则意见和“交通高等职业技术教育路桥专业课程设置框架文件”的要求编写的。

本书从内容和难度上充分考虑了高职学员的知识基础和路桥专业的要求,结合路桥专业的知识体系,尽量做到与路桥主干专业课内容相衔接、为公路勘测设计、路基路面工程等教材提供必要的相关知识,使学员在掌握交通工程基本理论的基础上,具备交通调查、交通分析的基本能力以及运用交通规划和交通设计的知识的初步能力。

本书在编写过程中对所涉及的规范尽量采用了最新版本,所采用数据也尽最大努力进行了搜集和更新。在内容上对环境保护和智能运输交通系统采取了不同处理办法,前者独立成章,而后者只在绪论部分作了简单介绍。交通调查和交通特性分析部分均给出了具体示例和相应的表格,交通流理论部分以交通流理论简介的方式给出,道路通行能力和服务水平、道路交通规划、交通管理与控制、停车场的规划与设计、交通事故分析与安全措施等章节主要考虑了路桥专业的知识结构,着重叙述了有关内容,并对某些偏难的内容作了适当的处理。尽管如此,考虑到各学校的具体情况,可以把第四章第二节、第五节,第六章第七节、第九章作为选学内容。交通调查部分最好安排有针对性的实习,交通规划部分如有条件最好做一个课程设计。

本书共十章。全书由河北交通职业技术学院张命生主编,人民交通出版社卢仲贤主审。各章的编写人员为:第一、二、三、四章由张命生编写;第五、七、九章由河北交通职业技术学院高红宾编写;第六章由河北省交通规划设计院杜军辉和张命生合编;第八章和第十章由湖南交通职业技术学院蒋芳超编写。

本书在编写过程中得到了河北交通职业技术学院、湖南交通职业技术学院、河北省交通规划设计院有关领导的大力支持,得到了河北交通职业技术学院田平高级讲师和张君纬高级讲师、湖南交通职业技术学院彭富强高级讲师及河北省交通规划设计院张国清、李恒旺两位高级工程师的大力支持和技术指导;北京工业大学交通工程研究所贺玉龙教授审阅了本教材,并提出了许多有益的修改意见,在此一并表示感谢。

限于时间和编写者的水平,错误和不当之处恳请读者予以批评指正。

编　者

2002年3月于石家庄

目　录

第一章　绪　论

第一节　交通工程学的定义

现代交通运输系统是由铁路、道路、水路、航空和管道五种运输方式组成的综合系统。道路运输是由汽车在公路和城市道路上行驶的运输系统。道路交通系统是一个由人、车、路、环境组成的整体,图 1-1 是道路交通系统构造模型,图中表明了人、车、路、环境四者的关系,是道路交通工程学(简称交通工程学)研究的中心内容。

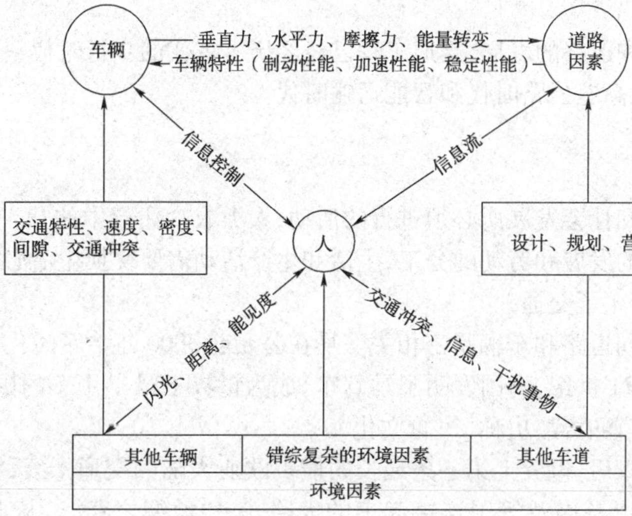

图 1-1　道路交通系统的组成

交通工程学是一门发展中的交叉学科。它与运输工程学、道路工程学、汽车工程学、电子工程学、功效学(Ergonomics,曾译名人机工程学)、心理学和经济学等有着密切关系,兼有自然科学和社会科学的内容,且其内容不断发展丰富。从交通工程学的组成上来看,交通工程学由法规(Enforcement)、教育(Education)和工程(Engineering)组成。随着人们对能源(Energy)和环境(Environment)的日益重视,人们把交通工程学又简称为“5E”科学。目前,对其定义和内涵有各种不同的认识和提法。

美国交通工程师协会给交通工程学所下的定义是:所谓交通工程学是研究道路规划、几何设计及交通运行,研究道路网、车站及与它们相邻接的土地与交通工具的关系,以便使人和物的移动达到安全、有效和便利。

澳大利亚学者给交通工程学所下的定义是:交通工程学是关于交通和出行的量测科学,是研究交通流和交通发生基本规律的科学;为了使人和物安全而有效地移动,把这些科学知识应用于交通系统的规划、设计和营运中。

英国的定义是:道路工程学中研究交通营运与控制、交通规划、线形设计的那一部分叫做交通工程学。

前苏联的定义是:交通工程学是研究交通过程的规律和交通对道路结构、人工构造物影响的科学。

我国的交通工程专家们亦提出过不同的定义,迄今尚未形成统一的定义。分析国内外的意见的差异,主要是描述的角度和提出时间的先后不同,列举的具体研究内容也就有所不同。交通工程学应是研究道路交通中各种交通现象的基本规律及其应用的一门边缘科学,而不是原有其他学科分支的汇集和取代,其具体研究内容尚在发展中,不可能也不必要完全罗列于定义之中。基于此,交通工程学的定义为:

交通工程学是研究道路交通中,人、车、路、环境之间的关系,探讨道路交通规律,建立交通规划、设计、控制和管理的理论和方法以及有关的设施、装备、法律和法规等,使道路交通更加安全、高效、快捷、舒适的一门技术科学。

第二节 交通工程学的起源与发展

伴随着交通工具和道路的发展,交通工程已经经历了古代的步行时代、马车时代和近现代的汽车时代,正在进入高速公路时代和智能运输时代。

一、古代的交通

交通是人类生存和社会发展所必须进行的活动,人类衣食住行中的"行"是最基本的交通活动。随着社会生产的发展和劳动的分工,生活和生产活动需要交换生活必需品,需要交换信息和彼此来往,因此产生了交通。

交通工程的发展同道路和车辆紧密相关。早在公元前3000年黄帝时代,我国劳动人民就已发明舟车。公元前21世纪,商国发明了马驾车,成为世界上最早用车的国家。从舟车到马车,使人类交通进入车辆时代,史称"车轮文化"。

在公元前2世纪以后,世界上第一条最长的横贯欧亚大陆的交通干线,将中国同印度、巴基斯坦、古希腊、罗马以及埃及等国连接起来的大路——"丝绸之路"。从此,道路交通在军事、商业和文化交流中的作用越来越明显。

二、近代及现代交通工具的发展

随着经济发展、科学技术的进步,各种交通工具不断出现。

1. 自行车

1817年德国人K. 德华斯,在1791年法国人C. 西弗拉克年的玩具木马轮的基础上,制成了转向的木马轮,并于1818年获得专利;1874年英国人H. J. 劳森,在两轮车上安装了链条及传动机构,用以驱动后轮前进。改变链轮的传动速比,可以获得需要的车轮转速。这样就形成了现代自行车的基本形式。

2. 有轨电车

世界上第一辆以输电线供电的电动车于1879年出现在柏林工业展览会上,1884年美国人C. J. 范德波尔在多伦多农业展览会试用电车载客,1888年美国人F. J. 斯波拉格在里士满用上述方法在马拉轨道车路线上改用电力牵引行驶,于是出现了现代的有轨电车。

我国于1906年首先在天津创办有轨电车交通系统。随后,上海于1908年,大连于1909年,北京于1921年,沈阳于1924年,哈尔滨于1927年,长春于1934年相继建成了有轨电车系统。

20世纪50年代以后,因汽车工业迅速发展,汽车数量激增,而有轨电车运行不畅,加之噪声大、维护费用高、在各种车辆混行条件下干扰较多,遂逐渐被拆除。

3. 无轨电车

德国人W. 西门子,1882年在柏林发明无轨电车,它由直流架空触线供电的牵引电动机驱动的,非轨道运行的城市公共交通客运车辆,它运行噪声低,牵引性能好,不排放有害气体,驾驶操作简便。

我国上海于1914年就开始使用无轨电车,20世纪50年代中期约有20多座城市兴建了无轨电车系统,20世纪60年代由于公共汽车发展特别是小汽车发展,使无轨电车地位逐步下降,英国首先开始取消无轨电车,其他国家亦相继仿效。20世纪70年代由于汽油短缺和汽车公害日益严重,无轨电车又开始受到重视,我国许多大城市也都建设了无轨电车系统。

4. 汽车

本身具有动力装置驱动,不需轨道和架线可在地面行驶的车辆,其优点为机动、高速,使用方便,可以从门到门。

1885年德国人K. 本茨制成一辆三轮机动车,以后法国人R. 庞赫尔和E. 勒瓦瑟予以改进,使底盘前部的发动机通过离合器、变速器用链条驱动后面的车轮,这样就形成了现代汽车的雏形。

这些交通工具的出现,使城市交通工具发生了质的变化。低速的人力、畜力交通工具逐渐被高速的机动与电动交通工具所替代。

三、交通工程学的理论形成与发展

交通工程学是伴随着汽车工业和道路交通事业的发展而发展起来的。1903年,美国开始大量生产汽车,至1920年,全国已有800多万辆汽车。为了有效地对车辆、驾驶员及交通进行管理,便有专人分工从事这方面的工作,随后于1921年任命了第一位交通工程师。1926年,在哈佛大学创立了交通工程专修科。至1930年,美国平均每千人拥有180辆汽车。小汽车已成为美国人民生活中不可缺少的交通工具。此时,美国的公路已达400万km。大城市地域内和大城市之间的汽车交通也相当繁忙。为了便于技术交流,讨论共同关心的交通问题,一些专门从事交通工程工作的技术人员聚集在一起,于1930年成立了世界上第一个交通工程师协会。后来,人们认为该协会的成立是交通工程学诞生的标志。

20世纪30年代是交通工程学创立的初期,主要是交通管理,诸如给驾驶员发执照、设立交通标志、安装手动信号机、进行路面画线等。这一时期交通工程学发展的主要标志为:交通工程学的诞生,主要研究车、路关系,交通管理如何使路适应汽车行驶及如何减少交叉口阻塞。

20世纪40年代,交通工程人员开始意识到,只靠交通管理,无法根治交通问题。修建道路若不以交通量大小为依据则带有很大的盲目性。于是交通工程学增添了交通调查、道路规划的内容。在修路之前,首先进行交通调查,预测远景交通量。根据车流的流量、流向对道路布局标准、线形几何设计提出要求,并考虑交通管理方案,配备必要的交通设施,根据投资效益进行技术经济论证。这一时期交通工程学发展的主要标志为研究提高路面质量与交叉口通行能力计算。

20世纪50年代，各工业发达国家为了尽快恢复第二次世界大战期间受到破坏的工业体系，大规模修建公路。这一时期交通工程学发展的主要标志为：汽车化时期，主要研究如何修建高速公路、几何线形设计与车辆存放。

20世纪60年代，由于汽车数量激增，美国、英国、前德意志联邦共和国、法国、日本等国的每公里公路平均汽车密度逐渐趋于饱和。于是，交通工程技术人员开始更为深入地研究车流特性，倡导"交通渠化"，用计算机控制交通，改进道路线形设计，注意使各元素之间保持协调，更多地考虑道路对所在地区带来的影响（如空气污染、噪声干扰、城市景观、环境协调等）。在此期间，交通规划已形成了系统的理论和明确的规划方法。这一时期交通工程学发展的主要标志为：交通渠化时期，主要研究城市综合调查与交通渠化、交通规划及电子计算机在交通工程中的应用。

20世纪70年代，由于能源危机，石油价格急剧上涨；另一方面，大量汽车排出的废气、引起的噪声、振动危及人们的健康，这就迫使工业发达国家对交通进行综合治理。在此期间注意研究大众捷运系统，倡导步行，对公共交通实行优惠政策，推行合乘方式，减少不必要的客流、车流，保护环境，挖掘现有交通设施的潜力等。

这一时期交通工程学发展的主要标志为：多乘员化时期，注重减少汽车数量，城市交通综合治理，交通系统管理（TSM）等。

20世纪80年代，在工业发达国家，多数城市的发展已经定型，大规模进行交通规划的时代已经过去，交通工程的研究问题，多集中于交通管理方面。这一时期交通工程学发展的主要标志为：新型车辆出现，创建新交通体系，实现交通新体系与交通管理自动化、电脑化；重点研究驾驶员的交通特性、驾驶员心理和生理对公路线形设计的影响。

20世纪90年代至今，重点研究智能交通系统，主要服务领域包括：先进的交通管理系统、先进的出行者信息系统、先进的公共交通系统、先进的车辆控制系统、运营车辆调度管理系统、电子收费系统、应急管理系统。

世界各工业发达国家均集中大量人力、物力、财力，采用各种高、新技术，研究"智能车路系统"（Intelligent Vehicle Highway System，IVHS），或称智能运输系统（ITS）。日本和欧洲起步较早，从20世纪80年代后期即开始进行。美国在1991年"地面运输方式之间的效率法案"（Intermodel Surface Transportation Efficiency Act of 1991，ISTEA）通过后，才得到联邦政府的重视和支持。因为该法案的缩写ISTEA与英文中的冰茶一词谐音，所以人们通常称之为"冰茶法案"。在该法案的第六章中，明确规定了IVHS的研究工作。美国起步虽晚，但进展较快。

目前世界各工业发达国家已形成北美（美国、加拿大两国）、欧洲（有10多个国家参加）和日本三大研究集体，每个集体均组织了跨部门的上百个企业、高校和研究机构，积极进行各项子系统的开发研究。目前开发的项目很多，但概括起来，不外以下几个方面。

（1）先进的汽车控制系统（Advanced Vehicle Control System，AVCS）或称智能汽车控制系统（IVCS）。

（2）先进的交通管理系统（Advanced Traffic Management System，ATMS）或称自动高速公路系统。

（3）先进的驾驶员信息系统（Advanced Driver Information System，ADIS）。

以上三项为主要组成部分。另外，还有先进的公共运输系统、先进的公路运输系统及商用车辆营运系统等针对各个运输部门和企业的子系统。

大家知道，当交通方式为步行时，人们自城市中心向外的活动半径只有1km左右，所以城市规模很小。当交通方式为骑马或骑自行车时，人们的活动半径扩大到5km左右，这时城市的规模大多了。自汽车成为交通工具以来，人们的活动半径扩展到十几公里或几十公里，因此城市的范围已扩大到某一区域。从另一方面看，全世界有50%左右的人口居住在城市，超过100万人口的特大城市有几百个，有些城市的人口已超过1 000万。面对城市的发展，如何组织城市交通，成为必须解决的问题。城间公路运输，其经济运距已延长到数百公里，可与其他运输方式相抗衡。这些都必将引起交通规划、交通方式、交通政策、交通组织管理等各方面的变革，推动交通工程的理论与实践不断地向前发展。在美国，目前交通工程学已发展为"运输工程学(Transportation Engineering)，它囊括了道路交通、铁路交通、航空交通、水路交通和管道交通五种运输方式涉及的有关问题。实际上它形成了一门研究综合运输体系的学科，并将交通工程学称之为它的分支学科。

当前着重研究的问题如：

(1)明确提出将交通供给管理与交通需求管理一起研究，力求减少交通需求，增大交通供给，缓解交通紧张状况；

(2)研究综合采用各种运输方式。其一是研究各种运输方式的功能与适用条件，尽量发挥各自的优势；其二是研究各种运输方式的衔接，以便形成有效的交通系统。在城市交通中，这些研究趋向，均值得我们注意。

总之，交通工程学自20世纪30年代建立以来，是随着道路交通及相关科学技术的发展，而逐步丰富和完善起来的，目前还在进一步发展中。

第三节　交通工程学在我国的发展

20世纪70年代开始，我国公路和城市道路上的交通量迅猛增长，交通拥挤、堵塞严重，事故日增。有鉴于此，交通部在1970年编制"四五"科技发展规划中，就提出在我国兴建高速公路，并将京津塘高速公路作为样板路列入规划，还责成有关研究部门提出我国的高速公路技术标准和设计细则。1972年我国建立了交通工程研究室，开展了有关交通工程学科领域的研究工作；建立了城市交通的点、线、面控制系统，研究交通量调查的方法及设备；研究设立反光标志、标线、发光标志、光纤标志、可变标志及标志牌的形式、尺寸、位置；研究建立广佛二级路、天津疏港一级公路及高速公路的交通控制系统、收费系统、通信及传输系统等。在此期间，各单位亦先后开展了大量研究工作。与此同时，还邀请了一些国外的专家来我国讲学，引进国外的先进技术和设备。1980年，有关高校开始建立交通工程专业，进行人才培养。1981年，中国公路学会成立了交通工程学会，标志着我国的交通工程学已进入正规、全面、系统的科学研究阶段。在短短的20多年中，我国的交通工程学从无到有，在交通规划、交通设计、交通管理、交通监控、交通安全等领域取得了较大的进展，形成了独立的学科体系。

一、交通调查

20世纪70年代中期，交通部公路科学研究所与公路规划设计院共同对国道交通调查进行了研究，研制了手控和自动控制(便携式和固定式)的交通量调查仪，提出了调查分析的方法等。在此基础上，1979年交通部以公交路字(79)837号文通知各省、市、自治区交通厅(局)，要求在全国范围内对国家干线公路(国道)进行技术调查。从此，各单位在国道上先后建立了交通调查站，对交通量、车速、运量、起讫点进行观测。根据观测的资料，已掌握了国道上目前的交通情况和交通变化规律，并整理出了所在地区的交通量换算系数。2005 年底，全国拥有国道观测站点 4 688 个，其中连续式观测站点 383 个，间隙式及其他观测站点 4 305 个，观测里程 10.93 万公里，占国道总里程的 82.3%。大、中城市也于 1982 年开始了居民出行调查、道路交通调查，掌握了大量的城市客、货运行资料，这些资料给道路与交通的规划、设计、管理和领导部门的决策等提供了可靠的数据。

二、公路网规划与城市交通规划

截至 2007 年底，全国公路总里程达 358.37 万公里，其中国道 13.71 万公里，省道 25.52 万公里，县道 51.44 万公里，乡道 99.84 万公里，专用公路 5.71 万公里，村道 162.15 万公里。全国等级公路里程 253.54 万公里，等外公路 104.83 万公里。各等级公路里程分别为：高速公路 5.39 万公里，一级公路 5.01 万公里，二级公路 27.64 万公里，三级公路 36.39 万公里，四级公路 179.10 万公里。

2006 年，《公路水路交通"十一五"发展规划》确定的目标，2010 年，全国高速公路里程将达到 6.5 万公里，二级以上公路里程 45 万公里，县乡公路里程 180 万公里。具备通达条件的乡镇和建制村 100% 通公路，95% 的乡镇、80% 的建制村通沥青（水泥）路。至 2007 年底，贯通"五纵七横"12 条国道主干线；2010 年，基本建成西部开发 8 条省际公路通道；重点建设高速公路网规划中的"五射两纵七横"共 14 条路线，并力争到 2010 年基本贯通。

2004 年 12 月 17 日，国务院审议通过《国家高速公路网规划》，我国将用 30 年时间，形成 8.5 万公里国家高速公路网。国家高速公路网规划采用放射线与纵横网格相结合的布局方案，形成由中心城市向外放射以及横连东西、纵贯南北的大通道，由 7 条首都放射线、9 条南北纵向线和 18 条东西横向线组成，简称为"7918 网"，总规模约 8.5 万公里，其中：主线 6.8 万公里，地区环线、联络线等其他路线约 1.7 万公里。

天津、上海、广州、北京、南京等城市均先后开展了城市交通规划和公交线网规划的研究。

三、交通规划的理论与方法

在道路交通规划的实践中，我国交通科技人员探讨了城市交通规划的规范化交通调查内容及调查技术，对最短路分配、容量限制—增量加载分配、多路径概率分配的适用性进行了研究，提出了动态多路径交通分配模型。与此同时，对交通枢纽规划进行了研究，提出了一套可供实际应用的交通枢纽规划方法。这套方法包括交通枢纽规划内容、规划流程、枢纽选址方法与计算程序，枢纽规模与功能设计。此外，对公共交通线路优化的研究也获得了一批研究成果。

四、道路线形设计理论

在研究道路交通安全的过程中，发现一些交通事故与道路设计不尽合理有一定关系。现行道路线形设计理论，以汽车行驶对道路的要求为依据，静止地套用公路技术标准上的规定，孤立地分析线形元素的尺寸。针对这种情况，北京工业大学提出了道路线形设计新理论，其要点是以道路使用者的交通需求为依据，从交通的角度，即用动态的观点分析问题，用协调的方法进行设计。所谓协调是指道路与环境的协调，道路三个投影面之间的协调，线形各元素之间的协调。用速度连续和视觉连续作为判断协调的标准。按照新理论设计的道路，充分考虑了用路者的生理心理特征，更加符合行车规律，为保证道路交通安全创造了条件。

五、交通管理与控制

道路交通是一个复杂的开放系统，涉及政治、经济、技术等诸多问题。因此，对交通治理需运用系统科学理论，采取综合措施。

1. 在交通安全教育、制定交通法规、推广各种管理措施方面做的工作

(1)为减少交通需求，国家采取了限制性购车，在城市中，实行错峰上班、轮休、弹性工作时间，禁止某种车在规定时间进入某一范围等措施。

(2)为了增大道路通行能力，在城市交通中，广泛采取了信号控制、建立自动控制系统、路面画线、路口渠化、封闭路口、实行单向交通、禁止路边停车、变向车道等各种措施。

(3)1997 年国务院颁发了《中华人民共和国公路管理条例及实施细则》，1998 年国务院颁发了《中华人民共和国道路交通管理条例》，1994 年，公安部颁布了《高速公路交通管理办法》，1996 年国务院颁发《城市道路管理条例》，1999 年，颁发了国家标准《道路交通标志和标线》(GB 5768—1999)，2003 年颁布了《中华人民共和国道路交通法》。

2. 城市道路交通控制

1972 年交通部公路所研制了单点定周期的红绿灯信号控制机。1973 年又在北京北太平庄路口试验了单点感应式的红绿灯信号控制机。1974 年，又与天津市公安局合作，在天津和平区最繁华的路段上进行了城市交通区域控制系统的试验。系统地研制了交通自动控制设备和开发计算机控制软件，对城市交通实施自动控制。

交通部、公安部与南京市共同完成了"七五"攻关项目，建成了我国第一个实时自适应城市交通控制系统——南京城市交通控制系统 HT-UTCS，并研制了控制设备，建立了区域控制系统并付诸试运行。

3. 高速公路及其监控系统

我国 20 世纪 80 年代，先后修建了沈(阳)大(连)、沪嘉(定)、京津塘(沽)等一批高速公路。20 世纪 90 年代至今是我国高速公路的大规模的建设的时期，这些高速公路具有路线长、连接性强和可到达性强的特点。到 2007 年底，我国共建成高速公路 5.39 万公里。

高速公路的修建，带来交通监控系统、收费系统、通信系统、安全设施设计等诸多新课题。交通部公路科研所及各有关单位对这些问题进行了研究，取得了丰硕成果。目前在部分高速公路上已建设了交通自动监控系统和控制中心，其中包括交通量、交通事故、路况及气候等信息系统、闭路电视系统和应急电话系统等；研究采用中同轴、微波及光纤等各种不同的通信和数据传输系统建设了试验路段，其后大部分采用了光纤系统；设计建设了开放式和封闭式收费系统，还创造了混合式收费系统。北京市公路局还在京石高速公路收费站，研究建立了车型自动识别系统。在交通安全设施方面，交通部公路科研所从 1972 年开始就在京昌、京密、京周等公路上研究设立了反光标志、标线及发光标志，并对标志牌的尺寸、形式等进行研究改进。"七五"期间，他们又对汉字视认性进行了试验研究，取得了丰富的试验数据。据此，提出了适合我国国情的交通标志的面板尺寸、汉字字符结构和大小。八五期间，又研制成功光纤标志。交通部公路科学研究所编写了《高速公路护栏安全性能评价标准》(JTG/T F83-01—2004)。

六、交通评价理论与评价方法

在交通评价范围内，研究了综合效益函数法、模糊数学法、灰色理论的应用问题，提出了建模原则，建立了适合不同用途的评价体系，编制了交通规划评价专家系统。这些成果已广泛应

用于城市交通综合评价、道路系统功能评价、交通规划方案评价、交叉路口评价、路面管理评价、交通安全评价等各个方面。

七、实施 GBM 工程

在公路养护中推行公路标准化、美化作业，简称 GBM 工程。该项工程旨在挖潜改造、完善设施，强化标准，重视景观，实行科学养护与管理。据不完全统计，全国已有 1 万多公里的国道实施了 GBM 工程，效果很好。

八、培养人才

1979 年，在我国高等教育系列中，创办了交通工程专业，1980 年招收第一届交通工程专业本科生。此后，陆续建立了交通工程专业硕士研究生和博士研究生培养点。

目前，全国有 90 多所高等院校开设交通工程专业，每年向国家输送大批交通工程专业人才。各高等院校在开展教学工作的同时，亦积极参与各项研究工作，做出了很大贡献。

九、ITS 在我国的发展

ITS 是当今国际科技界一个热门研究领域。1999 年中国 ITS 研究中心成立，着手制订我国 ITS 研究规划、ITS 框架体系，并在路网收费和事故紧急救援系统等方面开展研究。但是，我国的 ITS 建设同世界发达国家相比有以下问题：

(1)起点相对较低。

(2)各地区发展不平衡。

(3)开发资金有限。

(4)近期内 ITS 设施将以投资类为主。由于我国 ITS 与基础设施建设同步，而且我国信息化水平及国民购置力较低，用户设备(如车载设备)的市场需求有限。

(5)交通运输建设与运营多部门管理。

此外，在人的交通特性、交通流特性和理论、道路景观、公路美学等方面的理论与实践均取得了不少成果，有些内容将在以后各章中具体论述。

第四节　本课程的内容、目的、任务及与其他学科的关系

一、内容

1. 交通特性

交通特性包括交通系统各组成部分的个体特性和交通流的整体特性。

(1)人的交通特性——作为交通参与者，行人、乘客，驾驶员与交通有关的生理、心理特性；

(2)车辆特性——所有道路上行驶的各种车辆的行驶性能，动力性能、稳定性、可靠性以及由车辆或行人组成的交通流的特性，交通流的流量、密度、速度等特征及其在时间与空间环境中相互作用的关系与参数；

(3)路的特性——路网形态、结构、路线的几何线形，路基路面整体质量与各种安全、管理、服务设施等对车辆运行的影响。

2. 交通调查

主要调查交通的流量、流速与起讫点，交通密度、交通延误调查，居民、车辆出行调查，道路及交叉口的通行能力调查，交通事故及违章调查，公共交通及停车场调查，交通污染（大气、噪声）调查等。

3. 交通流理论

运用概率理论、流体力学理论与排队理论，宏观与微观的方法研究连续车流、间断车流与混合车流的通行能力、速度与运行规律。

4. 道路通行能力和服务水平

道路的通行能力和服务水平包括：公路、城市道路通行能力的分析方法，交叉口通行能力的分析方法，公共交通线路通行能力及线网运输能力的分析方法，服务水平的分级及划分标准等。

5. 交通规划

交通规划包括城市交通需求、区域综合运输需求、公路交通需求的预测方法，网络交通流的动态、静态分配模型，城市道路网络、公共交通网络、公路网络的规划方法，道路交通规划的评价。

6. 交通事故

主要研究交通事故产生的空间时间分布规律及其发生的原因，为预测预防事故发生和交通安全服务。

7. 交通组织管理与控制的方法

交通管理与控制包括：道路交通法规制定、交通系统管理策略、交通需求管理策略、交通运行组织管理、交叉口交通控制、干线交通控制、区域交通控制、交通管理策略的计算机模型及定量化评价技术等。

8. 停车站场及服务设施

研究停车站场及服务设施的需求变化、规划设计、营运管理，讨论交通服务设施的布点、规模和经营等。

9. 交通环境保护与美化

10. 其他新的交通体系及设施的研究

二、本课程的主要目的与任务

本课程的主要目的与任务，在于结合我国的交通特点和实际问题，阐述交通流的基本特性、基本理论与一般原则，人、车、路与环境相互关联，相互作用的时间与空间特性，交通调查与分析的基本方法与手段，交通规划的内容、一般程序和方法，道路通行能力计算的理论与方法，交通管理与控制的基本概念，树立交通环境保护和美化的意识等，通过对本课程的学习，应使学生初步了解交通工程学的基本概念、理论、方法和解决交通工程问题的途径，为今后在工作中解决交通工程问题或进一步深入学习交通工程学打下必要的基础。

三、本课程与其他学科关系

交通工程学是一门新兴的边缘科学，是一门综合性很强的专业课程，所涉及的学科多，社会科学方面有法学、社会学、心理学、经济学、管理学等，自然科学方面有数学、动力学、物理学、汽车学、运输学、环境工程学，电子计算机学科，土木建筑工程学、预测学等。从内容来分，既有基本原理、基础理论及方法,也有现代计测技术、计算机图像显示、模拟仿真等。本课程是公路与城市道路、交通工程与运输管理等专业学生必修课程之一,其先修课有"公路勘测设计"、"概率与数理统计"等。

思考题

1. 交通工程学的定义,产生与发展的历史背景与今后发展的趋势。
2. 试述交通工程学的基本内容、性质、目的及与其他学科的联系。
3. 研究本学科有什么意义?
4. 我国交通的现状如何,有什么问题?
5. 为什么说ITS(智能运输系统)出现是交通发展的必然?
6. 简述我国的ITS发展不同于发达国家的特点?

第二章　交通特性分析

交通特性分析是交通工程学的一个基本组成部分，是进行科学合理的交通规划、设计、营运、管理的前提和基础。交通特性的分析不但要研究道路交通各要素自身的特性，如驾驶员的交通特性、行人的交通特性、乘客的交通特性、车辆的交通特性以及道路交通特性，而且要研究诸要素之间的相关特性，即交通流的特性，还要研究交通要素与环境因素之间的相关性。交通要素与环境因素之间的相关性将在第十章讨论，本章主要介绍上述前两部分交通特性分析的内容。

第一节　驾驶员的交通特性

道路交通把人、车、路和环境融为一体，组成一个复杂的大系统。人是道路交通中的主体，在协调和控制交通诸要素中占有举足轻重的主导地位。在道路交通要素中，驾驶员具有特别重要的作用。因为除了行人和自行车交通以外，其他如客、货运输都要驾驶员来完成。驾驶员既要保证将旅客和货物迅速、顺利、准时送到目的地，又要保证这些旅客的安全舒适及货物的完好无损。行人和自行车交通虽然不需要驾驶员，但受到机动车交通的影响严重，所产生的交通事故直接或间接地与驾驶员有关。由于现代的机动车具有结构复杂、行车速度快、占用道路时间长和操作技术要求高的特点，要准确地控制车辆，驾驶员必须具有良好的心理和生理素质。所以说交通系统中的人因素关键是机动车驾驶员。因此，要求驾驶员具有高度的社会责任感，良好的职业道德、身体素质、心理素质和熟练的驾驶技术。充分认识和掌握驾驶员的交通特性对于保证交通运输的正常运行、人民生命财产的安全是十分重要的。

一、驾驶员的反应操作过程

驾驶员在驾驶车辆过程中，首先要通过自己的感官（主要是眼、耳）从外界接受信息，产生感觉（视觉和听觉），然后通过大脑一系列的综合反应产生知觉。知觉是对事物的综合认识。在知觉的基础上，形成所谓“深度知觉”，如目测距离、估计车速和时间等。最后，驾驶员凭借这种“深度知觉”，形成判断，从而指挥操作。这个过程可以抽象成图 2-1 所示的“环境—驾驶员—汽车”这样一个驾驶控制系统。

二、驾驶员的生理心理特性

在图 2-1 所示的汽车技术控制系统中，起控制作用的是驾驶员生理心理特性和反应。

（一）视觉特性

在行车过程中，驾驶员要采集和处理各种交通信息。根据统计分析，各种感觉器官给驾驶员提供交通信息的比例分布如下：视觉占 80%，听觉占 14%，触觉占 2%，味觉占 2%，嗅觉占 2%。由此可见，眼睛是驾驶员在行车过程中采集交通信息的主要生理器官，眼睛的功能直接影响驾驶员的视认性。感知的错误是交通肇事的直接原因,因此,驾驶员的视觉机能直接影响到行车安全。对于驾驶员的视觉机能,主要从以下几方面来考察。

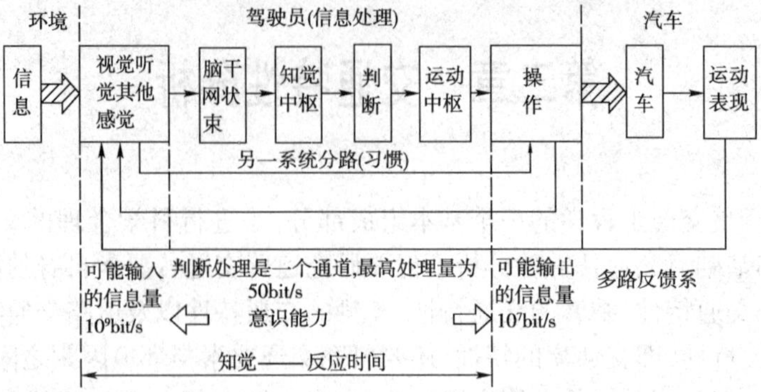

图 2-1　驾驶控制系统

1. 视力

在一定距离内眼睛辨别物体形象的能力称为视力,视力可分为静视力、动视力。顾名思义,静视力即人体静止时的视力。驾驶员在考取驾驶执照时,检查的是静态视力——两眼各为0.7以上,或两眼裸视力不低于0.4,但矫正视力达到0.7以上,无红绿色盲。

然而,汽车在行驶时,驾驶员观测道路上的任何障碍物,都是在具有一定相对速度条件下进行的,此时驾驶员的视力为运动视力——动视力。动视力随速度的增大而迅速降低,如图2-2中所示动视力与驾驶员年龄有关,年龄越大,动视力越差。

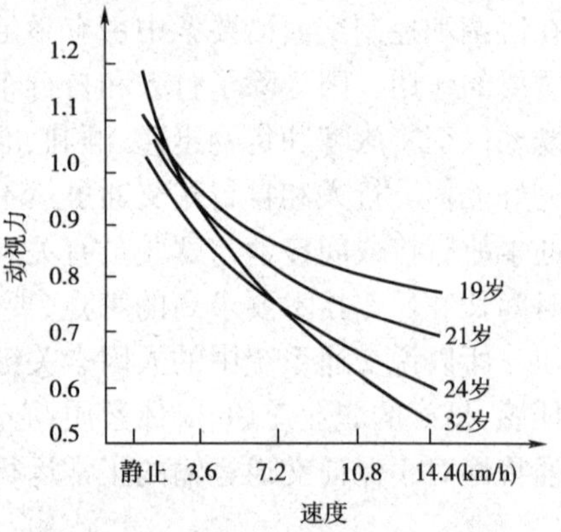

图 2-2　不同年龄时车速与动视力的关系

视力还与亮度、色彩等因素有关。同时,视力从暗到亮或从亮到暗有一个适应过程。

2. 视野

两眼注视某一目标,注视点两侧可以看到的空间范围称为视野。视野受到视力、速度、颜色、体质等多种因素的影响。静视野范围最大,随着车速增大,驾驶员的视野明显变窄,注视点随之远移,两侧景物变模糊,见表2-1。

驾驶员视野与行车速度的对应关系　　表 2-1

行车速度（km/h）	注视点在汽车前方的距离（m）	视野（°）
40	183	90 ~ 100
72	366.	60 ~ 80
105	610	40

3. 色感

驾驶员对不同颜色的辨认和感受是不一样的,具体影响见表2-2。红色刺激性强,易见性高,使人产生兴奋、警觉;黄色光亮度最高,反射光强度最大,易唤起人们的注意;绿色光比较柔和，给人以平静、安全感。交通工程中将红色光作为禁行信号，黄色光作为警告信号，绿色光作为通行信号。交通标志的色彩配置也是根据不同颜色对驾驶员产生不同的生理、心理反应而确定的。

不同颜色给人的心理感觉 表2-2

颜色	波长（nm）	范围（nm）	褒　义	贬　义
红	700	640～750	吉庆，兴奋	警惕，警告
橙	620	600～640	温暖，高贵	警觉，烦躁
黄	580	550～600	光明，温柔，雅致	枯竭，炎热
绿	520	480～550	青春，少壮，安全	狰狞
蓝	470	450～480	幽远，宁静，清凉	寒冷，冷淡
紫	420	400～450	庄重，艳丽	悲愤，恐怖

（二）反应特性

反应是由外界因素的刺激而产生的知觉——行为过程。它包括驾驶员从视觉产生认识后，将信息传到大脑知觉中枢，经判断，再由运动中枢给手脚发出命令，开始动作。知觉——反应时间是控制汽车行驶性能最重要的因素，如图2-3。

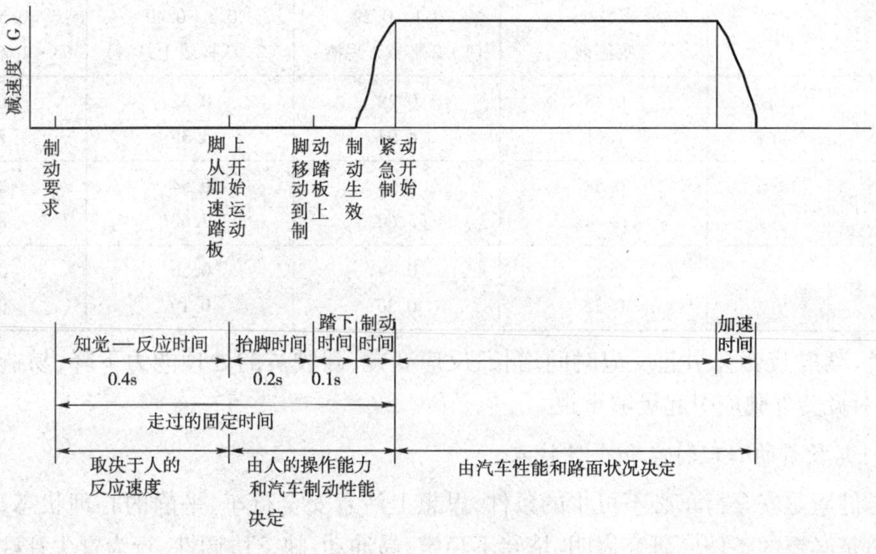

图2-3　反应时间和制动操作

驾驶员开始制动前最少需要0.4s的知觉——反应时间，产生制动效果需0.3s时间，共计0.7s。根据美国公路工作者协会规定，判断时间为1.5s，作用时间为1s，故从感知、判断、开始制动到制动发生效力全部时间通常按2.5～3.0s计算。道路设计中以此作为制动距离的基本参数。表2-3是美国心理学博士约瑟夫·布洛克提出的专门用于测试驾驶员反应时间的简易方法。具体做法是：在表中依次找出10～59的数字，用秒表测定呼读时间。

经过长期的研究，布洛克博士归纳出如下的规律：用10～30s找出每个接连数字的驾驶员，其反应能力为中上；超过1min的为差，这说明他精力不集中，注意力分散，还说明他在紧急情况下，缺乏迅速找到正确的解决办法的能力。

约瑟夫·布洛克测试表(s)　　表 2-3

34	19	42	54	45
26	16	39	28	57
40	35	14	56	30
12	29	44	51	23
50	43	36	24	11
37	20	55	32	47
25	41	17	53	38
13	22	48	10	58
52	18	21	31	46
27	49	33	15	59

反应时间的长短取决于驾驶员的素质、个性、年龄、对反应的准备程度以及工作经验。另外,随着私人汽车越来越多,驾驶员酒后驾车的情况有所上升,饮酒对反应时间的影响应该引起足够重视。表 2-4 是日本宇留野氏做的按键反应时间试验,从一定程度上反映了饮酒对各种反应的影响。从表中可以看出,饮酒一般不会造成反应时间的增加,但是选择反应的错误率增大,判断能力下降。

血液中酒精浓度和反应时间(s)　　表 2-4

酒精浓度(mg/mL)		0 (喝酒前)	0.1~0.29 (1~2 杯威士忌酒)	0.3~0.49 (2~3 杯威士忌酒)	0.5~0.7 (3~4 杯威士忌酒)
简单反应时间	均值	0.33	0.29	0.32	0.327
	方差	7.61	4.97	4.35	7.36
选择反应时间	均值	0.58	0.53	0.54	0.60
	方差	10.40	5.60	7.60	8.20
错误率	均值	0.31	0.34	0.36	0.41
	方差	0.22	0.20	0.19	0.22

另外,驾驶疲劳会引起反应时间增长、反应变慢,驾驶员的处理能力下降,易造成交通事故,所以对疲劳驾驶应引起足够重视。

(三)驾驶员的心理特点和个性特点

身心健康是安全行车必不可少的条件,思想上注意安全行车、平静的心理状态、安定审慎的性格也是必要的条件。研究表明,情绪不稳定,易冲动,缺乏协调性、行为冒失往往容易造成行车事故。相反,情绪稳定,行为谨慎,有耐心的驾驶员发生交通事故的情况就少些。

(四)驾驶员的生物节律与行车安全

人类生活的自然环境随着时间的变化而有规律的交替,即是自然节律,如昼夜的交替、季节的变换、潮汐的涨落等。人类作为生活在自然环境中的有生命的机体,与自然环境相适应,其生理活动同样表现出有规律的变化。生理学家称这些人体内存在的生理循环为"生物节律",生物节律的变化与人类行为有着密切的关系。研究表明,人体中没有哪一种化学变化和物理变化是没有节律的,如脉搏、呼吸、血压、排泄、睡眠、体温及妇女的经期等。

1. 生物节律及其内容

对人类生理节律的研究表明,多数节律是以24h为周期循环的。人体还表现出较长时间的节律称为生物节律,如周期约近一个月的体力节律(23d)、情绪节律(28d)、智力节律(33d)等。

生物节律于19世纪末至20世纪初提出,它在某种程度上揭示了人的生理、心理变化的规律。生物节律的内容可以概括为以下几点:

(1)人类行为受其固有的、可测定的生物节奏变化的影响;

(2)人的体力、情绪和智力循环周期分别为23d、28d和33d;

(3)这些节律从人们出生的那一时刻开始,就分别按各自的周期循环变化——从高潮期到临界期,直至低潮期;再从低潮期到临界期,直至高潮期,这样不断的循环往复,直到生命结束为止。生物节律的变化如图2-4所示。

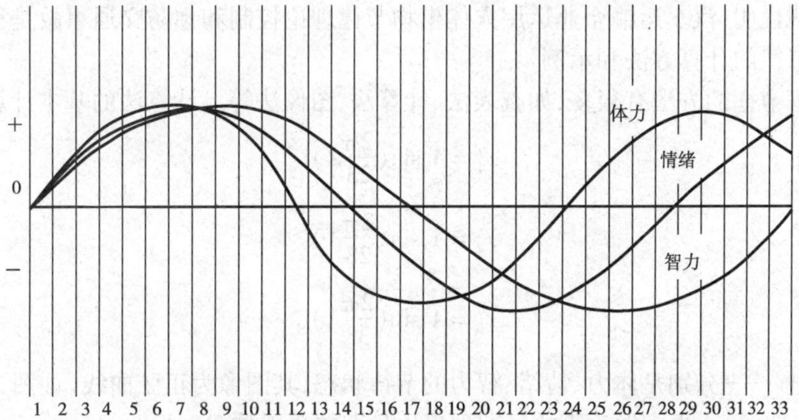

图2-4 生物节律变化图

(4)每当人们的这些循环处于高潮期,人们的行为也处于最佳状态:体力旺盛、精力充沛、情绪高昂、视野开阔、思维敏捷、工作效率高;当循环处于低潮期,人们的行为适应性差,处于较差状态:体力衰弱、耐力下降、情绪低落、反应迟钝、思维抑制、工作效率低;而当这些循环处于高潮期与低潮期之间的临界期,人体内发生复杂和急剧的生理变化,各器官功能协调性差,人们的行为处于一种不稳定状态,这个时期,人们的行为很容易受外界因素的影响而出现差错或酿成事故。如果有两个以上的节律都在同一天到达临界期,则其影响更为明显。

2. 生物节律对行车安全的影响

一个人从出生日到三个循环又完全重合在同一天,共经过21 252天。这些天中,大约经过16 925个非临界日,4 327个临界日。换句话说,人生中大约在20. 36%的日子处于其生物节律的临界日状态。

1939年,瑞士联邦工学院的汉斯·斯旺对700起交通事故的驾驶员作了生物节律分析,发现发生在驾驶员临界日的事故占57. 3%。1971年,日本东京和大阪警察厅分别报告,在他们所调查的汽车交通事故中,发生在驾驶员临界日的事故分别占82%和70%。美国密苏里州州立南方大学的哈罗德·威尔斯教授对100起汽车交通事故的研究发现,有55%的事故发生在驾驶员临界日。我国学者对四川、陕西、上海等地近几年发生的490起与驾驶员责任有关的重大交通事故研究表明,属于驾驶员临界期发生的事故占76. 73%。

以上事实表明,交通事故的发生与驾驶员的生物节律有着内在的联系。运用生理节律理论推算驾驶员的节律状态,指导驾驶员安全行车,能起到防止和减少交通事故的积极作用。前苏联图拉市交通局的一个汽车场，利用上述理论安排驾驶员的工作，14 个月中，事故率下降 42. 9%。1969 年，日本某铁路公司下属的一个出租汽车队，绘制驾驶员生物节律图，每当驾驶员临界日就给其发黄色卡片以示警惕，使事故减少 50%。我国成都市第二汽车运输公司汽车一队运用生物节律指导驾驶员安全行车，1987 年与 1986 年相比，在车辆行程增加 4. 58% 的情况下，立案事故下降 55. 55%，直接经济损失下降 40. 59%。福州运输公司货车二队自 1988 年试行生物节律指导安全行车，1988 年只发生 6 起事故，与 1986 年和 1987 年相比，年均事故起数减少 61. 3%。事故经济损失下降 44. 3%。张家口地区第一运输公司 1985 年至 1987 年共发生交通事故 110 次，造成 13 人死亡，直接损失达 26 万元之多。该公司从 1988 年起运用人体生物节律理论，向驾驶员及时通告危险的临界日以预防交通事故，1988 年至 1990 年 9 月共因交通事故造成 2 人死亡，事故次数比前三年下降 57. 3%。

以上实践说明，汽车运输企业运用人体生物节律理论控制和预防交通事故是行之有效的。

3. 生物节律的计算方法和示例

计算生理节律的方法有很多，如查表法、计算法、图像法等。计算法的基本计算公式如下：

$$Y_1 = A_1 \sin(\frac{2\pi}{23}X) \tag{2-1}$$

$$Y_2 = A_2 \sin(\frac{2\pi}{28}X) \tag{2-2}$$

$$Y_3 = A_3 \sin(\frac{2\pi}{33}X) \tag{2-3}$$

式中：Y_1、Y_2、Y_3——分别是体力、情绪、智力的节律状态，其图像为正弦曲线（如图 2-4 所示）；

X——当事人发生事故日期到出生日期的总天数，$0 < X < \infty$；

A_1、A_2、A_3——分别是体力、情绪和智力的振幅。

当节律波处于“正”象限（A 值为正）时，为高潮期；处于“负”象限（A 值为负）时，为低潮期：当 A 值接近于 0 时为临界期。

人体生物节律的计算是按公历来进行的，最简单的方法，是先计算出从出生那天起，到要测算那天的总天数，然后分别以 23、28 和 33 去除总天数，得到三个余数，去对照图 2-4 或其他的生物节律变化图，即可得到所需了解那天的生物节律状态。举例如下：

例 2-1 如某驾驶员是阳历 1971 年 3 月 16 日出生，试计算他在 2001 年 9 月 22 日的生物节律状态。

解：(1)以公历为准，计算其周岁天数，即 365 × 周岁数，则

$$365 \times 30 = 10\,950(\text{d})$$

(2)计算闰年比平年多的天数（四年一闰，闰年二月份比平年多一天），即周岁数 ÷ 4（结果取整数），则

$$30 \div 4 = 7.5，取\ 8\text{d}$$

(3)计算周岁生日距测试日的天数，按日历计算为 190d。

(4)取前三项之和，计算出总天数为 11 148d。

(5)分别以三个周期的天数去除总天数，计算在各周期中所处的节律位置，则

体力 11 147 ÷ 23 = 484…　余 16

情绪 11 147 ÷ 28 = 398…　余 4

智力 11 147 ÷ 33 = 337…　余 27

(6)用三个周期的余数,对照图2-4,查得该驾驶员处于体力循环低潮期、情绪高潮期和智力低潮期。

应该指出:关于生物节律的上述观点在目前还缺乏足够的科学根据。例如人的生命活动自胚胎期就已开始,这对生物节律的计算起点是否有影响?人的一生是很复杂的,引起人的体力、智力、情绪变化的因素相当多,这些因素如何与生物节律共同影响人的日常行为?外界的各种刺激以及人体自身的健康疾病等因素对生物节律的周期是否有影响?人体机能随着年龄的增长而逐渐趋于衰老,生物节律周期是否也随年龄而有所变化?此外,人与人之间在生物节律周期上是否存在着个体差异?男女之间在生物节律上是否存在差异?这些问题尚无法解释和验证。

生物节律学说是一门新兴学科。在目前虽然有些问题尚未明了,但至少可以给我们这样一个启示:驾驶员的行为状态是有一定规律的,了解和掌握这些规律,对保证交通安全是有益的。

第二节 乘客和行人的交通特性

现代交通工程学开始强调交通设计以人为本的理性化设计,因此,交通规划人员有必要对乘客和行人的交通特性有所了解。

一、乘客的交通特性

1. 乘客的交通需求心理

人们总是抱着某种目的(如上班、上学、购物、公务、社交、娱乐等)才去乘车的,为乘车而乘车的旅客几乎没有,乘车过程本身意味着时间、体力、金钱的消耗。因此,人们在乘车过程中总是希望省时、省钱、省力,同时希望安全、方便、舒适。道路设计、车辆制造、汽车驾驶、交通管理等都应考虑到乘客的这些交通心理要求。

2. 乘车反应

不同道路等级、线形、路面质量、汽车行驶平稳性、车厢内气氛、载客量、车外景观、地形等对旅客的生理、心理反应都有一定的影响。

研究表明,汽车在弯道上行驶,当横向力系数大于0.2时,乘客有不稳定之感;当横向力系数大于0.4时,乘客感到站立不住,有倾倒的危险。汽车如果由直线直接转入圆曲线,并且车速较快,乘客就感到不舒服。因此,在公路线形设计中对平曲线的最小半径和缓和曲线的长度有明确的规定标准。

道路路面开裂、不平整,引起行车振动强烈,乘客受颠簸之苦,厉害时使人感到头晕、恶心、欲呕吐。

在山区道路上或陡边坡或高填土道路上行车,乘客在车上看不到坡脚,易产生恐惧心理。如果在这种路段的路肩上设置护栏或放缓边坡,就可消除乘客的不安全心理。

乘车时间过长,容易产生烦躁情绪。为此,路线的布设应考虑到美学的要求,尽量将附近的自然景物、名胜古迹引入驾驶员和乘客的视野,使乘客在旅途中能观赏风光、放松精神、减轻疲劳感。

每个乘客都有一定的心理空间要求。心理空间是指人们在他(她)周围划出的,确定为自己领域的不可见区域。当个人的心理空间遭到外界不该闯入的人或物的侵袭时,人的心里会感到压力、厌恶、排斥。乘车拥挤不但消耗人的体力，而且给乘客心理上造成额外的压力。

由于体力、心理、生活、就业等方面的原因，城市居民对日常出行时间的容忍形式是有一定限度的，如表 2-5 所列。如果他们的居住地到市中心的距离超出了可容忍的最大出行时间，则他们对自己居住地的位置以及交通系统服务是不会满意的。

不同出行目的的容忍时间(min) 表 2-5

出行目的	理想出行时间	不计较出行时间	能忍受出行时间
就　业	10	25	45
购　物	10	30	35
游　憩	10	30	85

前苏联在城市交通规划时规定了乘客的乘车时耗定额，如表 2-6 所列。

不同城市时耗定额 表 2-6

人口规模(万人)	>100	50 ~ 100	25 ~ 50	<25
时耗定额(min)	45	35	30	25

3. 社会影响

乘车安全性、舒适性、满意性不仅对乘客个人的生理、心理有影响，同时可能对社会也产生预想不到的影响。上下班时间过长，多次换乘，过分的拥挤给职工造成旅途疲劳、心理压力、情绪烦躁，从而产生下列情况：

①容易引起乘客纠纷，发生过激行动；

②使职工过分疲劳，劳动效率降低；

③影响家庭和睦；

④引起居民对公交服务系统的不满；

⑤影响居民对社会生活和公共事业的态度，或对政府产生不满。

在世界范围内，现代大城市的交通拥挤日益成为一个令人关注的社会问题。

二、行人交通特性

步行交通是与人类生活密不可分的一项活动。步行能够使个人与环境及他人直接接触，达到生活、工作、交往、娱乐等各种目的。为了满足步行者的生理、心理和社会的需要，并保证他们不消耗过多的体力、不受其他行人的干扰、不发生交通事故，就必须提供必要的物质设施。这些设施的规划、设计、实施都需要交通设计人员对行人交通的特性有很好的认识和理解。

1. 行人交通流特性

相对于汽车交通来说，对行人交通特征的研究较少，不过还是有不少这方面的工作。美国学者弗洛因在其博士论文《行人规划与设计》中，详细研究了行人流的速度、流量、密度、行人占有空间等特征要素及其相互关系，提出了人行道服务水平划分建议值，见表 2-7。1979 年，以色列学者普鲁士等人对行人交通作了实地观测和理论分析。他们发现，行人的步行速度平均值在 1.03 ~ 1.28m/s 之间，男性的速度比女性快，步行速度随行人流密度增大而下降。他们在平均步行速度、平均行人密度、人行道服务水平之间建立了一元回归模型，见图 2-5。

人行道流量、行人占有空间与服务水平 表 2-7

服务水平	行人流量 [人/(m·min)]	行人占有空间 (m^2/人)	行人交通情况
A	≤30	>2.3	自由流
B	30~55	2.3~0.9	行人步行速度和超越行动受到限制;在有行人反向和横穿时严重地感到不方便
C	55~70	0.9~0.5	步行速度受到限制,经常需要调整步伐有时只好跟着走;很难绕过前面慢行的人;想要反方向走或横穿特别困难
D	≥70	<0.5	不稳定流动,偶尔向前移动;无法避免与行人相挤;反向和横穿行动不可能

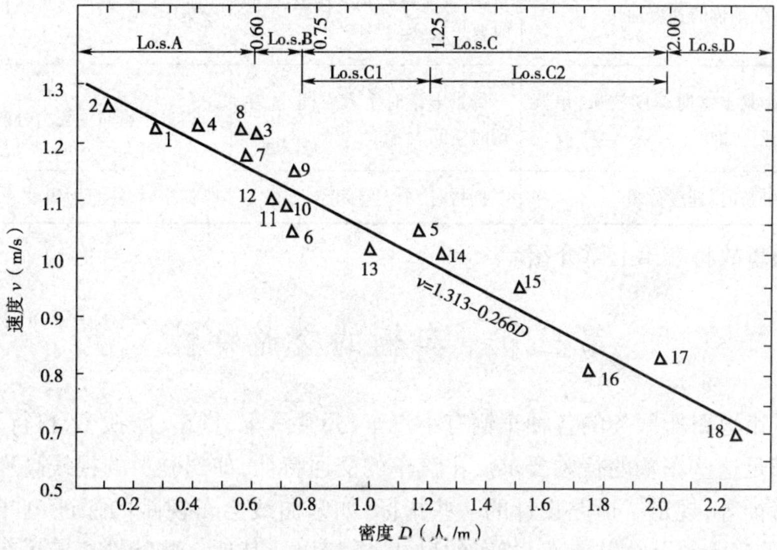

图 2-5 平均步行速度、平均行人密度、服务水平回归模型

注:Δ旁边的数字表示观察号

2. 行人交通特征及相关因素

行人交通特征表现在行人的速度、对个人空间的要求、步行时的注意力等方面。这些与行人的年龄、性别、目的、教养、心境、体质等因素有关,也与行人所处的区域、周围的环境、街景和交通状况等有关,总结起来如表 2-8 所示。

行人交通特征及相关因素分析 表 2-8

特征 因素	行人速度	个人空间	行人注意力
年　龄	成年人正常的步行速度在 1.0~1.3m/s之间,儿童的步行速度随机性较大,老年人较慢	成年人步行时个人空间要求 0.9~2.5m^2/人,儿童个人空间要求比较小,老年人则要求比较大	成年人比较重视交通安全,注意根据环境调整步伐和视线,儿童喜欢任意穿梭
性　别	男性比女性快	男性大、女性小	相当
目　的	工作、事物性出行,步行速度较快,生活性出行较慢	复杂	工作、事物性出行,注意力比较集中,生活性出行注意力分散

续上表

特征 因素	行人速度	个人空间	行人注意力
文化及素养	复杂	受文化教育高的人一般要求高,为自己,也为别人;反之,则要求低,也不太顾及他人	受文化教育高的人一般注意文明走路和交通安全
区　域	城里人的生活节奏快,步行速度高;乡村人生活节奏慢、步行速度慢	复杂	城里人步行时注意力比较集中,乡村人比较分散
心　境	心情闲暇时速度正常,心情紧张、烦恼时速度加快	心情闲暇时个人空间要求正常,心情紧张时要求较小,烦恼时要求较大	心情闲暇时注意力容易分散,紧张时比较集中
街　景	街景丰富时速度放慢,单调时速度加快	街景丰富时个人空间小,单调时空间大	街景丰富时注意力分散,单调时集中
交通状况	拥挤时,速度放慢	拥挤时,个人空间小	拥挤时,注意力集中

行人交通事故将在第七章介绍。

第三节　车辆的交通特性

公路和城市道路所服务的各种车辆有小汽车、公共汽车、货车、摩托车、自行车等。道路设计标准必须满足这些车辆的行驶要求。小汽车的交通特征,如驾驶员的视线高度,小汽车在高速行驶时的特征等,规定了道路设计的一些指标,如竖曲线会车视距的保证,平曲线最小转弯半径、超高值的确定等。公共汽车、货车的尺寸、重量以及其他一些特性决定了车道宽度、竖向净空、路面桥梁荷载等。这些内容在道路设计中已有了详细论述。各种车辆的技术指标在有关手册中可以找到,这里只简单介绍几个要点。

1. 设计车辆尺寸

车辆尺寸与道路设计、交通工程有密切关系。在我国《公路工程技术标准》(JTG B01—2003)和《城市道路设计规范》(CJJ 37—90)中都规定了机动车辆外廓尺寸界限,如表2-9、表2-10所示。

《公路工程技术标准》规定的设计车辆外廓尺寸　　表2-9

车辆类型	项　目					
	总长	总宽	总高	前悬	轴距	后悬
	尺寸(m)					
小客车	6	1.8	2	0.8	3.8	1.4
载重汽车	12	2.5	4	1.5	6.5	4
半挂车	16	2.5	4	1.2	4+8.8	2

《城市道路设计规范》规定的设计车辆外廓尺寸　　表2-10

车辆类型	项目					
	总长	总宽	总高	前悬	轴距	后悬
	尺寸(m)					
小客车	5	1.8	1.6	1.0	2.7	1.3
载重汽车	12	2.5	4.0	1.5	6.5	4.0
半挂车	18	2.5	4.0	1.7	5 +6.7	3.8

2. 汽车动力性能

汽车动力性能包括:最高车速、加速度或加速时间,以及最大爬坡能力。

最高车速 v_{max} 是指在良好的水平路段上,汽车所能达到的最高行驶车速(km/h)。加速时间 t 分为原地起步加速时间和超车减速时间。原地起步加速时间是指汽车由一挡起步,以最大的加速度换至高挡后达到某一预定的距离或车速所需要的时间。超车加速时间大多使用高挡或次高挡由 30km/h,或 40km/h,全力加速至某一高速度所需要的时间来表示。

爬坡能力用汽车满载时以一挡行驶在良好的路面上的最大爬坡坡度表示。

3. 制动性能

汽车制动性能主要体现在制动距离或制动减速度上。制动距离公式为:

$$L=\frac{v^2}{254(\varphi \pm i)} \tag{2-4}$$

式中:v——汽车制动开始时的速度(km/h);

i——道路纵坡(%)上坡为正,下坡为负;

φ——轮胎与路面之间的附着系数。

汽车的制动性能还体现在制动效能的稳定性和制动时汽车的方向稳定性上。制动过程实际上是汽车行驶的动能通过制动器转化为热能,所以温度升高后,能否保持在冷状态时的制动效能对于高速时制动或长下坡连续制动都是至关重要的。

方向稳定性是指制动时不发生跑偏、侧滑及失去转向能力的性能。制动跑偏与侧滑,特别是后轴侧滑是造成事故的主要原因。

第四节　道路的交通特性

道路是汽车交通的基础、支撑物。道路必须符合其服务对象——人、货、车的交通特性,满足他们的交通需求。道路服务性能的好坏体现在量、质、形三个方面,即道路建设数量是否充分,道路结构能否保证安全,路网布局、道路线形是否合理。另外,还有附属设施、管理水平是否配套等。

1. 路网密度

要完成一定的客、货运输任务,必须有足够的路网设施。路网设施是衡量道路设施数量的一个基本指标。一个区域的路网密度等于该区域内道路总长比该区域的总面积。通常,路网密度越高,路网总的容量、服务能力越大,但这不是绝对的。道路网密度应与一定的经济发展水平相当,与所在区域的交通需求相适应,应使道路建设的经济性和服务水平,道路系统的社会效益、经济效益、环境效益得到兼顾和平衡。

公路网的合理密度可用下式来计算:

$$\gamma_0 = \sqrt{\frac{\sum_{i=1}^{n} Q_i d_i \alpha}{A \cdot F}} \tag{2-5}$$

γ_0——公路网的合理密度(km/km^2);

Q_i——第 i 年区域内的总运输量(t);

d_i——第 i 年运输单价[元/(t·km)];

α——平均运距 L_p 与路网密度 γ 之间的回归系数,即:$L_p = \alpha/\gamma$;

A——单位里程的道路建设费(元/km);

F——规划区面积(km^2);

n——规划年限。

城市道路网密度、间距的选取应遵守以下两条原则:

①道路网密度、间距与不同等级道路的功能、要求相匹配;

②道路网密度、间距与城市不同区域的性质、人口密度、就业密度相匹配。

前苏联城市道路设计规范对道路网密度的规划如表 2-11。

干线公路网密度分布(总密度为 2.5km/km²) 表 2-11

城市地带	各类道路长度比值			路网密度(km/km²)		
	高速干线	市干线	区干线	高速干线	市干线	区干线
中心区	1	2	3	0.42	0.83	1.25
近郊区	1	3	5	0.28	0.83	0.39
远郊区	1	4	11	0.16	0.83	1.51

道路网间距可用下式计算:

$$L = \frac{\left[\Delta t + \frac{v}{7.2}\left(\frac{1}{a} + \frac{1}{b}\right)\right]\frac{v_s}{3.6}}{1 - v_s/v} \tag{2-6}$$

式中:L——干道间距(m);

v_s——区间速度(km/h);

v——行驶速度(km/h);

Δt——交叉口停车延误时间(s);

a、b——交叉口车辆加速度、减速度(m/s^2)。

2. 道路结构

道路结构基本部分是路基、路面、桥涵,另外还有边沟、挡墙、盲沟等亦属其组成部分。这些结构物的设计标准和使用要求在《路基工程》、《路面工程》、《桥梁工程》等有关课程中已有介绍,这里不再重复。

3. 道路线形

道路线形是指一条道路在平、纵、横三维空间中的几何形状,传统上分为平面线形、纵断面线形、横断面线形。线形设计的要求是通畅、安全、美观。随着交通需求的增大,公路等级的提高,人们对公路线形的协调性、顺适性要求也越来越高。现更加强调平、纵、横线形一体化,即立体线形的设计,详细内容在《公路设计》课程中介绍。

4. 道路网布局

道路的规划、设计不能仅仅局限于一个点、一条线,而应从整个路网系统着眼。路网布局的好坏对整个运输系统的效率有很大影响，良好的路网布局可以大大提高运输系统的效率，增加路网的可达性，节约大量的投资，节省运输时间和运输费用，达到良好的经济效益、社会效益与环境效益。

公路网布局形式及其性能对于不同的区域、不同的城市各不相同，不存在统一的路网布局模式。路网布局必须根据所在区域的自然、社会、经济情况来选取。

典型的公路网布局有三角形、并列形、放射形、树杈形等。这些不同形式的特点、性能如表2-12所列。

典型公路网布局形式及其特性　　表2-12

图　式	特点与性能
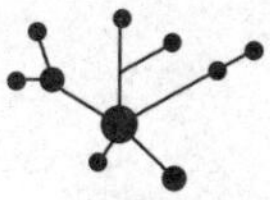 放射形路网	放射形路网一般用于中心城市与外围郊区、周围城镇的交通联系，对于发挥大城市的经济、政治、科技、文化中心作用，促进中心城市政治、经济、科技、文化对周围地区的辐射和影响有重要作用
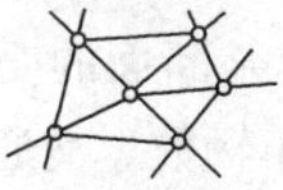 三角形路网	三角形路网一般用于规模相当的重要城镇间的直达交通联系。这种布局形式通达性好，运输效率高，但建设量大
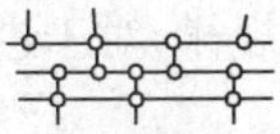 并列形路网	平行的几条干线分别联系着一系列城镇，而处于两条线上的城镇之间缺少便捷道路连接，是一种不完善的路网布局
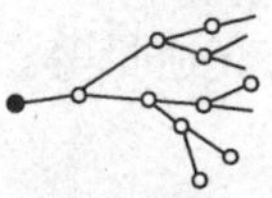 树叉形路网	树杈形的路网一般是公路网的最后一级，是从干线公路上分叉出去的支线公路，将乡镇、自然村寨与市、县政府连接起来

典型的城市道路网布局有棋盘形、带形、放射形、放射环形等。我国古代城市道路以方格形最常见，近、现代城市发展了许多其他形式的道路布局。这些路网布局的特点和性能如表2-13所列。

典型城市道路网布局及其特性　　表2-13

图　式	特点和性能
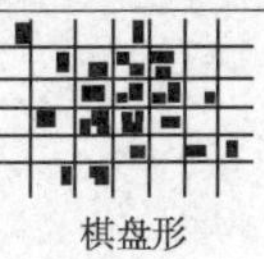 棋盘形	布局严谨、整洁，有利于建筑布置，方向性好，网上交通分布均布，交叉口交通组织容易但非直线系数大，通达性差，过境交通不易分流，对大城市进一步扩展不利
 带　形	建筑物沿交通轴线两侧铺开，公共交通布置在主要交通干道范围内，横向靠步行或非机动车，有利于公共交通布线和组织，但容易造成纵向主干道压力过大，不易形成市中心
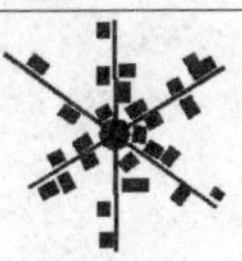 放射形	交通干线以市中心为形心向外辐射，城市沿对外交通干线两侧发展，形成"指状"城市，这种布局具有带形布局的优点，同时缩短了到市中心的距离。缺点是中心区交通压力过大，边缘区相互间交通联系不便，过境交通无分流

续上表

图　式	特点和性能
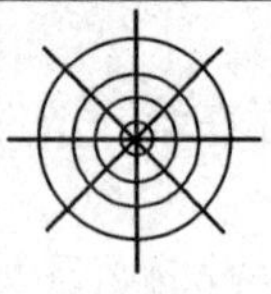 放射环形	这种布局具有通达性好、非直线系数小,有利于城市扩展和过境交通分流等优点,一般用于大城市,但不宜将过多的放射线引向市中心,造成市中心交通过分集中

第五节　交通量的基本特性

一、交通量的定义及分类

1. 交通量的定义

交通量(又称交通流量或流量)是在指定时间段内通过道路某地点或某断面的交通实体数量。不加说明时,交通量一般是指机动车交通量,且指来往两个方向的车辆数。交通量是道路与交通工程中的一个基本交通参数。

交通量是一个随机数,不同时间、不同地点的交通量都是变化的。交通量随时间和空间而变化的现象,称为交通量的时空分布特性。研究或观察交通量的时空变化规律,对于进行交通规划、交通管理、设计方案比较和经济分析以及交通控制,均具有重要意义。

2. 交通量的分类

(1)根据交通物体分类:可分为机动车交通量、非机动车交通量和行人交通量等。非机动车交通量可分为自行车、人力车、畜力车交通量等。

(2)根据观测时间、地点的不同可分为秒、分、小时或某段时间的断面或路段交通量。

(3)根据使用方面的需要,对断面交通量进行数据处理后,有断面平均交通量、路段(线)平均交通量及区域交通量等。

3. 交通量观测和统计分析及实际应用中常见的交通量

1)平均交通量

交通量时刻在变化,在表达方式上通常取某一时间段内的平均值作为该时间段的代表交通量。

平均交通量表达式为:

$$\text{平均交通量} = \frac{1}{n}\sum_{i=1}^{n} Q_i \tag{2-7}$$

式中:Q_i——规定时间段内各单位时间的交通量;

n——规定时间段内的单位时间总数。

按平均值所取的时间段的长度计,常用的平均交通量有:

(1)年平均日交通量(AADT)

$$\text{AADT} = \frac{1}{nn}\sum_{i=1}^{nn} Q_i \tag{2-8}$$

式中:nn——365(平年)或366(闰年),单位为日(常用英文字母"d"表示);

Q_i—— 一年中各日的交通量,单位为辆。

(2)月平均日交通量(MADT)

$$\mathrm{MADT}=\frac{1}{ny}\sum_{i=1}^{ny}Q_i \tag{2-9}$$

式中：ny——本月的总天数，可能是28、29、30、31之一，单位为d。

Q_i——本月各日的交通量，单位为辆。

(3)周平均日交通量(WADT)

$$\mathrm{WADT}=\frac{1}{7}\sum_{i=1}^{7}Q_i \tag{2-10}$$

其中年平均日交通量在城市道路与交通工程中是一项极其重要的控制性指标，用作道路交通设施规划、设计、管理的依据，其他平均交通量仅供交通量统计分析、求各时段交通量变化系数，以便将各时段平均交通量进行相互换算之用。

2)小时交通量

(1)小时交通量，一小时内通过观测站的车辆数；

(2)高峰小时交通量(PHT)，是指一天内的车流高峰期间连续60min的最大交通量(辆/h)；

(3)第30位小时交通量，它是将一年内的8 760h(以平年为代表，闰年为8 784h)的交通量按照从大到小的次序排列，其中从大到小序号第30位的那个小时的交通量。

3)不足1h的时段交通量(简称为流率)，对不足1h的时间间隔(如5min、15min)内观测到的交通量，换算为1h的车辆数称为当量小时流率，简称为流率。

流率 = n 分钟内观测到的车辆数 ×60/n

式中：n——观测时间，如5min、15min。

二、交通量的时间分布特性

1.一年中各月交通量的变化

一年内各月交通量的变化，以一年为一周期，统计12个月的交通量，每个月的交通量均不尽相同，以月份为横坐标，月平均日交通量与年平均日交通量比值的百分数为纵坐标，绘成曲线图，则此曲线简称为交通量的月变图，如图2-6所示。而年平均日交通量与月平均日交通量之比，称为交通量的月变系数(或称月不均衡系数，月换算系数)，以$K_{月}$表示，则：

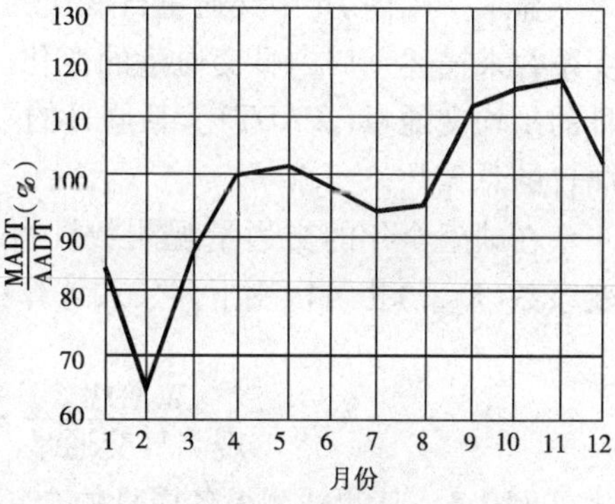

图2-6 月交通量变化图

$$K_{月}=\frac{\mathrm{AADT}}{\mathrm{MADT}}=\frac{年平均日交通量}{月平均日交通量}=\frac{\frac{1}{nn}\sum_{i=1}^{nn}Q_i}{\frac{1}{k}\sum_{i=1}^{k}Q_i} \tag{2-11}$$

式中，k为当月的天数，有30d,29d,31d和28d，nn为一年的天数，平年365d，闰年366d，为简便起见，年平均日交通量可用下式计算：

$$\mathrm{AADT}=\frac{12个月的月平均日交通量的总和}{12} \tag{2-12}$$

通常月交通量变化系数($K_{月}$)用以表示交通量的月变化规律。

例 2-2　某测站测得各月的交通量及全年的累积交通量如表 2-14，试计算各月的月平均日交通量与月变系数($K_{月}$)。

月平均日交通量与月变系数计算表　　表 2-14

月份	一	二	三	四	五	六	七	八	九	十	十一	十二	全年合计
全月交通量	65 785	42 750	67 141	73 317	77 099	72 782	70 641	70 951	83 043	91 661	88 166	78 180	881 516
MADT	2 122	1 527	2 166	2 444	2 487	2 426	2 279	2 289	2 768	2 957	2 939	2 522	AADT
$K_{月}$	1. 14	1. 58	1. 12	0. 99	0. 97	1. 00	1. 06	1. 06	0. 87	0. 82	0. 82	0. 96	=2 415

解：首先计算年平均日交通量：

$$\mathrm{AADT}=\frac{881\ 516}{365}=2\ 415\ 辆/\mathrm{d}$$

再计算月平均日交通量及月变系数：

$$1\ 月份\qquad \mathrm{MADT}=\frac{65\ 785}{31}=2\ 122\ 辆/\mathrm{d}$$

$$K_{月}=\frac{\mathrm{AADT}}{\mathrm{MADT}}=\frac{2\ 415}{2\ 122}=1.14$$

其余类推，结果如表 2-14 所示。从表 2-14 可知，二月份的月变系数 1. 58 为最大，说明气候寒冷，春节对出车影响较大，故二月为一年交通量最少的一个月。

2. 一周内各日交通量的变化

交通量的周变化是指一周内各天的交通量变化，因此也称日变化。对于某个城市或路段，交通量的日变化存在一定规律。我国城市道路，一般各工作日的交通量变化不大，而在节、假(或休息)日则变化显著，交通量一般都要小一些，公路上一周内交通量变化要较城市为小。

显示一周内 7d 中交通量日变化的曲线叫作周交通量变化图，见图 2-7。通常用此图或周变系数来描述一周内日交通量的变化。周变系数定义为：年平均日交通量(AADT)除以某周日的平均交通量(WADT)。某周日的平均日交通量等于全年所有该周日的交通量除以全年该周日的总天数。

在缺乏全年的交通量观测数据，仅有抽样观测的数据，日变系数($K_{周日}$)也可以用下列公式计算：

$$K_{周日}=\frac{\mathrm{WADT}}{观测日交通量}=\frac{\frac{1}{7}\sum_{i=1}^{7}Q_i}{Q_i}\qquad(2\text{-}13)$$

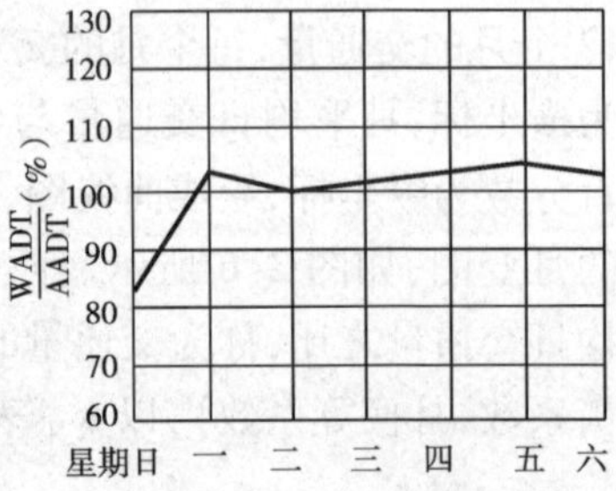

图 2-7　周交通量变化图

例 2-3　某测站测得各周日的全年累积交通量列于表 2-15 第一行，试求各周日的周平均日交通量与日变系数，列于表 2-15。

周平均日交通量与日变系数计算表　　表 2-15

周　日	星期日	一	二	三	四	五	六	全年合计
累计通量	111 469	128 809	129 486	128 498	127 030	129 386	126 838	881 516
WADT	2 103	2 430	2 443	2 424	2 397	2 441	2 393	2 415
$K_{周日}$	1. 15	0. 99	0. 99	1. 00	1. 01	0. 99	1. 01	(AADT)

解：先求周日平均交通量，以星期日为例

$$星期日的\ \mathrm{WADT}=\frac{111\ 496}{53}=2\ 103\ 辆/\mathrm{d}$$

（该年有53个星期日）。星期日的日变系数为：

$$K_{周日}=\frac{2\ 415}{2\ 103}=1.15$$

仿此计算其他各周日的日平均交通量、日变系数，列于表2-15的第三、四行。

3.一日内各小时交通量的变化

一天24h中，每个小时的交通量亦在不断变化。表示个小时交通量变化的曲线(小时交通量/全日交通量的百分数)，称为交通量的小时交通量变化图(如图2-8)，亦有采用直方图表示的，如图2-9。

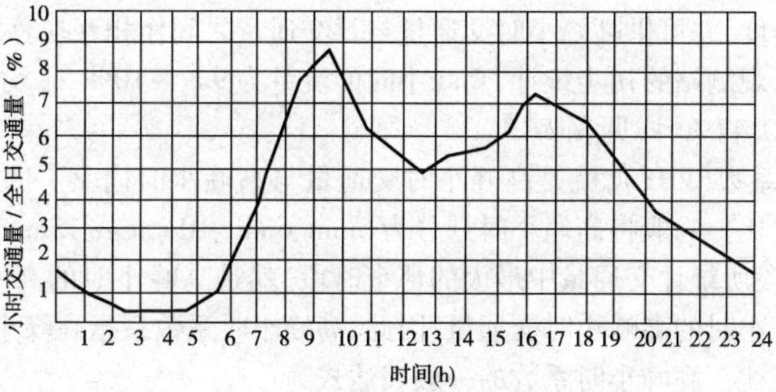

图2-8　交通量小时变化曲线

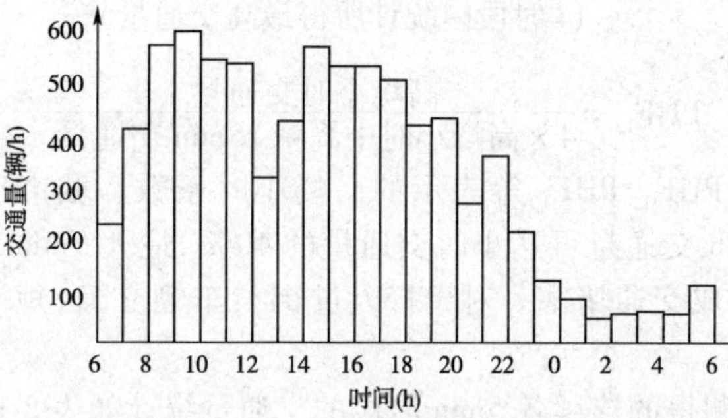

图2-9　24h交通量变化直方图

以某小时或某一时段交通量占全日交通量之比表示交通量的时变规律。常用的有16h(6:00～22:00)或12h(6:00～18:00)，亦有用18h(4:00～22:00)交通量占全日交通量之比及高峰小时占全日交通量之比作为特征变化系数，示于表2-16。

(1)高峰小时交通量。在城市道路上，交通量时变图一般呈马鞍形，上下午各有一个高峰，在交通量呈现高峰的那个小时，称为高峰小时，高峰小时内的交通量称为高峰小时交通量。

某路段公路16h高峰小时交通量变化表　　表2-16

统计项目 \ 高峰月日	1月20日	2月17日	3月11日	4月16日	5月20日	6月29日	7月16日	8月12日	9月23日	10月21日	11月19日	12月8日
高峰小时	8～9	8～9	8～9	8～9	8～9	8～9	8～9	8～9	8～9	8～9	9～10	9～10
该日全天汽车交通量(辆)	5 585	4 854	4 497	4 851	5 020	4 915	4 592	4 727	5 778	5 743	5 862	5 431
高峰小时汽车交通量(辆)	538	460	501	592	493	490	500	529	616	585	594	594
高峰小时占全天汽车(%)	9.6	9.5	11.1	12.2	9.8	10.0	10.9	11.2	10.7	10.2	10.1	10.9

续上表

统计项目 \ 高峰月日	1月20日	2月17日	3月11日	4月16日	5月20日	6月29日	7月16日	8月12日	9月23日	10月21日	11月19日	12月8日
16h 汽车合计数量(辆)	5 223	4 141	4 267	4 631	4 611	4 496	4 197	4 407	5 117	5 397	5 501	4 921
16h 汽车占全天汽车(%)	98.5	95.1	94.9	95.5	91.9	91.5	91.4	93.2	98.8	94.0	98.8	90.8
全天交通量/16h 交通量	1.069	1.172	1.054	1.048	1.088	1.093	1.094	1.073	1.129	1.064	1.066	1.104

高峰小时交通量占该天全天交通量之比称为高峰小时流量比(以%表示),它反应高峰小时交通量的集中程度,并可供高峰小时交通量与日交通量之间作相互换算之用,我国公路部门近年来对各交通量观测站的初步统计,高峰小时的流量为9%~10%,平均为9.6%,南京宁六公路高峰小时占10.47%,详见表2-16。

(2)高峰小时系数(PHF),就是高峰小时交通量与高峰小时内某一时段的交通量扩大为高峰小时交通量之比。一般将高峰小时划分为5min、6min、10min或15min的连续时段内的统计交通量,这些时段所统计交通量中最大的那个时段,就是高峰小时的高峰时段,把高峰时段的交通量扩大为一小时的高峰小时交通量,因此,高峰小时系数系指高峰小时交通量与扩大的高峰小时交通量之比。高峰小时系数的一般表达式为:

$$PHF_t = \frac{\text{高峰小时交通量}}{(t\text{时段内统计所得最高交通量})\dfrac{60}{t}} \tag{2-14}$$

$$PHF_{15} = \frac{\text{高峰小时交通量}}{4\times\text{高峰小时中高峰15min交通量}} \tag{2-15}$$

类似地还有 PHF_5,PHF_6,PHF_{10}等表示的高峰小时系数。城市道路在短时间有较大交通量,如果最大15min交通量可达小时交通量的40%,最大5min的交通量可达小时交通量的20%,往往会造成交通堵塞。对于行人过街与车辆交叉,短时间交通量是十分重要的。

例2-4 某观测站测得的连续各5min时段的交通量统计如表2-17,高峰小时交通量为1 314辆/h,求5min和15min的高峰小时系数。

某路段高峰小时以5min为时段交通量统计 表2-17

统计时间	8:00~8:05	8:05~8:10	8:10~8:15	8:15~8:20	8:20~8:25	8:25~8:30	8:30~8:35	8:35~8:40	8:40~8:45	8:45~8:50	8:50~8:55	8:55~9:00
5min 交通量(辆)	118	114	112	111	114	120	115	106	104	118	110	107

解:由表2-17知8:25~8:30为最高5min,故

$$PHF_5 = \frac{1\,314}{120\times12} = 0.91$$

最高15min交通量为8:20~8:35,故

$$PHF_{15} = \frac{1\,314}{349\times4} = 0.94$$

三、交通量的空间分布特性

交通量的大小与社会、经济发展速度、人民文化生活水平、气候、物产等多方面因素有关,

它除了随时间变化外，还随空间的不同而变化。这种随空间位置而变化的特性称为空间分布特性，一般是指同一时间或相似条件下，随地域、城乡、路线、方向、车道等的差别而变化的情况。

1. 城乡分布

由于城乡之间经济发展、生产活动、生活水平不平衡，造成城乡交通量的显著差别，一般说来，城市道路的交通量大于农村的交通量。我国广大农村公路交通量很小，甚至国道的某些线路上交通量也不大，而城市道路交通量就很大，大城市出入口干道一般大于5 000辆/d。

2. 在路段上的分布

由于路网上各路段的等级、功能、所处的区位不同，在同一时间内，路网上各段的交通量有很大不同。一般我们用路网交通量分布图来表示交通量在路段上的分布，如图2-10所示。从路网交通量分布图可以很明显地分辨出路上交通的主要流向、走廊、判断交通量分布的均匀性。

图2-10 路网交通量分布图

3. 交通量的方向分布

一条道路往返两个方向的交通量，在很长时间内，可能是平衡的，但在某一短时间内，如一天中某几个小时，两个方向的交通量会有较大的不同。

为了表示这种方向不平衡性，常采用方向分布系数 K_D 表示：

$$K_D = \frac{主要行车方向交通量 \times 100\%}{双向交通量} \tag{2-16}$$

据国内外的数据，上下班路线 $K_D = 70\%$，市中心干道 $K_D = 50\%$，城市出入口道路高峰小时中进、出城交通量有明显的不同，早高峰时出城交通量60%～70%，晚高峰时则反过来。

4. 交通量在车道上的分布

多车道道路上，因非机动车的数量，车辆横向出入口的数量的不同，各条车道上交通量的分布也是不等的。在交通量不大的情况下，一般右侧车道的交通量比较大，随着交通量增大，左侧的比重也增大。

四、设计小时交通量

交通量具有随时间变化和出现高峰小时的特点，在进行道路设施规划设计时，必须考虑这个特点。工程上为了保证道路在规划期内满足绝大多数小时车流顺利通过，不造成严重阻塞，同时避免建成后车流量很低，投资效益不高，规定要选择适当的小时交通量作为设计小时交通量。根据美国的研究认为适合选择第30位最高小时交通量（30HV），第30位最高小时交通量就是将一年中测得的8 760个小时交通量，从大到小按序排列，排在第30位的那个小时交通量。

研究表明，第30位小时交通量与年平均日交通量之比的 K 值十分稳定。据国外观测，按道路类别及所在地区不同，K 值分布在12%～18%范围内。

我国近年来进行了大量的观测统计。根据我国国家干线公路观测统计，K 值分布在11%～15%范围内，表2-18为某省几条国道的设计小时交通量系数。图2-11是我国部分地区设计小时交通量系数图。

某省部分国道设计小时交通量系数(%)　　表 2-18

年度 / 站名	1985	1986	1987	1988	1989	1990
107 线高坪	11.3	12.6	11.1	10.6	—	11.0
207 线德山	11.0	12.5	10.6	9.7	10.2	10.8
319 线分路口	11.0	11.3	10.7	12.5	11.0	10.6
320 线资州	12.7	9.1	8.1	8.4	8.0	8.2

注:表中 K 值均为第 30 小时交通量系数,用百分数表示。

对于多车道公路,运用设计小时交通量可以确定车道数和路幅宽度,通过准确的计算可取得良好的经济效益。而对于双车道公路,由于车道数已定,设计小时交通量主要用于计算各不同时期的高峰小时和交通量,并据此评价道路服务水平、使用品质等。

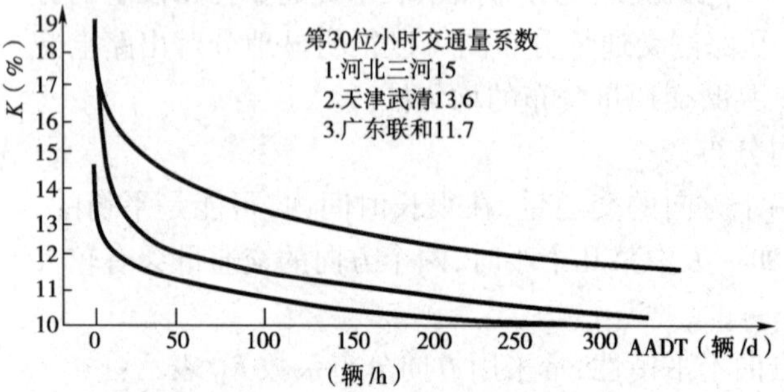

图 2-11　我国部分地区设计小时交通量系数图

有了较准确的预测交通量,设计通行能力及设计小时交通量,则可归结下列公式计算车道数及路幅宽度。

$$\mathrm{DHV} = \mathrm{AADT} \times K \tag{2-17}$$

$$n = \frac{\mathrm{DHV}}{C_{单}} \tag{2-18}$$

$$W = W_1 \times n \tag{2-19}$$

式中:DHV——设计小时交通量(辆/h);

K——设计小时交通量系数(%);

n——车道数;

$C_{单}$——每一车道设计通行能力(辆/h);

AADT——规划年度的年平均日交通量(辆/d);

W——路幅宽度(m);

W_1——一条车道宽度(m)。

在考虑方向不均匀系数的情况下,单向设计小时交通量为:

$$\mathrm{DDHV} = \mathrm{AADT} \times \frac{K}{100} \times \frac{K_{\mathrm{D}}}{100} \tag{2-20}$$

式中:DDHV——单向设计小时交通量(辆/h);

K_{D}——方向不均匀系数(%)。

则:

$$n = \frac{\mathrm{DDHV}}{C_{单}} \times 2 = \frac{\mathrm{AADT}}{C_{单}} \times \frac{K}{100} \times \frac{K_{\mathrm{D}}}{100} \times 2 \tag{2-21}$$

第六节　行车速度特性

行车速度,既是道路规划设计中的一项重要控制指标,又是车辆运营效率的一项评价指标,对于运输经济、安全、迅捷、舒适具有重要意义。了解和掌握各道路上行车速度及其变化规律是正确进行道路网规划、设计、运营、管理的基础。

一、基本定义

设行驶距离为 l,所需时间为 t,则车速可用 l/t 形式表示。按 l 和 t 的取值不同,可定义各种不同的车速:

1. 地点车速

地点车速是车辆通过某一地点时的瞬时车速,因此观测时 l 取尽可能短,通常以 20 ~ 25m 为宜。该项指标用作道路设计、交通管制规划资料。

2. 行驶车速

行驶车速是从行驶某一区间所需时间(不包括停车时间)及其区间距离求得的车速,用于评价该路段的线形顺适性和通行能力分析,也可用于计算道路使用者的成本效益分析。

3. 运行车速

运行车速是指中等技术水平的驾驶员在良好的气候条件下,实际道路状况和交通条件下所能保持的安全车速,用于评价道路通行能力和车辆运行状况。

4. 行程车速

行程车速又称区间车速,是车辆行驶路程与通过该路所需的总时间(包括停车时间)之比。行程车速是一项综合指标,用以评价道路的通畅程度,估计行车延误情况。要提高运输效率归根结底是要提高车辆的行程车速。

5. 临界车速

临界车速是指道路理论通行能力达到最大时的车速,对选择道路等级具有重要作用。

6. 设计车速

设计车速是指在道路交通与气候条件良好的情况下仅受道路物理条件限制时所能保持的最大安全车速,用作道路线形几何设计的标准。

二、行车速度的统计分布特性

行车速度与交通量一样,也是一个随机变量。研究表明在乡村公路和高速公路路段上,运行车速一般呈正态分布,在城市道路或高速公路匝道口处,车速比较集中,一般呈偏态分布,如皮尔逊 III 型分布。

对行车速度进行统计分析,一般要借助车速分布直方图和车速频率、累计频率分布曲线,如图 2-12 所示。

表征车速统计分布特性的特征车速常用:

1. 中位车速

中位车速也称 50% 位车速,是指在该路段上在该速度以下行驶的车辆数与在该速度以上行驶的车辆数相等。在正态分布的情况下,50% 位车速等于平均车速,但一般情况下,两者不等。

2. 85%位车速

在该路段行驶的所有车辆中，有85%的车辆行驶速度在此速度以下，只有15%的车辆行驶速度高于此值，交通管理部门常以此速度作为某些路段的限制车速。

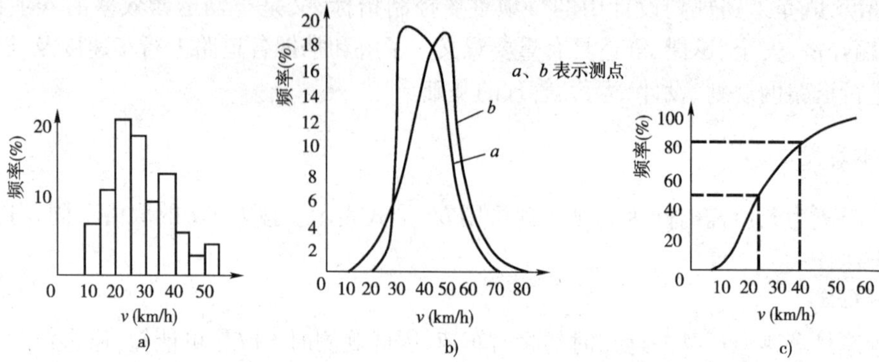

图 2-12　地点车速直方图、频率分布图、累计频率分布图

3. 15%位车速与速率波动幅度

意义类前。在高速公路和快速道路上，为了行车安全，减少阻塞排队现象，要规定低速限制，因此15%位车速测定是非常重要的。

85%位车速与15%车速之差反映了该路段上的车速波动幅度，同时车速分布的标准偏差S与85%位车速和15%车速之差存在着下列近似关系：

$$S \approx \frac{85\%\text{位值} - 15\%\text{位值}}{2.07} \tag{2-22}$$

三、时间平均车速与区间平均车速

1. 时间平均车速

在单位时间内测得通过道路某断面各车辆的点车速，这些点速度的算术平均值，即为该断面的时间平均车速，即：

$$\bar{v}_t = \frac{1}{n}\sum_{i=1}^{n} v_i \tag{2-23}$$

2. 区间平均车速

在某一特定瞬间，行驶于道路某一特定长度内的全部车辆的车速分布的平均值，当观测长度一定时，其数值为地点车速观测值的调和平均值，其计算公式为：

$$\bar{v}_s = \frac{1}{\frac{1}{n}\sum_{i=1}^{n}\frac{1}{v_i}} = \frac{ns}{\sum_{i=1}^{n} t_i} \tag{2-24}$$

式中：s——路段长度(m)；

t_i——第i辆车的行驶时间(s)；

n——为车辆行驶干路段长度s的次数；

v_i——第i辆车行驶速度(m/s)；

v_s——区间平均车速(m/s)。

3. 时间平均车速与区间平均车速之间的互算关系

由时间平均车速可以推算区间平均车速：

$$\bar{v}_s = \bar{v}_t - \frac{\sigma_t^2}{\bar{v}_t} \tag{2-25}$$

式中：σ_t——时间平均车速观测值的均方差。

由区间平均车速推算时间平均车速可用下列公式：

$$\bar{v}_t = \bar{v}_s + \frac{\sigma_s^2}{\bar{v}_s} \tag{2-26}$$

式中：σ_s——区间平均车速观测值的均方差。

例 2-5 设有 4 辆汽车，分别以 22km/h、44km/h、52km/h、60km/h 的速度，通过路程长度为 10km 的路段，试求时间平均车速和区间平均车速。

解：先求时间平均车速，按公式(2-23)

$$\bar{v}_t = \frac{1}{n}\sum_{i=1}^{n} v_i = \frac{1}{4}(22 + 44 + 52 + 60) = 44.5\text{km/h}$$

再求区间平均车速，按公式(2-24)

$$\bar{v}_s = \frac{1}{\frac{1}{n}\sum_{i=1}^{n}\frac{1}{v_i}} = \frac{1}{\frac{1}{4}\left(\frac{1}{22} + \frac{1}{44} + \frac{1}{52} + \frac{1}{60}\right)} = 38.4\text{km/h}$$

时间平均车速与区间平均车速之间的关系也可通过回归分析得到，即

$$\bar{v}_t = -1.88960 + 1.02619\bar{v}_t \tag{2-27}$$

上式可以看出，当速度提高，两者之间的变异就变小，即区间平均车速几近于时间平均车速。

第七节　交通流的基本特性及其相互关系

一、交通流三参数基本关系

交通量 Q、行车速度 v、车流密度 K 是描述交通流特性的三个基本参数。车流密度是指某一瞬间内单位道路长度上的车辆数目。

$$K = \frac{N}{L}(\text{辆/km}) \tag{2-28}$$

式中：N——路段内的车辆数(辆)；

L——路段长度(km)。

车流密度大小反映一条道路上的交通密集程度。对于同一条道路，可以不考虑车道数；对于具有不同车道数的道路，为使车流密度具有可比性，车流密度应按单车道来定义，单位为辆/(km·车道)。

交通流三参数之间的基本关系式为

$$Q = v \cdot K \tag{2-29}$$

式中：Q——平均流量(辆/h)；

v——区间平均车速(km/h)；

K——平均密度(辆/km)。

三参数之间的关系式可视为三维空间中的一条空间曲线，称为交通流模型(图 2-13)。尽管如此，为了便于理解，通常用图 2-14 所示的二维正交投影来表示它们两两之间的关系。由

图 2-14 我们可以找出反映交通流特性的一些特征变量：

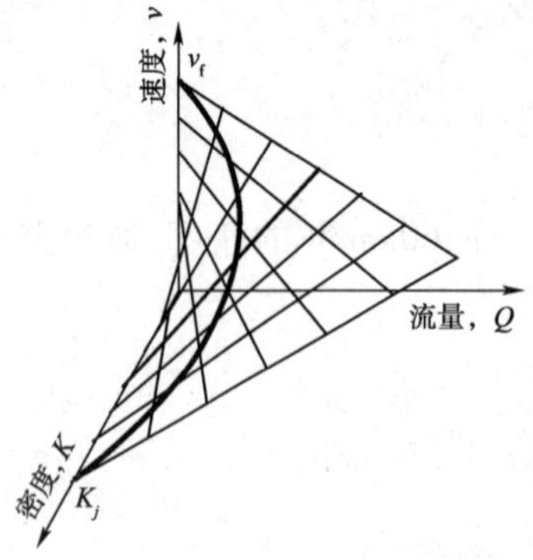

图 2-13　$Q=VK$ 曲线

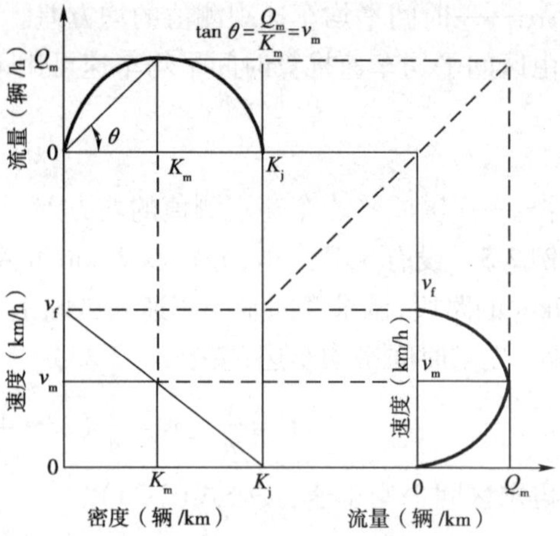

图 2-14　Q-K，v-Q，v-K 关系曲线

(1)最大流量 Q_m，就是 Q-v 曲线上的峰值；

(2)临界速度 v_m，即流量达到最大(Q_m)时的速度；

(3)最佳密度 K_m，即流量达到最大(Q_m)时的密度；

(4)阻塞密度 K_j，车流密集到所有车辆无法移动($v=O$)时的密度；

(5)畅行速度 v_f，车流密度趋于零，车辆可以畅行无阻时的最大速度。

二、速度与密度关系

当道路上车辆增多、密度较大时，车速会随之减小；反之，当车辆减少、密度由大变小时，车速会增大。关于两者之间的关系，已经由各国学者提出了几种不同的模型。

1934 年，格林希尔茨(Greenshields)提出了速度—密度线性关系模型：

$$v=v_f\left(1-\frac{K}{K_j}\right) \tag{2-30}$$

式中符号意义同前。

这一模型简单直观(如图 2-15)，研究表明，式(2-30)表示的模型与实测数据相关性很好。

由图 2-15 可见，当 $K=0$ 时，$v=v_f$，即在交通量很小的情况下，车辆可以畅行速度行驶。当 $K=K_j$ 时，$v=0$，即在交通密度很大时，车辆速度就趋向于零。流量变化也可以在速度-密度图上说明，例如：已知 C 点的速度为 v_m 和密度为 K_m，图为 $Q=Kv$，故流量就等于矩形面积(阴影部分，$Q_m=v_mK_m$)。

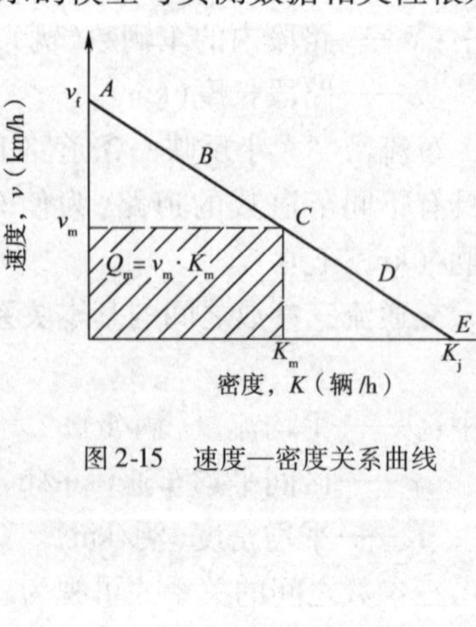

图 2-15　速度—密度关系曲线

当交通密度很大时，可以采用格林柏(Greenberg)提出的对数模型：

$$v=v_m\cdot\ln\left(\frac{K_j}{K}\right) \tag{2-31}$$

式中符号意义同前。

从图 2-16a)可以看出，格林柏模型和交通流拥挤时的数据符合很好。

当密度很小时，可采用安德伍德（Underwood）提出的指数模型：

$$v = v_f e^{-\frac{K}{K_m}} \tag{2-32}$$

从图 2-16b）可以看出，安德伍德模型的缺点是 $K \to K_j$ 时，$v \neq 0$。

速度—密度还有其他许多经验、半经验公式，有兴趣的读者可参考有关文献。

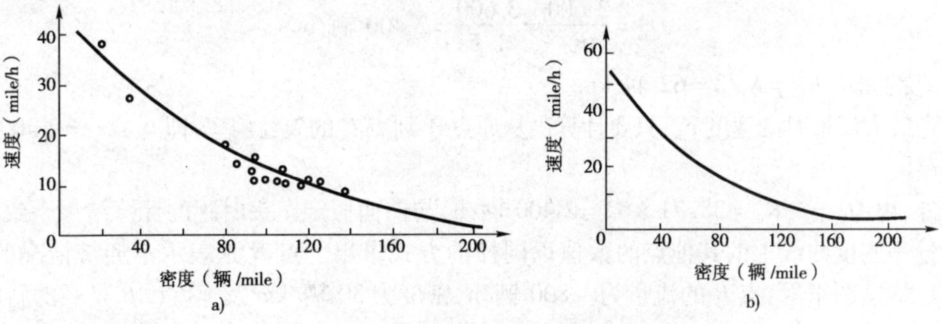

图 2-16 速度—密度的格林柏模型和安德位德模型关系曲线

a）格林柏 v—K 曲线；b）安德位德 v—K 曲线

注：1mile = 1 609.344m

三、流量与密度的关系

交通流的流量—密度关系是交通流的基本关系，可以由 v—K 模型导出。

1. 抛物线模型

根据格林希尔茨公式（2-30）及基本关系式（2-29），得：

$$Q = K \cdot v = K \cdot v_f\left(1 - \frac{K}{K_j}\right) \tag{2-33}$$

上式表示一种二次函数关系，用图表示就是一条抛物线，如图 2-17。图上点 C 代表通行能力或最大流量 Q_m，从这点起，流量随密度增加而减小，直至达到阻塞密度 K_j，此时流量 Q = O。以原点 A、曲线上的 B、C 和 D 点的箭头为矢径，这些矢径的斜率表示速度。通过点 A 的矢径与曲线相切，其斜率为畅行速度 v_f。在流量—密度曲线上，对于密度比 K_m 小的点表示不拥挤情况，而密度比 K_m 大的点表示拥挤的情况。由图 2-17 的曲线还可以得到，$K_m = K_j/2$，$v_m = v_f/2$，$Q_m = v_m K_j/2$。

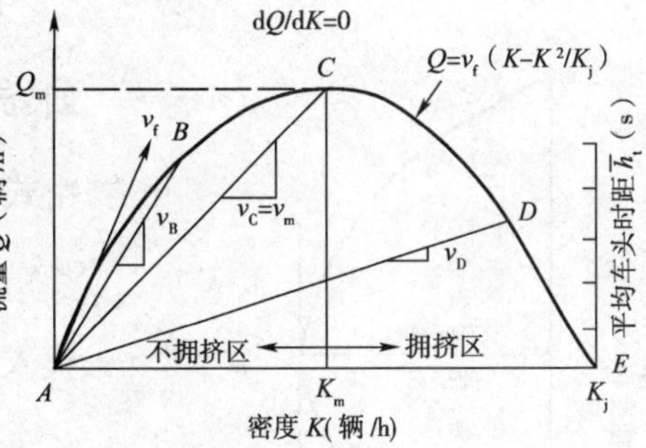

图 2-17 流量—密度关系曲线

在同向行驶的车流中，前后相邻两辆车的车头之间的距离称为车头间距。在同向行驶的车流中，前后相邻两辆车驶过道路某一断面的时间间隔称为车头时距。

观测路段上所有车辆的车头间距、车头时距的平均值分别称为平均车头间距、平均车头时距。

从基本定义出发，可证明平均车头时距 $\bar{h}_t$ 及平均车头间距 $\bar{h}_d$ 分别为流量及密度的函数：$\bar{h}_d = \frac{1\,000}{K}$，$\bar{h}_t = \frac{3\,600}{Q}$。

假定车辆平均长度为 6.1m，在堵塞密度时，单车道的车辆间的平均距离为 1.95m，因此，

$\bar{h}_d = 8.05\text{m}$。

曲线上点 E 的堵塞密度值：

$$K_j = \frac{1\ 000}{\bar{h}_d} = \frac{1\ 000}{8.05} = 124\ 辆/\text{km}$$

然后假定：$\bar{h}_t = 1.5s$，曲线上 C 点表示最大流量值或通行能力为

$$Q_m = \frac{3\ 600}{\bar{h}_t} = \frac{3\ 600}{1.5} = 2\ 400\ 辆/\text{h}。$$

点 C 的密度 $K_m = K_j/2 = 62$ 辆/km。

确定最大流量时的速度 v_m，只要计算出从原点 A 到点 C 的矢径斜率，即 $v_m = v_c = 2\ 400/62 = 38.71\text{km/h}$。

另外，由 $Q_m = v_m K_m = 38.71 \times 62 = 2\ 400$ 辆/h，与前面假定车头时距的计算结果一致。

流量—密度曲线上的其他点的数值以同样的方式求出。点 B 是表示不拥挤情况的一个典型点。从这图来看，点 B 的流量为 1 800 辆/h，密度为 30 辆/km 及速度（AB 矢径的斜率）为 58km/h。

点 D 是表示拥挤情况的一个典型点。从图中看出，点 D 的流量为 1 224 辆/h，密度为 105.6 辆/km 及速度（AD 矢径的斜率）为 11.6km/h。根据定义，点 A 的流量、密度都等于零。

2. 对数模型

（1）适合于大密度，由式（2-31）导出：

$$Q = K \cdot v = K \cdot v_m \cdot \ln(K_j/K) \tag{2-34}$$

进一步导出：

$$K_m = K_j/\text{e}$$
$$v_m = v_m$$
$$Q_m = v_m K_j/\text{e}$$

（2）适合于小密度，由式（2-32）导出：

$$Q = K \cdot v_f \cdot \text{e}^{-\frac{K}{K_m}} \tag{2-35}$$

进一步导出：

$$K_m = K_m$$
$$v_m = v_f/\text{e}$$
$$Q_m = K_m v_f/\text{e}$$

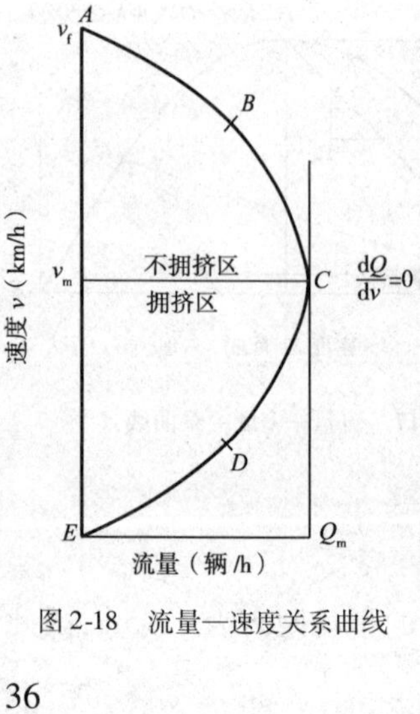

图 2-18　流量—速度关系曲线

四、流量与速度关系

由式（2-30）得：

$$K = K_j\left(1 - \frac{v}{v_f}\right) \tag{2-36}$$

代入式（2-29），得：

$$Q = K_j\left(v - \frac{v^2}{v_f}\right) \tag{2-37}$$

上式同样表示一条抛物线（如图 2-18），形状与流量—密度曲线相似。在流量小于 Q_m 时，通常速度随流量增加而降低，直至达到通行能力的流量 Q_m 为止；超过 Q_m 后，流量与速度同时下降。点 A、B、C、D 和 E 相当于流量—密度和速度—密度曲线上

同样点。从原点 E 到曲线上点的向量斜率表示那一点的密度的倒数 $1/K$。由 C 点作平行于 Q 轴的一条直线，该直线为(上半部分)交通流不拥挤的稳定交通流和(下半部分)拥挤路段的不稳定交通流的分界线。

综上所述，按格林希尔茨的速度—密度模型、流量—密度模型、速度—流量模型(图2-15、图2-17、图2-18)可以看出，Q_m、v_m、K_m 是划分交通是否拥挤的重要特征值。当 $Q \leqslant Q_m$，$K > K_m$，$v < v_m$ 时，则交通属于拥挤；当 $Q \leqslant Q_m$，$K \leqslant K_m$，$v \geqslant v_m$ 时，则交通属于不拥挤。

思考题

1. 道路交通的要素是什么？试述它们之间的相互关系。

2. 道路网规划设计时应考虑哪些道路网特征因素？

3. 道路设计小时交通量的意义是什么？是如何确定的？与一般的统计交通量有何区别和联系？

4. 交通密度是如何定义的？有何作用？

习题

1. 某公路需要进行拓宽改建，经调查预测可知，该公路在规划年的年平均日交通量为 45 000pcu/d，设计小时交通量系数 $K = 0.15$，取一条车道的设计通行能力为 1 500pcu/h。试问该公路该修几车道？

2. 已知某公路上畅行速度 $v_f = 80$km/h，阻塞密度 $K_j = 105$ 辆/km，速度—密度用直线关系式。求(1)在该路段上期望得到的最大流量？(2)此时所对应的车速是多少？

第三章　交通调查与分析

第一节　概　　述

一、交通调查的目的和意义

道路上的车辆和行人，根据各自的目的，自由地行驶在分布范围很广的道路网上，呈现出复杂的交通现象，其流量、速度、密度不仅随社会和个人对交通需求而不同，也随道路、交通环境和驾驶员的特点而异。为了找出它们具有特征性的趋向，在道路系统的选定点和路段，收集和掌握车辆或行人运行情况的实际数据所进行的调查分析工作，称为交通调查。

要做好交通规划、道路设施建设和交通管理等工作，就必须做好交通调查工作。这是因为：

(1)在交通规划方面，为分析交通增长趋势、预测远景交通量，需收集多年交通观测数据；为了解交通生成、分布和各种运输方式的需求，需进行交通起讫点(OD)调查工作。

(2)在道路设施建设方面，为了拟定合理的技术标准、论证建设规模、优选设计方案、评价经济效益，都必须要有可靠的交通量、车速、密度、道路交通条件和交通环境各方面的调查资料。

(3)在交通管理方面，为了掌握交通动态，制订交通管理和控制措施，需要收集有关流量、流向、车速、密度、延误、停车、道路条件和交通环境等方面的资料。

(4)此外，在制订交通政策、法规，进行科学理论研究等方面，交通调查也是一项必不可少的基础资料工作。

二、交通调查的对象和分类

1. 以掌握大区域的交通需求和交通状况为目的的交通调查，主要有：

(1)全国干线公路调查：包括连续式观测站和间隙式观测站，进行交通量、交通组成和车速的长期定点观测。

(2)城市居民出行调查：包括城市居民出行 OD 调查、公共交通 OD 调查、城市货运 OD 调查。

(3)城市交叉口及主要路段交通调查：包括定期的交通量、车速、延误、阻塞、路边停车等项调查。

上述这类调查是由交通运输部、住房与城乡建设部和公安部统一规划、并组织各省、市有关部门负责实施，具有长期连续性。

2. 以指定范围和指定路段的工程建设和交通管理需要为目的交通调查，主要有：

(1)地区出入交通量调查；

(2)路段瞬时车速和区间车速调查；

(3)交叉口流量、流向、车型、延误、排队调查；

(4)路边、路外停车调查；

(5)公共交通调查；

(6)综合交通运输调查；

(7)道路交通条件与交通环境调查；

(8)交通事故多发点调查。

这类调查通常是由某项目需要的部门提出计划，组织专门的或临时的调查队伍实施，按照所需资料的目的，对观测内容、观测地点和观测时间各有不同的要求。

三、交通调查的内容

交通调查涉及人、车、路与环境等综合交通系统中的各个方面，范围相当广泛，主要有：

(1)交通流要素调查，包括交通量、行车速度、交通流密度以及与其有关的车头间距、占有率等的调查。

(2)交通需求调查，包括土地利用、交通生成、分布与分配特性的调查，其中常见的有 OD 调查(详见第六章)。

(3)交通事故调查，包括对事故发生次数、性质、原因的调查，具体的调查内容、方法见第七章。

(4)交通环境调查，包括交通对环境造成污染的诸方面调查，如噪声、废气、震动、电磁场干扰等的调查，有时还需调查交通对名胜古迹、景观、生态与居民心理等方面所产生的影响。这方面的内容将在第十章中叙述。

由于交通需求调查已成为交通规划部门的专项调查，交通事故调查、交通环境调查均已成为交通管理部门及城市建设部门的专项调查，另有其他教材专述，故本章只介绍其与交通流主要参数有关的调查。

四、交通调查的注意事项

交通流特性参数的大小与变化规律受道路与交通环境的制约，而且这些条件经常变化，因此交通调查总是在对应于某些条件下进行的，这些条件在调查中必须予以注明。一些特定目的调查也可人为地创造特定的道路与交通条件。

交通调查与调查数据的分析处理方法也应视实测目的予以选择。但不论何种调查目的或使用何种调查分析方法，都应本着实事求是的原则，对交通流进行实地调查，切忌主观臆断，甚至弄虚作假，否则会导致错误结论，给科学研究和社会带来极大危害。

交通调查在多数情况下是在交通现场作统计调查，工作量大、工作条件差，延续时间长，要求一定的实测精度。为此要求调查人员要有较好的素质，其中包括技术水平和工作态度。此外，交通调查工作经常涉及社会各个方面，因此需有广泛的协作和良好的组织，只有这样才能做好这项工作。

第二节　交通量调查

一、交通量调查的目的

交通量包括机动车(通常指汽车，包括摩托车)交通量、非机动车(通常是指自行车)交通量、行人交通量。本节主要讨论机动车交通量调查。

调查机动车交通量的目的是：

1. 在某一地点作周期调查，了解交通量的组成、分布，掌握交通量随时间推移的变化规律，据此预测交通量及其发展趋势。

2. 为道路规划、建设及交通运营管理与控制提供交通流量、流向、车速、延误、停车等数据。

(1)通过区域性交通量调查为道路(公路和城市道路)交通的发展战略、道路建设的总体布局与规划、中长期建设规划与计划等宏观决策提供依据，也同时为道路工程项目立项、确定投资顺序提供依据。

(2)为道路几何设计及交通控制设计提供依据交通量。

(3)通过道路现有交通量调查，确定设置信号、标志及采取某项交通管理措施的必要性。

(4)通过对道路现有交通量的调查，为编制道路养护和大中修计划提供依据。

3. 通过对道路建设前后或交通管理措施实施前后的交通量调查，评价道路服务水平与交通管理措施的效果。

4. 用于推算道路通行能力、预测与计算事故率及道路运输成本和效益等。

5. 为进行交通工程学基础理论研究和公路科学研究提供基础资料。

6. 为制订交通政策法规提供基础数据。

二、交通量调查的种类

根据使用目的不同，交通量调查可分为路网(或区域)交通量调查和特定地点(或称特定道路)交通量调查。

为了掌握全国或某地区公路或城市道路交通流量的地域分布，历年交通量的变化和交通量年、月、日的时间分布情况，需对该区域的公路(或道路)网进行定期的交通量观测，称作路网(或区域)交通量调查。

为了对新建或改建道路进行经济核算，或为了掌握城市或城市中某一范围(包括近郊公路)的出入交通量，或对指定的交叉路口、桥隧和收费道路出入口等采取交通管理措施时，需进行指定地点的交通量调查，称为特定地点(或称特定道路)交通量调查。

1. 路网交通量调查

1)公路网交通量调查

在设置流量观测站前，应先将调查区域范围内的每条干线和支线划分为若干调查区间，然后在已划定的各调查区间上各设一区间代表观测站，以代表该调查区间的交通量。

(1)调查区间的分类

可分观测区间和非观测区间两种。观测区间内设有区间代表观测站，非观测区间则不设观测站。一般非观测区间都在交通量比较小的短路线上，短路线上的区间，可按交通量大小划组(交通量接近的划为一组)，选择组中一个区间设站，以代表该组各区间的交通量。

(2)调查区间划分的原则

①凡交通量无显著变化，道路条件基本相仿的路段划为一个调查区间。每条路线区间的划分是连续的，即前一区间的终点是后一区间的起点。未通车的路段为非调查区间。

②调查区间的分段数决定了观测站的设置密度，因此调查区间需根据路段交通量大小及公路里程进行划定。一般以汽车交通量 200 辆/d 以下、201 ~ 500 辆/d、501 ~ 1 000 辆/d、1 001 ~2 000辆/d、2 001 ~5 000 辆/d、5 001 ~10 000 辆/d、10 000 辆/d 以上划分为 7 个控制等

级，各控制等级中，还可以每相差200～300辆/d为一个分等级。区间长度一般不小于2km。

③适当考虑行政区划，但允许调查区间跨行政区划界线。

④由于邻近有新的工业区、商业区或大规模住宅开发区等原因，道路交通量及交通组成发生较大变化时，对已划定的调查区间应视情况作相应调整，在无大的变化情况下，不应经常或随意变动已划定的调查区间。

(3)交通流量观测站的分类及设置

全国性的或省(市)范围内的公路网交通量调查，应从全局出发，根据公路网布局和所划定的调查区间，布置交通流量观测站。对于国道和重要省道应设置控制观测站，一般省道或地方道路设置辅助观测站，对于某些特殊地点可设置补充观测站。通过三级观测站进行交通流量观测，基本上可掌握全国或省(市)公路网的交通量分布及其变化规律。各类观测站的功能及观测方法如下。

①连续观测站(永久性观测站或控制性观测站)

设置连续观测站的目的在于获取全年完整的交通量数据，摸清交通量的变化规律，求出交通量的各种变化系数，供其他仅有局部数据的观测站或条件类似的路段推算年平均日交通量之用。同时，为简化观测工作量，在连续观测站，每天昼夜连续观测24h，来去车辆不分，合并记数，按小时登录11种车型的绝对数，而后换算成解放牌中型载货汽车的换算汽车车辆数。观测结果按业务领导部门的要求填表上报，并绘制交通量分布示意图。图上包括混合交通量、汽车交通量(绝对数和换算数)和路线技术等级允许的交通量等。

②间隙观测站

间隙观测站是连续观测站的辅助性测站，与连续观测站设在同一公路的不同路段上，或设在典型位置如交叉口、桥隧和渡口处，或设在性质相似的不同公路上。间隙观测站上按计划每间隔一段时间进行一次交通量的观测，一般每月观测1～3次，具体日期可自行规定。凡经过长期观测已得出白天交通量比重，即$K16$系数者，可只在白天观测12～16h，12h观测是从早7点至19点。16h小时观测是从早6点至22点。观测所得到的资料，可配合连续观测站分析路段交通量的变化规律，或推算本站的年平均日交通量。围绕一个连续观测站可设几个甚至十几个间隙观测站。在间隙观测站上的观测内容和填报要求与连续观测站相同。

③补充观测站(临时观测站)

根据道路改造、交通管理和交通设施建设等情况，需观测某一路段或某一交叉路口的交通量，而该处原来未设观测站时，临时补充设立的观测站，完成观测任务后，观测站就撤销。

观测站如使用自动计数装置，则应辅以人工方式调查车种。

观测站附近，如本路或平行路正在维修，附近桥梁维修，因偶然因素发生车辆阻塞等异常情况时，应在记录中详细注明，以免造成分析错误。

2)城市道路路网交通量调查

城市道路路网交通量的调查方法，与公路网交通量调查方法基本相似，但是由于城市交通具有道路网密度大、交叉口多、路段短、交通量大、交通成分复杂等特点，对城市道路网的交通量调查应该注意其特点。

城市道路路网交通量的调查，一般包括对路段、交叉口和城市道路的调查，或根据规划、设计工作的需要，对某个区域(如广场、商业区、交通枢纽、体育场)进行调查。城市交通的影响因素很多，由于管理、交通事故、自然堵塞和施工养护等原因，往往会使交通量发生变化，对于这些情况在调查前和调查中应该给予考虑，以免调查得到的交通量不具有代表性。城市道路交通量的调查地点一般设在不受平面交叉口交通影响的路段(调查路段交通量)、交叉口各入口停车线处(调查交叉口交通量)、交通设施的出入口(如道路收费口和停车场出入口)、特定地点(如分界线、小区边界线等处)。

城市道路交通量观测站主要分为控制观测站、辅助性观测站等几类。

(1)控制观测站

根据城市道路的分级,在每一条主干道和有代表性的次干道上都应该设置一个控制观测站,至少每两年实施一次24h调查。主干道调查应分方向和车型,以获得主干道系统中具有代表性的交通量及其小时变化和方向分布;次干道调查可不分方向,以获得次干道路网中有代表性的交通量。为了获得各种不同等级道路上交通量的日变化和季节性变化系数,并将观测值换算成为年平均日交通量,需要在控制观测站中选择一些站作为关键站,其数量应该保证每类主干道和次干道各有一个。

(2)辅助性观测站

为了获得整个道路网的平均日交通量,除了控制观测站和关键站外,还需建立一批辅助观测站。对于主干道,首先应根据交通量的大小划分为若干控制性路段,每一个控制性路段都要建立一个辅助性观测站,每四年观测一次,选择周一至周五中的一天做24h的调查。对于次干道,大约1.5km设置一个辅助观测站,不定期进行24h的观测,具体日期根据道路环境和交通状况的变化情况而定,可以采用人工计数法和浮动车法。

2. 特定地点交通量调查

特定地点交通量调查主要包括区域出入交通量调查、核查线调查、交叉口交通量调查等,可以采用人工计数法和机械计数法。

(1)区域出入交通量调查

为了掌握城市或城市中某一范围(包括近郊公路)的出入交通量,调查时将区域包围线(或小区边界线)与进入该地区道路的相交处作为调查点,分别调查与区域包围线相交的主要道路上进入和离开该区域的交通量,以检测出入交通量与区内交通量的比例关系,这一调查与OD调查和其他交通调查同步进行。

(2)核查线调查

核查线调查是以河流、铁道、主干道等人为设立的核查线为分界线,调查两侧区域互相来往穿越检查线的交通量,这种调查通常是为检验OD调查。核查线调查需分时段、分车种、分流向,调查时间一般选择在周二至周四中的某天。

(3)交叉口交通量调查

交叉口交通量调查根据其作用不同可分为两种:一种是因交通规划或交通管理规划需要,对城市或城市某一区域中的主要交叉口进行交通量调查;另一种对指定的交叉口采取交通管理措施时进行的交通量调查。

交叉口交通量调查的目的是为了获得交叉口通行能力、交通量变化以及高峰小时交通量和交通组成等资料,因此调查时间应该选择在高峰小时流量最大的时刻。当机动车流量高峰、自行车流量高峰和行人流量高峰不重合时,可分别测定。

由于交叉口交通流量比较复杂,要同时记录车辆流量和流向,通常采用人工记录和观测,以入口引道的停车线作为观测断面。当流量较小、入口处渠化较好时,车辆能够严格按照车道行使,则一人负责一个进口道,记录直行、左转、右转的车流量。如果交通量较大时,则每个进口道需要几个人,分别统计直行、左转和右转的机动车和非机动车流量。

对于大型的环形交叉口,需要单独制订调查方案,其观测方法与十字交叉口略有不同,除了在进口道处设置观测点外,还需要在环道上设置四个观测断面,统计经过各断面的车辆数,根据观测数据计算出各进口道直行、转向车辆数。

对于多路相交的交叉口或畸形交叉口,按照正常的观测方法一般难以测得车辆流向,因此需要记录各进口道车辆的车型和牌照号码,然后编制计算机程序,计算出各种车型的流量和流向。

三、交通量调查方法

1. 人工观测法

该法为安排人员在指定地点按调查工作计划进行交通量观测。人工观测用原始记录表格以画“正”字记录来往车辆,亦可用机械或电子式的简单计数器记录,按统计要求,将记录结果登记于记录表格上。根据调查计划要求,统计的时间单位可以是5min、15min、1h和8h等。一般应分车型、来去向进行记录,有时还要分车道记录。目前我国交通量观测多用人工调查。从理论上来看人工观测无论在分辨车型或是计数方面应比仪器观测准确和机动灵活方便,但由于受调查人员的水平及态度影响较大,致使精度反而不高,优势不明显。表3-1为按15min时段人工观测记录的样表。

交通量观测记录表　　　　表3-1

线路107国道　　观测站××市东侧　　方向由 南 　向 北

日期2002年1月10日　　星期四　　气候 晴　　测量人员×××

观测时间	小型货车	中型货车	大型货车	小型客车	大型客车	载货拖挂车	小型拖拉机	大中型拖拉机	小计
6:00～6:15	丅	一	下	一	一	一	丅	一	12
6:15～6:30	𤴓	丅	𤴓	丅	一	丅	一	一	17
6:30～6:45	正	正一	丅	𤴓	𤴓				21
6:45-7:00	𤴓	丅	一	正	正				17
合　计	15	11	10	12	11	3	3	2	67

2. 仪器自动计测法

仪器自动计测法系利用自动车流量记录仪作数据记录,是以仪器自动计测代替人工观测工作。可节省人力,排除人为因素对观测精度的影响,便于进行连续的长期交通量观测;由于仪器较精密,故对自然气候条件、道路条件及使用能源等有一定要求,且仪器价格较高,因而限制了使用范围。自动计测仪一般由检测器、数字处理机和记录、显示装置构成。根据检测器(传感器)的不同,一般可将自动计测仪分为以下几种类型。

(1)压管式

压管式检测器分气压式和液压式两种,其原理是将密闭的充气(液)橡胶管作为传感器横放在道路上,当车辆驶过时,车轮的重力作用使管内的压力产生变化,推动气动开关,产生信号,进行计数。其特点是结构简单,因而价格低廉,但精度不高,不适合进行长期观测,常用于临时观测。

(2)地磁式

采用插有磁棒的感应线圈作探头，埋设在路面下约10～20cm处，当汽车从探头上方通过时，改变了线圈内的磁力线分布，并将这种感应电信号输出进行放大整形，以驱动计数器运行，将数据记录下来。其特点是结构简单，性能可靠，适用于行车速度大于5km/h的路段使用。

（3）电磁式

以高导磁率的磁性材料做芯棒，外绕线圈组成探头，埋置于路面的观测断面下方，当车辆通过时，由于外磁场的作用，激励电流出现正、负半周的振幅差，将此送入电路处理后，得到车辆通过的信号。其特点是探头体积小巧，灵敏度高，不受车速限制，但电路较为复杂。

（4）超声波式

由架设在车道上方的超声波发射器向路面发射超声波，经路面反射后由拾波器收回，当车体到达此处阻断了声波的反射时，继电器则使电流接通，从而产生信号并记录之。此仪器的特点是不需破坏路面，且稳定性好、灵敏度高，但成本较高，且易受行人及非机动车干扰。

（5）红外线式

红外线式检测器可分为主动式和被动式两种：前者系由检测器发出红外线经车体反射而传感信号；后者则是由检测器接收车体因热辐射而产生的红外线而传感信号。其结构并不复杂，但对路面条件要求较高，外界对所发射的红外线有干扰时，数据失真。

此外还有压电式、线圈式、雷达式等。

3. 流动车观测法

流动车观测法是由英国运输与道路研究所的华德鲁勃和查尔斯沃斯在1954年提出来的，该法利用测试车往返行驶于某一选定路段，进行交通流观测，即为流动车观测法。

该方法灵活、方便，根据调查的数据资料，可以计算出路段交通量。也可同时计算出平均行驶车速、平均运行时间等重要参数（见本章第三节）。

调查时，测试车尽量不要使用警车等有特殊标记的车辆，以方便工作、不引人注意，座位以足够容纳调查人员为宜，最好采用面包车，驾驶员要有熟练的驾驶技术。调查人员（除驾驶员外）需3～4人，一人记录与测试车同向行驶的车辆数（超越观测车的车辆数和被观测车所超越的车辆数），一人记录对向行驶来的车辆数，一人报告行驶时间及停驶时间（看表），一人记录行驶时间及停驶时间。

流动车法适用于交通流较稳定，岔道较少和岔道交通量亦较小的路段，且仅用于短时间的观测。为了真实反映交通情况，应注意路段和行程时间不要太长，对于较长路段可进行分段观测，以较短的时间分别完成调查。同时还应注意，用测试车观测交通量时，应尽可能使测试车的车速接近观测路段车流的平均速度；当交通量很小时，应接近调查路段的限制车速；对于多车道路段，最好变换车道行驶，并尽可能使超车数与被超车数大致相等，尤其是在交通量小时更应如此。

该方法灵活、方便，根据调查的数据资料，可以计算出路段交通量。也可同时计算出平均行驶车速、平均运行时间等重要参数（见本章第三节）。

如图3-1观测时首先对选定的观测路段丈量长度，其长度值为L(km)，并将路段的起、终点定名为A、B点。当观测车驶离起点A时，观测员即开始记录（行程用秒表计时），所需计数的内容如下列各项：

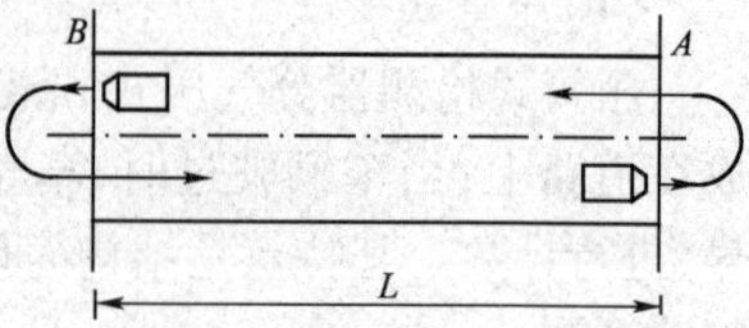

图3-1　试验车移动调查法示意图

（1）观测车对向行驶来的车辆数X_a；

（2）同向超越观测车的车辆数Y_{a-b}；

(3)被观测车所超越的车辆数 Z_{a-b}；

(4)观测车行驶于路段 AB 的行程时间 T_{a-b}(min)。

当观测车到达终点 B 时，应立即调头从 B 向 A 行驶，并作相同的观测记录，此时所得数据为 X_b、Y_{b-a}、Z_{b-a}及 T_{b-a}。流动车观测法原始记录表如表 3-2 所示。

流动车观测法原始记录表 表 3-2

路段名称及编号________ ______________调查区间编号____________测定距离(km)______________

观测时间________年______月______日______时______时 气候状况__________________

行车方向	观测次数	逆向交会车辆数 X_a	同向超越观测车的车辆数 Y_{a-b}	同向被观测车所超越的车辆数 Z_{a-b}	行程时间 T_{a-b} (min)	(s)
A-B	1					
	2					
	…					
行车方向	观测次数	逆向交会车辆数 X_b	同向超越观测车的车辆数 Y_{b-a}	同向被观测车所超越的车辆数 Z_{b-a}	行程时间 T_{b-a} (min)	(s)
B-A	1					
	2					
	…					

注：车辆数记录采用写"正"字的方法，一个"正"字代表 5 辆车。

一般行驶 6～12 个往返即可满足所需数据的精度要求。计算公式如下：

$$Q_a = \frac{X_b + Y_{a-b} - Z_{a-b}}{T_{a-b} + T_{b-a}} \times 60 \tag{3-1}$$

$$Q_b = \frac{X_a + Y_{b-a} - Z_{b-a}}{T_{a-b} + T_{b-a}} \times 60 \tag{3-2}$$

$$\bar{T}_{a-b} = T_{a-b} - \frac{Y_{a-b} - Z_{a-b}}{Q_a} \tag{3-3}$$

$$\bar{T}_{b-a} = T_{b-a} - \frac{Y_{b-a} - Z_{b-a}}{Q_b} \tag{3-4}$$

$$Q = Q_a + Q_b \tag{3-5}$$

式中：Q_a、Q_b——以 A 或 B 为始点的上行或下行方向的交通量(辆/h)；

Q——A-B 路段的交通量(辆/h)；

X_a、X_b——由 A 向 B、由 B 向 A 行驶时观测车对向行驶来的车辆数(辆)；

Y_{a-b}、Y_{b-a}——由 A 向 B、由 B 向 A 行驶时同向超越观测车的车辆数(辆)；

Z_{a-b}、Z_{b-a}——由 A 向 B、由 B 向 A 行驶时被观测车所超越的车辆数(辆)；

T_{a-b}、T_{b-a}——由 A 向 B、由 B 向 A 行驶于路段 AB 上的行程时间(min)；

$\bar{T}_{a-b}$、$\bar{T}_{b-a}$——由 A 向 B、由 B 向 A 的车流平均行车时间(min)。

例 3-1 在长 1.60km 的一段(A—B)街道上，用测试车往返 6 次观测同向和逆向车数的记录结果整理如表 3-3，求该路段的交通量。

表 3-3

流动车观测法原始记录整理表

行车方向	观测次数	逆向交会车辆数 X_a	同向超越观测车的车辆数 Y_{a-b}	同向被观测车所超越的车辆数 Z_{a-b}	行程时间 T_{a-b}(min)
A—B	1	42	1	0	2.52
	2	45	2	0	2.57
	3	47	2	1	2.37
	4	51	2	1	3.00
	5	53	0	0	2.42
	6	53	0	1	2.50
	合计	291	7	3	15.38
	平均	48.5	1.2	0.5	2.56
行车方向	观测次数	X_b	Y_{b-a}	Z_{b-a}	T_{b-a}(min)
B—A	1	34	2	0	2.48
	2	38	2	1	2.37
	3	41	0	0	2.73
	4	31	1	0	2.42
	5	35	0	1	2.80
	6	38	0	1	2.48
	合计	217	5	3	15.28
	平均	36.2	0.8	0.5	2.55

解:由 A 向 B 方向的交通量

$$Q_a=\frac{X_b+Y_{a-b}-Z_{a-b}}{T_{a-b}+T_{b-a}}\times 60=\frac{36.2+1.2-0.5}{2.56+2.55}\times 60=433(\text{辆/h})$$

由 B 向 A 方向的交通量

$$Q_b=\frac{X_a+Y_{b-a}-Z_{b-a}}{T_{a-b}+T_{b-a}}\times 60=\frac{48.5+0.8-0.5}{2.56+2.55}\times 60=573(\text{辆/h})$$

A—B 路段的交通量

$$Q=Q_a+Q_b=433+573=1\,006(\text{辆/h})$$

由 A 向 B 的车流平均行车时间

$$\bar{T}_{a-b}=T_{a-b}-\frac{Y_{a-b}-Z_{a-b}}{Q_a}=2.56-\frac{1.2-0.5}{433\div 60}=2.46(\text{min})$$

由 B 向 A 的车流平均行车时间

$$\bar{T}_{b-a}=T_{b-a}-\frac{Y_{b-a}-Z_{b-a}}{Q_b}=2.55-\frac{0.83-0.5}{573\div 60}=2.52(\text{min})$$

4. 录像观测法

录像观测法是利用录像机(各种摄像机、电影摄像机或照相机)作为记录设备,通过一定时间的连续录像给出一定时间间隔的或连续的交通流详细资料的方法。近年来,国内外的一些研究机构已开发出了采用计算机图像处理和识别技术对摄像设备采集的连续图像(或称视频)进行加工、自动获取其中交通信息的技术。随着这种技术的成熟,录像观测法将会得到更广泛的应用。

四、交通数据的分析应用

1. 根据观测手段或计数的方法不同,交通量资料的整理与分析方法大体可分为两大类。

(1)对于由机械计数自动记录的资料,一般不用专门进行人工整理,可直接由计数器打印输出,条件理想的可以直接利用接口程序把数据录入计算机磁盘,然后利用计算机进行图表的绘制和一些系数的直接计算。

(2)对于大量的人工计数资料,一般都是间断调查的,延续的时间较短,但涉及的范围很广,种类很多,这些资料一般由人工整理为主。

随着计算机软硬件技术的不断发展,即使是第二类资料,在人工预处理的基础上,利用计算机软件(如数据库语言 Visual FoxPro、电子表格 Excel 等)的辅助处理越来越多。

2. 不同类型的交通量的折算问题

实测交通量是分车型计测车辆数的,在交通流中不同车型的车辆由于其占有的空间与时间的不同、同一车道的通过数量也不同,而在交通运营中常常需要将其换算成某种单一车型的数量,通称之为交通量换算。

(1)《公路工程技术标准》(JTG B01—2003)规定交通量换算采用小客车为标准车型。确定公路等级的各汽车代表车型和车辆折算系数规定如表 3-4。

交通部规定车辆折算系数 表 3-4

汽车代表车型	换算系数	说明
小客车	1.0	≤19 座的客车和载质量≤2t 的货车
中型车	1.5	>19 座的客车和载质量在 2 ~ 7t 的货车
大型车	2.0	载质量 7 ~ 14t 的货车
拖挂车	3.0	载质量 >14t 的货车

注:1. 畜力车、人力车、自行车等非机动车在设计交通量换算中按路侧干扰因素计。

2. 一、二级公路上行驶的拖拉机按路侧干扰因素计。三四级公路上行驶的拖拉机每辆折算为 4 辆小客车。

3. 公路通行能力分析所要求的车辆折算系数应针对路段、交叉口等形式,按不同的地形条件和交通需求采用相应的折算系数。

(2)城市道路规范车种换算系数见表 3-5。

城市道路规范车种换算系数 表 3-5

车型	小汽车	普通汽车	铰接汽车
路段上换算系数	1.0	1.5	2.0
环形交叉口换算系数	1.0	1.4	2.0
信号交叉口换算系数	1.0	1.6	2.5

另外,可用不同车型平均车头时距之比,作为换算系数。

3. 交通量调查的成果

由上述方法得到的交通量,还应根据调查目的进行处理分析,一般作如下处理。

(1)绘制交通量空间变化的图形

①区域交通流量图

将在同一时期内测得的同一区域各条道路的交通量标注在该区道路示意图上即可(如图

3-2)。此图可明确表示区域内道路交通量分布情况。交通量数量也可用不同宽度线条表示。此图由于需要线路底图,绘制起来比较繁琐;但是,此图形象直观,如果用计算机图形接口软件处理各条道路的数据并按比例绘制将会大大提高工作效率。

②交叉口交通流量图

对通过交叉口的交通量进行实测后,可分不同交通流向绘制交叉口交通量图(如图3-3)。

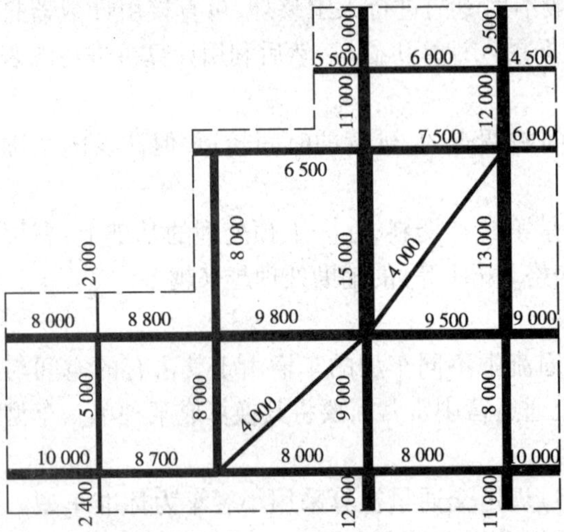

图3-2 交通量分布图

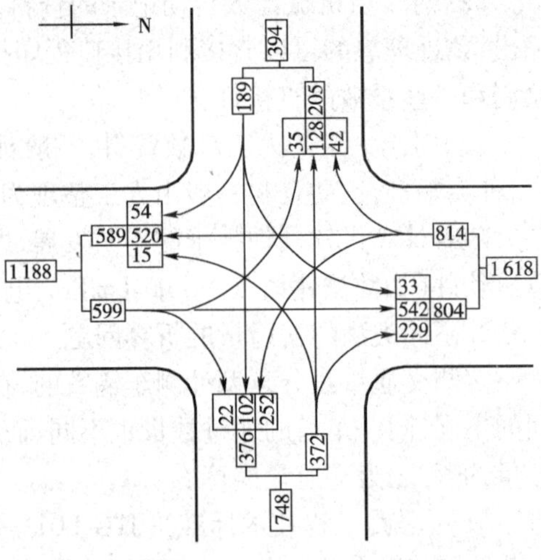

图3-3 交叉口高峰小时交通量图

(2)绘制交通量随时间变化的图形

①绘制交通量的历年变化图,如利用历年的年平均日交通量绘制其历年变化图(如图3-4);

②绘制(一年内)交通量月变图(图2-5);

③绘制交通量周变图(图2-6);

④绘制(一天中)交通量的时变图(见图2-7)。

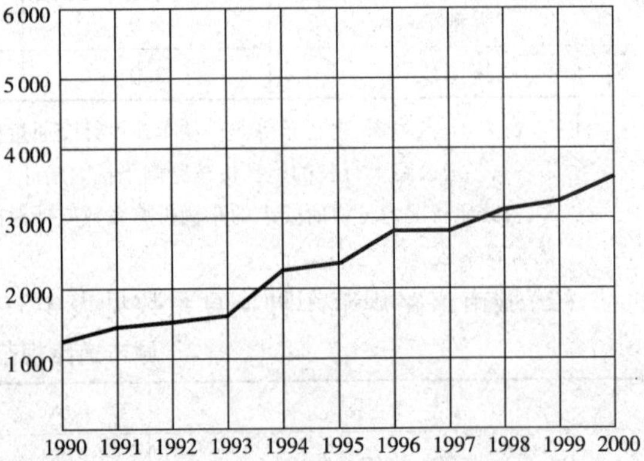

图3-4 某路段交通量历年变化图

4. 计算交通量特定参数

一般情况下,对实测交通量值要进行以下特定参数的计算:

年平均日交通量 AADT;

高峰小时交通量 PHV;

交通量月变化系数 M;

交通量日变化系数 D;

利用(全年)小时交通量排序曲线确定道路设计小时交通量。

以上各参数的计算可以参照第二章的有关内容进行。

5. 交通量构成分析

利用电子表格 Excel 的数据分析,我们可以很形象的看到一条路在某时间段内的车辆组成(如图3-5)。

例3-2 某规划院在进行 *A* 市交通规划时,需进行居民出行调查,欲检验居民出行调查,需同时进行核查线调查。如图示,围绕市中心区,设置了三条核查线(由包围市中心区的主要道路充当核查线):东侧核查线、西侧核查线、沿江核查线。通过调查,欲统计核查线位置的进出交通总量、分车种交通量、车型构成情况,绘出核查线交通量时变图。试设计核查线交通量调查方案(调查时间、观测地点、观测方法等)进行调查并进行调查数据分析处理。

解:1)拟订调查方案

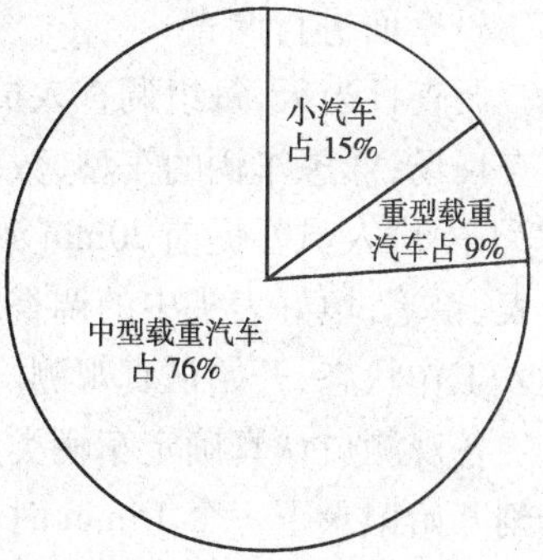

图3-5 某路段在某时间段的车辆组成

(1)选定观测地点:调查点设置在与核查线相交道路的路段上,且距交叉口一定的距离,不会受到交叉口影响。与东侧核查线相交的道路有5条,设置5个调查点;与西侧核查线相交的道路有4条,设置4个调查点;与沿江核查线相交的道路有4条,设置4个调查点,共设置13个调查点,其位置如图3-6所示。

(2)拟订调查时间和时段:调查时间选在2007年4月10日(周二),与居民出行调查同时进行,且根据天气预报,当日无暴雨、狂风等恶劣天气;调查时段为07:00~21:00,共14h。

(3)划分车种:主要进行机动车交通量调查,机动车分客车(大型、小型)和货车(大型、小型)、摩托车。

(4)选定观测方法:采用人工观测法,每15min为一个记录时段。

(5)绘制、印刷调查表格(表3-6)。

交通量调查原始记录表 表3-6

调查点:__________路 观测方向:方向(进入/离开市中心区):__________

调查起始时间 :________(按24h制) 观测人:__________

时段(分)	机动车				
	客车		货车		摩托车
	小型	大型	小型	大型	
:00 ~ :15					
.15 .30					
:30 ~ :45					
:45 ~ :60					
…					

说明:1. 蓝色牌照为小型车,黄色牌照为大型车,客货两用车按客车统计。

2. 用“正”字记录车辆数,一个“正”字代表5辆车。

(6)人员配备和分工

连续观测14h,分四个时间段7:00~11:00,11:00~15:00,15:00~19:00,19:00~21:00。每个调查点调查人员分4班,第一班7:00~11:00,第二班11:00~15:00,第三班15:00~19:00,第四班19:00~21:00。

在每个时间段,每个调查点需2名调查员,分别记录进入、离开市中心方向的交通量,13个调查点共需26名调查员。若第一时间段和第三时间段使用同样的调查人员,第二时间段、第四时间段采用同样的调查人员,则13个调查点在14h的连续观测中需52名调查人员。预先进行人员定位安排,此次调查人员为学校学生。

2)调查人员培训及试调查

采用逐级培训的方法,由规划院技术员培训参与此次调查的学校老师,再由老师培训学生,使调查人员明白车型识别方法、填表方法以及调查中应注意的事项。

由于调查工作耗费人力、物力、财力较大，需要多部门协调进行，具有不可返工性，因此在正式进行调查前，需进行小范围内的试调查，尽早发现问题，及时采取相应解决措施，为正式调查顺利进行做好充分准备。

3)全面进行调查

调查日当天，每组调查人员携带手表、调查表格等调查工具，在预定的时间前20min到达调查现场，熟悉车辆的车型、数据记录的方法，明确各自的具体分工；尤其是在两班人员交接时间，下一班人员要提前20min到达观测地点，熟悉情况；提前10min做好准备，拿好硬板夹、调查表、铅笔，填好表头中的调查时间和观测方向；时间一到，前一班人员退出，后一班人员马上进入工作状态，开始认真观测。

各观测员认真确定车辆类型，相应地在调查表格中记录；15min时段结束时，各观测员应立刻开始记录下一个15min时段数据，依次继续。

调查过程中，规划院安排3个人巡视，东侧、西侧、沿江核查线各1人，发现问题，及时解决。

调查完毕，调查人员（学生）应将调查结果交到学校老师那里，再由学校老师交给设计院技术人员。

4)调查数据分析与处理

调查数据进行分析后，得到如下结果：

(1)核查线交通量空间分布情况

在14h观测中，进出市中心区范围的标准流量达到314 499辆（自然车312 100辆），其中西侧核查线进出中心城区流量为82 240辆，东侧核查线进出流量为106 091辆，沿江核查线交通进出量达到126 168辆。三条核查线的流量比例，西侧：东侧：沿江为26.1∶33.7∶40.2。具体流量情况如图3-6。

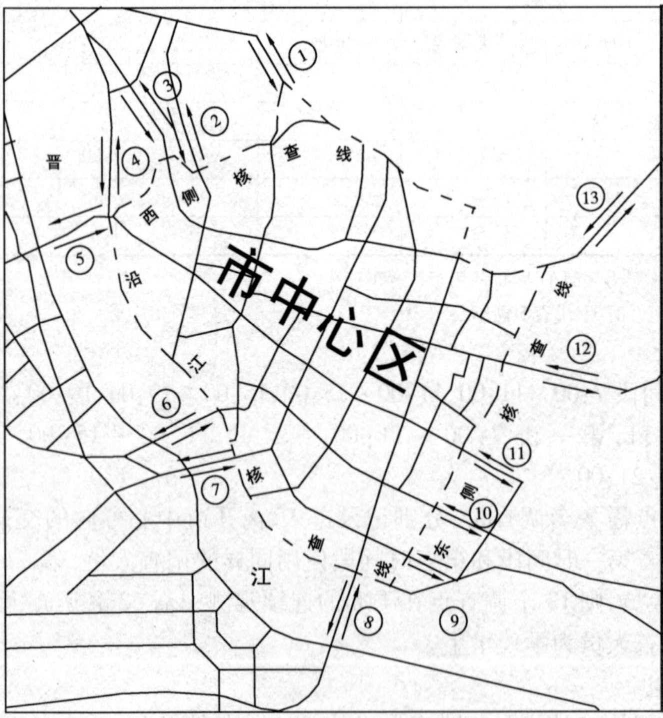

各调查点流量

调查点	进	出
①	19 749	21 931
②	7 208	6 248
③	5 322	5 372
④	8 193	8 217
⑤	10 858	10 849
⑥	21 169	18 916
⑦	24 902	20 407
⑧	8 336	10 731
⑨	6 919	12 141
⑩	11 574	7 999
⑪	8 329	7 468
⑫	3 554	4 272
⑬	21 073	22 762

单位：pcu/h

图3-6　核查线交通流量流向图（用箭头线表示流向）

(2)核查线交通量时间分布情况

通过数据分析,可绘制出每个调查点进出市中心区的交通量时变图、每条核查线上进出市中心区的交通量的时变图、3 条核查线上进出市中心区的总流量的时变图。如图 3-7 是 3 条核查线上进出市中心区的总流量的时变图。

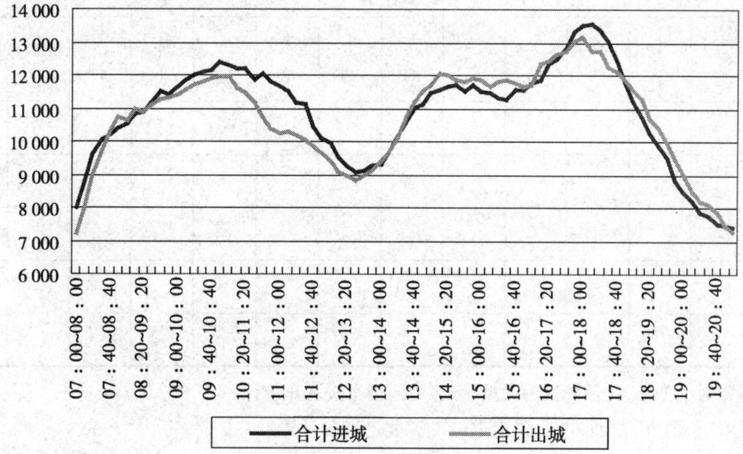

图 3-7　核查线进出市中心区的总流量的时间分布图

(3)车型构成情况

通过数据分析,可绘制出每个调查点车型构成情况图、每条核查线上车型构成情况图、3 条核查线上总的车型构成情况图。如图 3-8 是 3 条核查线在 14h 的调查中总的车型构成情况图,车型比例构成以摩托车、小客车、大客车为主,占全部自然流量的 86%,其中摩托车流量占 36%,说明摩托车出行方式是该市重要的机动交通出行方式之一。

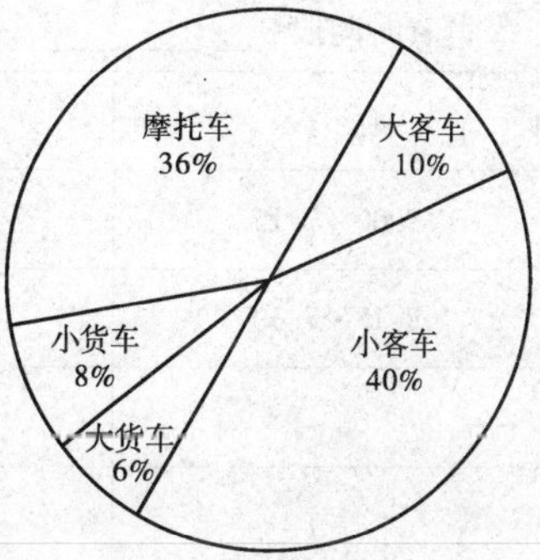

图 3-8　车型构成情况图

例 3-3　某设计院在制定 *B* 市发展大道——阳光路交叉口交通管理措施时,对该交叉口进行高峰时段交通量调查。该交叉口为十字形交叉口,采用信号控制(四相位),发展大道、阳光路各进口道车流方向均分为左转、直行和右转三个方向。通过调查,欲统计各进口道的交通总量、左转(直行或右转)交通总量,确定出高峰小时以及高峰小时交通量,绘出交叉口高峰小时流量流向图。试设计调查方案(调查时间、观测地点、观测方法等)进行调查并进行调查数据分析处理。

解:1)拟订调查方案

(1)选定观测地点:调查点设置在交叉口进口道停车线处。

(2)拟定调查时间:调查时间选在 2007 年 6 月 20 日(周三),根据天气预报调查日天气状况良好,且交叉口所在区域当日没有影响交通状况的重大活动;调查时段为 07:00 ~ 10:00、16:00 ~ 19:00。

(3)划分车种:分机动车和非机动车,机动车分为客车(大型、小型)、货车(大型、小型)、摩托车。

(4)选定观测方法:采用人工观测法,每 15min 为一个记录时段。

(5)绘制、印刷调查表格(表 3-7、表 3-8)。

交叉口机动车交通量调查原始记录表　　表 3-7

交叉口名称：__________进口：__________交叉口形式：__________交叉口控制方式：__________

调查时间段：__________~__________调查员姓名：__________调查日期：__________

时段	左转					直行					右转				
	客车		货车		摩托车	客车		货车		摩托车	客车		货车		摩托车
	大型	小型	大型	小型		大型	小型	大型	小型		大型	小型	大型	小型	
7:00~7:15															
7:15~7:30															
…															
…															
合计															

说明：1. 蓝色牌照为小型车，黄色牌照为大型车，客货两用车按客车统计。

2. “进口”填“东进口”、“西进口”、“南进口”或“北进口”。

3. 用“正”字记录车辆数。

交叉口非机动车交通量调查原始记录表　　表 3-8

交叉口名称：__________进口：__________交叉口形式：__________交叉口控制方式：__________

调查时间段：__________~__________调查员姓名：__________调查日期：__________

时　段	左　转	直　行	右　转
7:00~7:15			
7:15~7:30			
…			
合计			

说明：1. “进口”填“东进口”、“西进口”、“南进口”或“北进口”。

2. 用“正”字记录车辆数。

(6)人员配备和分工

机动车交通量调查，每个进口道需 3 个调查员，分别记录左转、直行、右转交通量，连续记录 3 个小时。07:00~10:00 的调查和 16:00~19:00 的调查拟使用同一组调查人员，需 12 个调查人员。

非机动车交通量调查，每个进口道需 1 个调查员，记录左转、直行、右转交通量，连续记录 3 个小时。07:00~10:00 的调查和 16:00~19:00 的调查拟使用同一组调查人员，需 4 个调查人员。

2)调查人员培训，同核查线调查

3)进行调查

调查日当天，调查人员应在预定的时间前 20min 到达调查现场，熟悉调查车辆的车型、数据记录的方法，明确各自的具体分工。

提前 10min 做好准备，拿好硬板夹、调查表、铅笔，填好表头中的调查时间和观测方向。

时间(如7:00)一到,各观测员认真确定经过负责车道的车辆类型,相应地在调查表格中记录;15min 时段结束时,各观测员应立刻开始记录下一个 15min 时段数据,依次继续。

调查完毕,收回调查原始记录表。

4)调查数据分析与处理

(1)将收回的“交叉口机动车交通量调查原始记录表”中的正字统计成数字,得到“交叉口机动车交通量调查整理表”。表 3-9 是北进口道机动车交通量调查整理表。

交叉口机动车交通量调查整理表 表 3-9

交叉口名称:发展大道+阳光路 进口:北 交叉口形式:十字形 交叉口控制方式:信号控制

调查时间段:07:00~10:00 调查日期:

时段	左转					直行					右转				
	客车		货车		摩托车	客车		货车		摩托车	客车		货车		摩托车
	大型	小型	大型	小型		大型	小型	大型	小型		大型	小型	大型	小型	
07:00~07:15	12	29	0	3	4	13	70	0	1	10	1	40	0	2	0
07:15~07:30	10	64	0	0	5	5	136	0	1	22	3	82	0	0	3
07:30~07:45	9	70	0	0	36	8	138	0	0	48	2	82	0	0	15
07:45~08:00	8	74	0	0	18	8	169	1	0	29	0	88	0	0	4
08:00~08:15	8	95	0	0	10	7	176	0	2	21	0	47	0	0	2
08:15~08:30	7	74	0	1	12	2	159	0	0	18	0	45	0	0	2
08:30~08:45	4	88	0	1	10	5	114	0	0	28	1	83	0	0	2
08:45~09:00	7	67	0	2	12	9	122	0	0	21	2	69	0	2	2
09:00~09:15	7	60	0	2	11	3	121	0	2	15	1	87	0	0	2
09:15~09:30	12	96	0	1	15	5	206	0	2	16	5	75	0	0	7
09:30~09:45	6	77	0	0	8	3	109	0	1	17	0	82	0	0	1
09:45~10:00	7	71	0	0	9	3	120	0	1	14	0	38	0	0	2
小计	97	865	0	10	150	71	1 640	1	10	259	15	818	0	4	42

(2)将“交叉口机动车交通量调查整理表”中的交通量换算成标准小汽车(小型客车、小型货车车种换算系数取 1.0,大型客车、大型货车车种换算系数取 2.0,摩托车取 0.4),并计算出各进口道在每个 15min 时段内直行、左转、右转车的总量,得到“交叉口机动车交通量调查汇总表”,见表 3-10。

(3)根据“交叉口机动车交通量调查汇总表”可确定出机动车交通量高峰小时,如表 3-10,早高峰的高峰小时为 7:45~8:45,高峰小时流量 6 224pcu/h。计算高峰小时内各进口道左转、直行、右转流量,得到“交叉口机动车高峰小时流量流向表”,见表 3-11,同时绘出交叉口机动车高峰小时流量流向分布图。

表 3-10

交叉口机动车交通量调查汇总表（7:00～10:00）

交叉口名称：发展大道＋阳光路　交叉口形式：十字形　交叉口控制方式：信号控制

调查员姓名：＿＿＿＿＿＿调查日期：＿＿＿＿＿＿

时间段	北进口			南进口			东进口			西进口			合计
	左转	直行	右转	左转	直行	右转	左转	直行	右转	左转	直行	右转	
07:00～07:15	57.6	101	44	83.6	54.4	57.2	56.2	111.2	91.8	35.2	84.8	41.8	818.8
07:15～07:30	86	155.8	89.2	91.8	134	73.2	54	127.8	72.4	58	129.8	62.6	1 134.6
07:30～07:45	102.4	173.2	92	122.6	135.4	79.4	70.2	192	119.6	54.2	121.4	80.4	1 342.8
07:45～08:00	97.2	198.6	89.6	109	169.6	80.4	119.6	215.2	119.4	58	208.4	83.4	1 548.4
08:00～08:15	115	200.4	47.8	118.8	129.8	96.8	129	263.8	190.6	84	176	90.6	1 642.6
08:15～08:30	93.8	170.2	45.8	145.6	134.6	97	89	297.2	170.8	107	223.8	96.2	1 671
08:30～08:45	101	135.2	85.8	87.4	101	82	96.4	217.8	126.4	62.8	198.2	68.2	1 362.2
08:45～09:00	87.8	148.4	75.8	101.2	137.6	68	67	206.8	88.2	102	219.4	79.2	1 381.4
09:00～09:15	80.4	135	89.8	104.4	126.4	89.2	65	209.8	111.4	93.6	229.4	71.4	1 405.8
09:15～09:30	127	224.4	87.8	140	129.4	84.2	64.6	220.8	138	75.2	203.8	56.4	1 551.6
09:30～09:45	92.2	122.8	82.4	156	175	70.2	158.2	289	106	102.2	216.4	81.4	1 651.8
09:45～10:00	88.6	132.6	38.8	141.2	139.2	48.2	53	162.8	103.4	74	143.8	73.6	1 199.2
合计	1 129	1 897.6	868.8	1 401.6	1 566.4	925.8	1 022.2	2 514.2	1 438	906.2	2 155.2	885.2	16 710.2

注：单位为 pcu。

表 3-11

交叉口机动车高峰小时流量流向表（早高峰 7:45～8:45）

进口道	北进口				南进口				东进口				西进口				交叉口
流量	左转	直行	右转	合计	左转	直行	右转	合计	左转	直行	右转	合计	左转	直行	右转	合计	总计
流量（pcu/h）	407	704	269	1 380	461	535	356	1 352	434	994	607	2 035	312	807	338	1 457	6 224

(4)同理,对非机动车交通量进行整理分析,确定出非机动车高峰小时流量。如果机动车高峰小时与非机动车高峰小时不相同,可以将每个15min时段的机动车交通量与非机动车交通量按车种换算后相加,算出每个15min时段总交通量,再确定整个交叉口的高峰小时或高峰小时交通量。

第三节 行车速度调查

一、行车速度调查的目的和意义

在交通工程学范畴内,车辆或车流的速度是一重要的基本参数,其数值大小与公路的通行能力、交通安全、交通控制管理、规划设计等方面有着直接的关系。车速是对包含各级公路交通设施在内的服务功能度量的一项重要指标,它综合地反映了这些设施的功能、质量和服务水平的状况。

(1)通过交通调查,掌握车速分布状态及速度的变化和发展规律,探求车速发展趋势;

(2)根据速度资料制定某种交通管理措施,诸如限速标准、确定建议速度、车辆运行调度等;

(3)作为道路几何设计的依据,如平纵曲线半径、纵坡及变速车道长度等;

(4)进行交通事故分析时,需考虑速度的大小,进行危险路段的评定;

(5)利用速度资料,判定道路服务水平,交通拥挤情况;

(6)速度是道路可行性研究及工程经济评价中的一项重要指标,据此可以计算道路工程项目实施后的效益;通过事前、事后调查判断交通管理和工程措施的效果;

(7)速度参数用于交通流理论的研究。

二、地点车速的调查方法

1. 调查地点的选择

调查地点应根据调查目的进行选择,一般应考虑以下各方面:

(1)一般速度调查时应选择视野条件好的道路直线段,并应选在无特殊交通标志、无交通信号、无公交站台和不受道路交叉口影响的道路区间部分;

(2)当为确定信号控制而调查速度时,调查地点应选在控制对象范围内,并应选择不受其他信号影响的地点;

(3)当为判断交通措施效果而进行事前、事后调查时,事前事后调查应选择同一位置;

(4)对事故多发地区进行调查时,应调查进入该区时的速度,调查地点应不受其他因素影响。

另外为使调查结果不受调查本身的影响,在选择调查地点时还应注意测量仪器及观测人员应不吸引驾驶人员注意,并且不引起群众的围观。

2. 调查时间的选择

一般调查,应选择非高峰小时的时段,事前、事后调查应选择相同的时段,速度调查还应避开交通异常时间,如节假日及恶劣天气等。

同调查地点的选择一样,应根据调查目的选择调查时间。没有特殊说明,不应选择交通有异常的日期和时间。例如节假日,由于大部分居民不上班,车流量少,因此车速一般均高于平时,又如一些大型体育赛事或集会活动举行前后,交通量会突然增大,车速较正常变缓。为制定交通管理措施搜集数据或为检验交通改善措施效果的调查应选择在机动车早高峰或晚高峰时段,因为这段时间交通量大,矛盾最为突出。

3. 调查抽样率

速度调查不同于交通量调查,需要进行抽样调查。为节省人力、物力,抽样数量应在满足实测精度的条件下尽量少,根据速度调查的精度要求,认为调查总样本数量不应少于150辆,其中单一车种不应少于50辆。且测速时段不宜过短,一般应在1h以上。此外,在抽样时不仅先应保证足够抽样率,还应尽量避免人为的主观选择,保证抽样的随机性。为此调查抽样,可以按以下形式进行:

(1)避开调查开始时的几辆车;

(2)对各种车型的抽样率应基本控制在与其在车流中的混入率一致;

(3)抽样时,可事先选定车牌尾数,如只测尾数为偶数车或只测尾数为0或5的车,以此使抽样无偏。

4. 调查方法

地点速度的调查方法很多,现只介绍几种常用的方法:

(1)人工测定法

人工测定方法,实际上是实测车辆通过某一微小路段的平均车速,如果车辆匀速通过该路段时,则这一平均速度即为通过该路段内任一断面处的地点速度。

因此,此法只需在拟测地点附近选择一个小路段 L 并量测其长度 l,观测员采用秒表测定各种类型车辆经过路段 L 的时间,记录员在标准记录表上记录车型及通过两端的时间。经整理计算,可得到各类车辆的地点车速。

具体做法是在选定的量测长度两端设置两个参考标记,可用色漆画横线于路面上或行道树干上,使观测员能清晰看到。然后观测员站在测量路段末端,当车辆前轮经过首端参考线时,观测员立即开动秒表;当车辆前轮经过末端参考线时,观测员立即停止秒表。记录表格如表3-12。

地点速度测量原始记录表 表3-12

日期:_____年_____月_____日　时间:_____　地点:_____　方向:_____

天气:_____　测定区间长:_____　观测者:_____

车　种	车辆经过首端参考线时刻 t_1(s)	车辆经过末端参考线时刻 t_2(s)	$\Delta t = t_2 - t_1$	$v = \frac{1}{\Delta t}$

测得通过该路段车辆所需时间 t(s)值,即可由下式计算速度值:

$$v = l/t \times 3.6\,(\mathrm{km/h}) \tag{3-6}$$

某种车型通过该点的地点车速为算术平均值。

测量路段越短越能保证车辆通过的匀速条件,但由于车辆通过时间过短时,测时误差会加大,因此建议测量路段长度为30~50m,车速较高的路段距离可稍长,以通过时间为2~3s为宜,最短也应在1.5s以上。

人工测速方法简单易行,但进行长时间观测较困难。

(2)使用测速仪器测定速度

常用测速仪为雷达测速仪。其原理为雷达向车辆发出的微波的反射波具有多普勒效应——雷达发射波与移动物体反射波的频率差与移动物体的速度成正比。使用这种测速仪，可以在选定地点直接测出车辆通过的瞬时速度，并可直接记录、打印速度数据，是测定地点速度的理想工具。目前我国有多处生产厂家，交通管理部门已广泛使用此种仪器测定地点速度。由于此种仪器测定低速车辆时较为困难，且在同时感知两台车时，只显示高速车辆的速度，所以在交通工程学研究中使用并不广泛。

(3)车辆感应器测速

使用车辆感应器测量车速时，可通过电磁感应或超声波反射原理，同时感知车辆通过的距离和时间，从而计算车辆通过速度。此种测速方式与交通量调查同时进行，便于研究交通量与通过速度的关系，且几乎不受通过区间时的速度变化影响，能较准确的测出地点速度，并且能作长时间连续调查。但当有故障车或事故车停留在感应器上时，车速记录会出现异常。感应器设备复杂，费用也高，只能在城市或其他有条件的地方使用。故在我国地点速度的测量主要使用人工测量的方法。

5. 地点速度实测数据分析处理

由上述测定方法测得的地点速度数据，对一般使用目的常做以下分析处理：

1)绘制速度分布图与分布表

将实测数据按一定间隔分组，凡位于同一组的速度值都认为其速度值为该分组的中值速度，然后求各组车速数量及频率，将其列表即为分布表(见表3-13)。

地点车速分布表 表3-13

速度范围(km/h)	中位速度 v_i	观测车辆数及频率		累计观测车辆数及累积频率	
		次 数	频率(%)	次 数	频率(%)
53.5~56.5	55	2	1.0	2	1.0
56.5~59.5	58	8	4.0	10	5.0
59.5~62.5	61	18	9.0	28	14.0
62.5~65.5	64	42	21.0	70	35.0
65.5~68.5	67	48	24.0	118	59.0
68.5~71.5	70	40	20.0	158	79.0
71.5~74.5	73	24	12.0	182	91.0
74.5~77.5	76	11	5.5	193	96.5
77.5~80.5	79	5	2.5	198	99.0
80.5~83.5	82	2	1.0	200	100.0
总计		200			

为不使一个数据同时跨越两个分组，各组分界值应是实测单位下移一位的中值。如实测值单位为km/h时，分界值应为0.5km/h，这样每一实测值只可位于一个固定组。将上述表列之频率值绘成如图3-9所示，即为速度频率分布图。如将该图纵坐标改为累积频率，则可绘制成车速累积频率图(如图3-10)。该图中任一速度值对应的频率数均表示在该速度以下行驶的车辆数所占总车辆数的百分比。

2)统计处理

(1)车速平均值及其均方差

均值及均方差是统计分布的两个主要特征值，正态分布的车速数据其均值即为算术平均值，也就是平均速度。它表示道路上通过车辆的统计平均趋势。平均速度越高，表示大部分车辆都以较高的速度行驶,反之大部分车辆的通过速度都较低。而均方差却表示了统计分布的离散程度,均方差越大,表示存在于通过车辆中的速度差越大。这时当交通量小时,表示车辆选择速度的自由度大,而当交通量较大时,表示交通混乱程度严重。

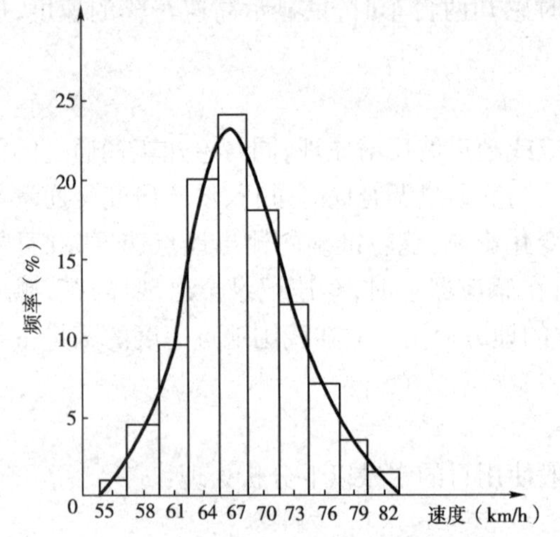

图 3-9　速度频率分布曲线

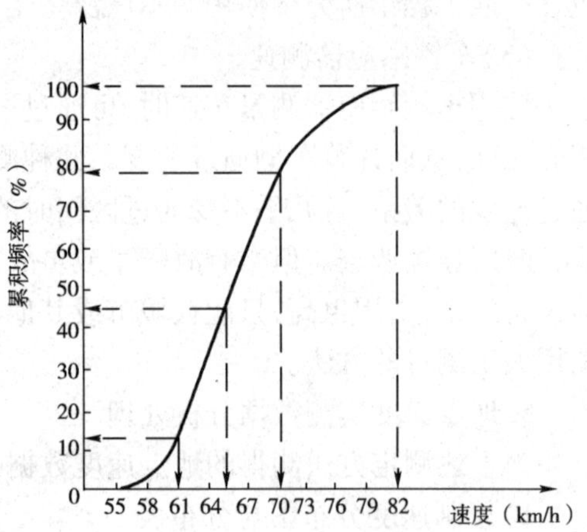

图 3-10　速度频率累积曲线

平均车速及均方差可用式(3-7)和(3-8)计算:

$$\bar{v} = \frac{\sum_{i=1}^{K} f_i v_i}{n} \tag{3-7}$$

式中:$\bar{v}$——平均车速(km/h);

v_i——各分组的车速中值(km/h);

f_i——对应 v_i 的车辆数;

K——分组数量;

n——全体被测车辆数 $n = \sum_{i=1}^{K} f_i$。

$$\sigma = \sqrt{\frac{1}{n-1}\left[\sum_{i=1}^{K} v_i^2 f_i - \frac{1}{n}\left(\sum_{i=1}^{K} v_i f_i\right)^2\right]} \tag{3-8}$$

式中各符号意义同上。

(2)统计分布中的特定车速

①中值、中间速度。中值代表速度分布的对称性,指累积频率为 50% 的速度值(图 3-10)。

②众值、最常见速度。众值表示统计分布中发生频率最大的对应值,在速度统计中,表示最常见的速度(图 3-9)。

③百分位车速。此速度频率累积曲线图上某一百分率的对应速度称为该百分率的百分位速度,如 85% 速度、15% 速度分别表示 85% 的车辆或 15% 的车辆,以等于或小于该速度的车速行驶,50% 位速度即为中值速度。百分位速度常被用来作为限制车速的参考值。

3)计算其他统计量

(1)偏斜指数(S_1)(速度偏移)

速度偏斜指数表示速度分布偏斜程度，其计算式为：

$$S_{\mathrm{I}} = \frac{2(v_{93} - v_{50})}{v_{93} - v_7} \tag{3-9}$$

式中：v_{93}、v_{50}、v_7——分别为93%、50%、7%位速度。

当 $S_{\mathrm{I}} = 1$ 表示速度分布对称；

$S_{\mathrm{I}} < 1$，表示速度偏于低速；

$S_{\mathrm{I}} > 1$，表示速度偏于高速。

(2)平均超速度

表示被调查车辆中超速车辆的平均超速程度。用下式计算：

$$\bar{v}_{\mathrm{ex}} = \frac{\sum (v_i - v_{sl}) f_i}{m} \tag{3-10}$$

式中：$\bar{v}_{\mathrm{ex}}$——平均超速度(km/h)；

v_i——超过限速值的各分组中值速度(km/h)；

v_{sl}——限速值(km/h)；

f_i——对应的 v_i 分组车辆数；

m——超速车辆总数。

(3)车速遵守率

对应车速频率累积曲线上限制车速的累积频率值。这一参数表示遵守限速规定的车辆比率。

三、区间速度的调查方法

区间车速资料可提供宏观管理方面的需要，其所提供的路线、路网车速供编制建设前期工作计划、公路发展规划和交通规划等方面使用。此外，各种数据分析尚有各方面的用途，比如，速差比曲线显示不同时间里车速的变化趋势，速差比越大车速越低；从路网等时线图可分析路线的交通状况，应用于路网规划、交通分配和交通管制方面。

1. 调查的区间与时间的选择

调查区间与时间均应根据调查目的进行选定。

(1)调查区间的选择

对于一般目的的调查，应选在主要交叉口之间无大量出入车辆的路段，且区间的起终点应选在无交通阻塞处；当为交通管理目的时，应在拟定管辖地区选择，当为评价交通措施效果时，应在采取措施前后，均进行调查，且事前、事后调查应选择相同的路段。

(2)时间的选择

可分上、下午高峰与白天和夜晚非高峰等四个时段，每次应连续1h以上，且应避开节假日及天气不良时间。而在进行事前、事后调查时应选择相同季节，相同周日及相同天气条件。

2. 调查方法

区间速度的调查要实测车辆通过某一已知长度路段的时间，有多种方法。此处仅介绍几种常用方法。

(1)流动车观测法

此法与调查交通量时的流动车观测法完全相同。即在已知区间内作往复行驶调查,并记录通过区间的时间对面车道来车数及本车道超车与被超车数量,区间速度为:

$$v_a = \frac{60L}{\bar{T}_{a-b}} \tag{3-11}$$

$$v_b = \frac{60L}{\bar{T}_{b-a}} \tag{3-12}$$

式中: L——区间长度(km);

v_a、v_b——在测试路段上测定的由 A 向 B、由 B 向 A 方向的区间平均车速(km/h);

$\bar{T}_{a-b}$、$\bar{T}_{b-a}$——由 A 向 B、由 B 向 A 的车流平均行车时间(min);

$$\bar{T}_{a-b} = \mathrm{T}_{a-b} - \frac{Y_{a-b} - Z_{a-b}}{Q_a}, \bar{T}_{b-a} = T_{b-a} - \frac{Y_{b-a} - Z_{b-a}}{Q_b};$$

式中其余符号意义同本章第二节。

此法要求驾驶人员有熟练的驾驶技术。

例 3-4 已知条件同本章例 3-1,求区间平均车速。

解:由 A 向 B 方向的平均车速

$$v_a = \frac{60L}{\bar{T}_{a-b}} = \frac{60 \times 1.60}{2.46} = 39.0(\mathrm{km/h})$$

由 B 向 A 方向的平均车速

$$v_b = \frac{60L}{\bar{T}_{b-a}} = \frac{60 \times 1.60}{2.52} = 38.1(\mathrm{km/h})$$

(2)车辆牌号对照法

此法为在拟调查区间的起终点设置调查人员,起点 2 ~ 3 人,1 ~ 2 人读车辆通过端点的时间和车牌照,1 人记录通过车辆的车牌照和其通过断面的时刻,终点人员配备与起点相同,然后通过始、终点记录,对照后即可得出某一车辆通过该区间的行程时间。用路段距离除以此行程时间,算出该车通过区间的平均车速,即区间车速。(若在路段的起终点设置观测点,各设置调查员 4 ~ 6 人,按照上、下行方向分为两组。)

表 3-14 为此法实测记录与计算实例。

车辆牌号对照法对行车时间及区间速度调查表 表 3-14

通过车辆车牌号	车辆通过观测断面时刻		行车时间
	入　口	出　口	
19335	8:00:12	8:04:05	3:53
12143	8:00:58	8:05:29	4:31
17963	8:01:21	8:05:19	3:58
15142	8:01:44	8:05:49	4:05
14872	8:01:59	—	未对上

续上表

通过车辆车牌号	车辆通过观测断面时刻		行车时间
	入　口	出　口	
17615	8:02:19	8:05:39	3:20
15166	8:02:35	8:06:11	3:26
18327	8:02:41	—	未对上
11144	8:02:52	8:07:12	4:20
11579	8:03:09	8:07:28	4:19
17156	8:03:36	8:08:07	3:31
13218	8:03:55	8:08:39	3:44
17244	8:04:47	8:08:56	4:09
16288	8:05:07	8:09:25	4:08
平均通过时刻	8:02:43	8:06:41 −8:02:43 3:58	3:58 (3.97min)

区间长 $L=2.34\text{km}$　　　$v=\dfrac{60\times 2.34}{3.97}=35.37(\text{km/h})$

由于常常来不及对所有车辆进行测量，因此起终点部分实测车辆牌号会不对应，从而造成浪费。为提高实测效率，应对试验车辆做事先规定，如只测偶数号车或以0、5号结尾的车辆。还要注意的是，在观测时起、终点秒表必须同步，观测期间不得停表。

牌照法可以测得不同时段的平均行程车速、各种类型车辆的平均行程车速及车头时距，便于进行交通工程中的微观分析。但牌照法所测得的只是起终点间的行程时间，无法知道车辆在行驶过程中的延误及交通阻塞情况，当路段中间有交叉口时，由于路段车辆在交叉口的转向，使起终点的车辆牌照号码不完全一致，增加了内业工作量；当路段为单向两车道或大于两车道时，观测时由于靠边车道车辆的阻挡，无法看清中间车道上车辆的牌照号码，容易漏计车号。因此，牌照法适用于路段上无大型交叉口，双车道或流量不是很大的四车道道路，且观测路段长度不易过长，以不超过500m为宜。

(3)驶入驶出测量法

使用对照车辆牌号法可知某一车的区间速度，故可同时求出区间速度的分布。当无需求取分布形式而只关心区间平均速度时，可使用驶入驶出测量法。

此法也是在调查区间的两端设调查人员，并用一试验车通过区间两次，调查人员在试验车第一次通过调查断面时(起点或终点)开始每分钟记录一次通过断面的车辆数，并在试验车第二次通过时结束调查。

试验车试验人员记录通过两断面的时间及超车和被超车次数。然后计算全部被测车辆分别通过两断面的平均时刻，并求算区间平均速度，该法可对通过的全部车辆进行调查，其精度极高，但只可求得平均速度，无法求得区间速度的分布形式。表3-15为实测计算例。

驶入、驶出测量法实测区间速度 表3-15

地点：×× 方向：×× 测定区间长：0.8km

时间：××年×月××日 气候：×× 试验车出发时刻：8:30:00；到达时刻8:30:55

起　点			终　点		
通过起点后时间(min) 8:30:00以后	通过起点交通量(辆/min)	计算 [(1)-0.5]×(2)	通过终点后时间(min) 8:30:55以后	通过终点交通量(辆/min)	计算 [(4)-0.5]×(5)
(1)	(2)	(3)	(4)	(5)	
1	28	0.5×28=14.0	1	25	0.5×25=12.5
2	35	1.5×35=52.5	2	30	1.5×30=45.0
3	31	2.5×31=77.5	3	32	2.5×32=80.0
4	39	3.5×39=136.5	4	36	3.5×36=126.0
5	26	4.5×26=117.0	5	40	4.5×40=180.0
6	33	5.5×33=181.5	6	31	5.5×31=170.0
7	29	6.5×29=188.5	7	26	6.5×26=169.0
8	37	7.5×37=277.5	8	24	7.5×24=180.0
9	24	8.5×24=204.0	9	29	8.0×29=246.5
10	28	9.5×28=266.0	10	27	9.5×27=256.5
11	38	10.5×38=399.0	11	33	10.5×33=346.5
12	35	11.5×35=402.5	12	36	11.5×36=414.0
13	30	12.5×30=375.0	13	40	12.5×40=500.0
14	27	13.5×27=364.5	14	28	13.5×28=378.0
15	34	14.5×34=493.0	15	37	14.5×37=536.5
合计	474	3 549.0	计	474	3 640.5
平均时刻	3 549.0÷474=7.49(min)=7min29s 8:30:00+7:29=8:37:29		36 405÷474=7.68(min)=7min41s 8:30:55+7:41=8:38:36		
平均通过时间	8:38:36-8:37:29=01:07=1.12(min)				
平均区间速度	$v=\frac{60\times0.8}{1.12}=42.86$(km/h)				

(4)跟车法

跟车法是利用观测车在观测路段往返行驶，同时记录下所用的时间，用路段的长度除以该时间即可得区间车速。

在测速前应利用大比例尺的地形图量测路段全长及各变化点之间的距离，要对路段进行编号，然后到现场勘测，按图上各点在实地做好标记，并补充地形图上遗漏的地物特征点；测试车应具备良好的性能，应能跟上道路上行驶的车辆，一般一辆观测车应配备两名观测人员，测试人员必须熟记预设在道路上的各个标记。

测速时，两名观测人员中的一人观测沿线交通情况，用秒表读出经过各标记地点时的时间、沿线停车时间，并指出停车原因，另一人记录。测试车必须紧跟道路车队行驶，一般不允许超车，但是如果遇到速度较低的车辆可以超越；当测试车遇到阻塞或严重减速时，应该记录减速次数或停车延误时间及原因。

测试次数一般要求往返6~8次，每次往返时间尽量小于40min。在道路条件良好、交通顺畅的市郊道路，路段长度以不超过 15km 为宜。市区边缘道路，路线长度以不小于 10km 为宜。市中心区道路，一般交通繁忙，车速低，并受到交叉口的影响，路线长度应该小于 5km。

跟车法的优点是操作简单容易，能测量全程及路段的行程时间、行驶时间、延误、沿途交通情况，以及交通阻塞原因等，劳动强度低，适用于交通量大、交叉口多的城市道路。缺点是测量次数受行程时间的影响，有时还要受到偶然因素的影响。

例 3-5 如图 3-11 示，测试车从 *A* 点出发到 *G* 点，经过 *B*、*C*、*D*、*E*、*F*、*G* 6 个交叉口和 6 个公交停靠站（测试前量得 *AB*、*BC*、*CD*、*DE*、*EF*、*FG* 段得长度分别为 1 088m、682m、641m、346m、474m、590m），单方向行驶 5 次（早高峰时段 7:00 ~ 9:00 行驶 2 次、晚高峰时段 17:00 ~ 19:00 行驶 2 次、平常时段 9:00 ~ 11:00 行驶 1 次），用秒表计时，第 1 次行驶测得的原始记录如表 3-16 示（第 2 ~ 5 次原始记录略），经过整理后得表 3-17，试计算平均区间车速。

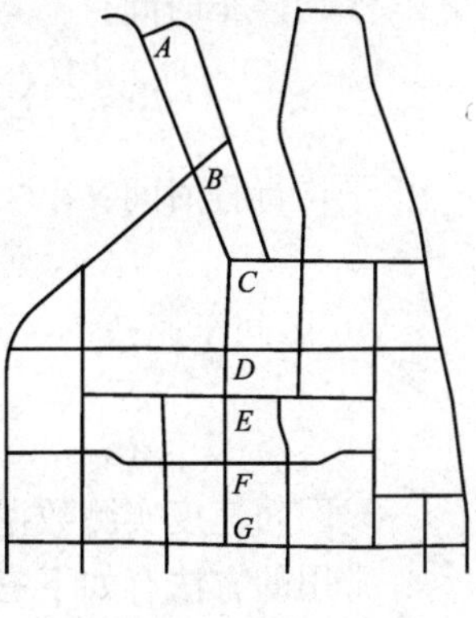

图 3-11 测试区间位置图

跟车法测速原始记录表 表 3-16

调查路线：长丰路—工农路 天气：晴

调查日期：2007. 3. 15（周四） 调查时段：8:40 ~ 9:00 调查人员：

路段编号（路名）	起点	终点	行驶时间（s）	停车时间（s）		停车原因	减速次数	减速原因	备注
				路口	路段				
1 长丰路	*A*	*B*	150	102		红灯			
2 新开路	*B*	*C*	67				1	行人横过马路	
3 春风路	*C*	*D*	58						
	D	*E*	39		20	紧急阻塞			
4 工农路	*E*	*F*	62	56		红灯			
	F	*G*	31	9		红灯			

注：停车、减速理由有红灯、转向车、行人横过马路、自行车、公交停靠、紧急阻塞、其他。

跟车法测速记录整理表 表 3-17

路段名称	起点	终点	长度（m）	行驶时间 t_1（s）					停车时间 t_2（s）					备注
				第 1 次	第 2 次	第 3 次	第 4 次	第 5 次	第 1 次	第 2 次	第 3 次	第 4 次	第 5 次	
长丰路	*A*	*B*	1 088	150	155	172	154	142	102		19		42	
新开路	*B*	*C*	682	67	78	78	79	73				11		
春风路	*C*	*D*	641	58	73	69	56	71					48	
	D	*E*	346	39	47	41	40	35	20	10	29			
工农路	*E*	*F*	474	62	69	77	70	59	56	22	5	7		
	F	*G*	590	31	81	80	68	91	9				59	
合计			3 821	407	503	517	467	471	187	32	53	18	149	

解：平均行驶时间：

$$\bar{t}_1=\frac{1}{n}\sum_{i=1}^{n}t_{1i}=\frac{1}{5}\sum_{i=1}^{5}t_{1i}=\frac{1}{5}(407+503+517+467+471)=473(\mathrm{s})$$

平均停车时间：

$$\bar{t}_2=\frac{1}{n}\sum_{i=1}^{n}t_{2i}=\frac{1}{5}\sum_{i=1}^{5}t_{2i}=\frac{1}{5}(187+32+53+18+149)=87.8(\mathrm{s})$$

平均行程时间：

$$\bar{t}=\bar{t}_{1\mathrm{i}}+\bar{t}_{2\mathrm{i}}=473+87.8=560.8(\mathrm{s})$$

AG 区间车速：

$$\bar{v}=\frac{l/1\,000}{\bar{t}/3\,600}=\frac{3\,821/1\,000}{560.8/3\,600}=24.5(\mathrm{km/h})$$

3. 区间速度实测数据的分析处理

常用的方法有如下三种。

1）用数理统计法计算与分析区间车速与频率

当需要应用区域路网或公路全线和某一状况下的车速分布曲线、平均区间车速及百分位车速时，可以用地点车速的数据处理方法进行。要注意的是"频数分布"栏应填组内各车速对应的观测里程长度，而"组频数"栏则应填"频数分布"栏的总和（组内总里程长度）。

2）计算速差比绘制曲线图

速差比计算公式：

$$r=\frac{v+v_i}{v} \tag{3-13}$$

式中：r——速差比；

v——全天平均车速；

v_i——每小时的观测车速。

以每小时的时间间隔为横坐标，对应的速差比为纵坐标，将各点连成曲线，即为速差比曲线。

3）绘制路网等时线图

以交通枢纽为中心，绘制路网图，在固定的运行时间间隔，如1min、5min、10min 等，计测各车辆在路网中各条线的行驶距离，在将此距离点绘于路网图上，用顺滑的曲线连接起相同时间的各点，便会成了等时线图。见图 3-12。

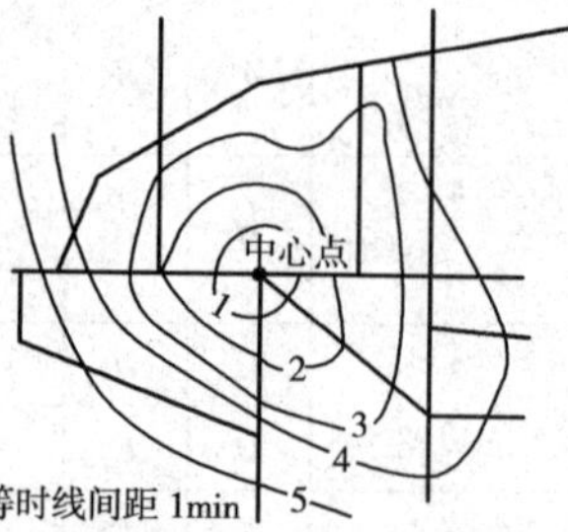

图 3-12　车辆运行等时线图

第四节　交通流密度调查

一、密度调查的目的

交通密度与交通量不同，它不表示车辆通过道路断面的频繁程度，而表示道路空间上车辆的密集程度，由第二章可知，在正常交通流的状况下，交通量 Q、交通密度 K 与区间平均车速 $\bar{v}_s$，有以下关系：

$$Q=K\bar{v}_s \tag{3-14}$$

已知平均区间速度 $\bar{v}_s$ 与交通密度有以下关系：

$$\bar{v}_s=v_f-\frac{v_f}{K_j}K=v_f(1-\frac{K}{K_j}) \tag{3-15}$$

式中：v_f——道路上车辆的自由速度；

K_j——阻塞密度。

由此可知，在正常交通流状态中，已知平均速度、交通密度、交通量中任两个即可求取另一个。另外由于交通密度与平均车速有关，平均车速又随交通密度增加而降低，这在交通流中将表现为交通拥挤。因此可以用密度表示交通混杂状态。故在交通管理与控制中经常需要使用交通密度这一物理量。

二、调查方法

1. 密度调查的时段和区间长度

在道路某一区段范围内的交通密度每时每刻都在变化，因此，所谓密度，总是指某一瞬间的密度值或者某一时段内的密度平均值。在交通研究中关心的常是后者。这样就需要在某一时段内连续调查瞬时密度，然后算其平均值。从实测经验得知调查时段越长密度变化越平缓；且在正常交通量条件下，车辆在道路上分布也不均匀，即路段不同，部位的交通密度也不相同，只有在实测路段达到一定长度后，交通密度的变化才趋于平稳。

根据大量的实测资料分析，在交通密度调查时，测试时段通常应延续5min以上，路段长度应尽量大于800m。

2. 调查方法

常用的交通密度调查方法有定点观测法、出入量法和摄影法。

1）定点观测法

定点观测法是通过观测车流量及车速数据，应用流量、车速、车流密度三者的函数关系间接得到车流密度。

在拟观测的路段上，选取一定长度的路段，分别记录车辆通过路段两端的车辆牌号与交通量，记录于表3-14。根据所测数据，以区间平均行车速度公式计算区间行车速度如下：

$$\bar{v}_s = \frac{L \cdot n}{\sum_{i=1}^{n} t_i} \tag{3-16}$$

式中：$\bar{v}_s$——区间平均行车速度（km/h）；

t_i——第 i 次行驶的行程时间（h）；

L——观测路段长度（km）；

n——车辆行驶于行程 L 的次数（辆）。

最后，将整理后的数据填入表3-18中，计算平均车流密度 $\bar{K}$，$\bar{K} = \frac{Q}{\bar{v}_s}$（辆/km）。

测定车流密度记录表 表3-18

序号	车号	分组时间（h:min:s）	起测时间（h:min:s）	终测时间（h:min:s）	行驶时间（h:min:s）	测定时间（h:min:s）	汽车数量（辆）

2）出入流量法

在如图3-13所示的无出入交通的路段 AB（一般取1km左右）上，t_0 时刻存在的车辆数为 Et_0，若从 t_0 到 t 一段时间内进入该路段的车辆数为 Q_A；驶出该路段的车辆为 Q_B 时，则 t 时刻

时,AB 段上的车辆数应为:

$$E_t = E_{t0} + Q_A - Q_B \tag{3-17}$$

并可使上述方法连续求得各时刻的存在车辆数。然后用其除以路段长度,即得各对应时刻的交通密度。

Q_A 和 Q_B 可在 A、B 两断面处测得,问题是如何测得 E_{t0} (实测段的初期密度值)。下面介绍用试验车法求取 E_{t0} 的方法。

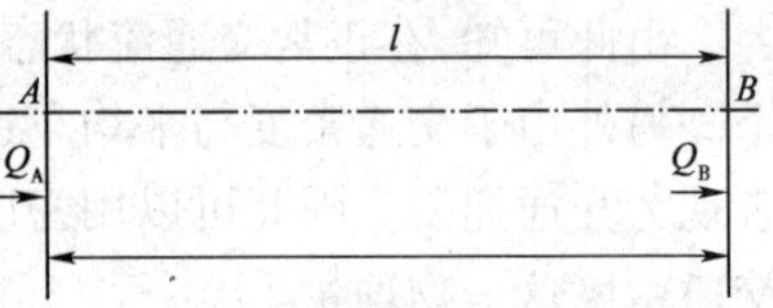

图 3-13　出入流量法计算示意图

用试验车法在测试路段 A、B 内的均衡速度行驶,试验车在 A、B 段行驶时间内,累积测得的 Q_A、Q_B 应分别是 t_0 和 t 时刻存在于 AB 路段的车辆数,当实测路段上所有车辆均以试验车速度匀速行驶时,显而易见实测值完全准确。而当车速有变化时,则实测值出现误差。此时可通过加、减超车数 a 与被超车数 b 进行调整。

用此法可在某一实测路段进行交通密度的长时间连续测定。方法较简便,无需很多设备,且测量精度较高。表 3-19 为实测的算例。

出入量法密度测定记录计算表　　表 3-19

日期:××年××月　　时间:××:××~××:××　　地点及方向:××

天气:×　　区间长:810m　　调查人员:×××

时间	A 地点交通量 ①	B 地点交通量 ②	变化量 ①-② ③	计测时刻	初始台数 ④	存车台数 ⑤	调整值 ⑥	修正值 ⑦	瞬间密度 ⑧	平均密度 ⑨	试验车在 AB 路段行驶时超车数(a)及被超车数(b)
14:00~01	40	54	-14	01′			0				
01~02	74	60	14	02′			0				
02~03	39	40	-1	03′			0				
03~04	61	68	-7	04′			0				
04~05	37	60	-23	05′			0				14:06:50 进
05~06	72	59	13	06′			0				$a=10$　$b=2$
06~07	52/9	48/7	4/2	07′	94/0	0/96	0	96	119		14:08:20 出
07~08	67	58	9	08′		105	0	105	130		
08~09	19/24	21/26	-2/-2	09′	103/0	103/101	0	101	125		
09~10	69	65	4	10′		105	0	105	130		
小计	563	566	-3								
10~11	46	66	-20	11′		85	0	85	105		
11~12	69	56	13	12′		98	0	98	121		
12~13	57	65	-8	13′		90	1	91	112	115	
13~14	57	59	-2	14′		88	1	89	110		
14~15	58	46	12	15′		100	1	101	125		14:18:43 进
15~16	52	48	4	16′		104	1	105	130		$a=14$　$b=3$
16~17	40	58	-18	17′		86	1	87	107		
17~18	59	59	0	18′		86	1	87	107	128	
18~19	47/20	29/15	18/5	19′	105/0	104/110	0	110	136		
19~20	49	31	18	20′		128	0	122	158		
小计	554	532	22								

续上表

时间	A 地点交通量 ①	B 地点交通量 ②	变化量 ①－② ③	计测时刻	初始台数 ④	存车台数 ⑤	调整值 ⑥	修正值 ⑦	瞬间密度 ⑧	平均密度 ⑨	试验车在 AB 路段行驶时超车数(a)及被超车数(b)
20～21	37	48	－11	21′	117	117	0	117	144	125	
21～22	39	40	－1	22′		116	0	116	143		
22～23	48	59	－11	23′		105	0	105	130		
23～24	41	65	－24	24′		81	－1	80	99		
24～25	72	65	7	25′		88	－1	87	107	75	
25～26	65	76	－11	26′		77	－1	76	94		14:21:00 出
26～27	53	63	－10	27′		67	－2	65	80		
27～28	56	63	－7	28′		60	－2	58	72		
28～29	46	50	－4	29′		56	－2	54	67		
29～30	42	43	－1	30′		55	－3	52	64		
小计	499	572	－73								

3)摄影法

利用高处(或地面)定时摄影方法求得实测路段的车辆数,然后除以路段长度即可得到摄影时刻的路段交通密度。若进行连续摄影,即可连续测得各时刻交通密度。在拟测路段上选长度 50～100m 区段并在路面上作出标记,然后调整摄影机使其对准拍摄范围作定时拍摄即可。若超过 100m,会使摄影精度下降,因此当实测区段较长时,可使用多架摄影机分段同时摄取。

摄影的时间间隔依测定路段的长度而异。当测定路段长度为 50～100m 时,摄影间隔可取 1 画面/(5～10s)。遇到需要详细分析交通流的情况时,如需要同时观测交通量,为了取得正确的观测值,需要缩短摄影间隔,一般取 1 画面/s。在高速公路上,由于车速高,可取 2 画面/s。

现场测量结束后,在各盘录像带的每个画面(Δt 时间)中,读取摄影观测路段长度(L)内存在的车辆数(k_i),计算总观测时间内观测路段长的平均车辆数,然后换算成每车道每公里存在的车辆数,即密度值:

$$K = \frac{1}{m} = \sum_{i=1}^{m} k_i \times \frac{1}{L} \times \frac{1}{n} \tag{3-18}$$

式中:K——观测路段内的交通密度值(pcu/h);

k_i——第 i 个(组)画面测定路段内存在的车辆数(pcu);

L——观测路段长度(km);

m——在总的观测时段内的画面数(或画面组数),$m = \frac{t}{\Delta t}$;

t——总的观测时段(s);

Δt——读取车辆数的时间间隔,即摄影间隔(s);

n——车道数。

如果总的观测时间大于 5min,则交通的偶然性变化或周期行变化就能消除。这种方法可以很方便地看出密度随时间的变化情况。

此法简单并且实测精度高,但设备及器材较昂贵,像片处理工作也较复杂。

第五节　交通延误调查

一、行车延误的含义

行车延误:指车辆在行驶中,由于受到驾驶员无法控制的或其他意外车辆的干扰或交通控制设施等的阻碍所损失的时间。由于形成的原因和着眼点不同,可有以下几种延误。

(1)基本延误(固定延误):由交通控制装置所引起的延误,与道路交通量多少及其他车辆干扰无关的延误。

(2)运行延误:由于各种交通组成间相互干扰而产生的延误。一般它含纵向、横向与外部和内部的干扰,如停车等待横穿、交通拥挤,连续停车以及由于行人和转弯车辆影响而损失的时间。

(3)停车时间延误:指车辆在实际交通流条件下由于该车本身的加速、减速或停车而引起的时间延误,即与外部干扰无关的延误。

(4)停车延误:由于某些原因使车辆实际停止不动而引起的时间延误。

二、延误产生的原因

(1)基本延误主要产生在车辆通过交叉口时,这种延误与交通流动特性无关,是由信号、停车标志、让路标志及平交道口等原因造成的。

(2)运行延误是因受其他车辆干扰而产生的。

①车辆干扰:如车辆停止、起动、转弯、故障以及行人过街等的干扰。

②交通流内部干扰:如交通量增大产生拥挤,道路通行能力不足、合流及交织交通等的影响。

由于延误产生的原因不同,行车延误有时发生在道路区间,有时发生在交叉口,现分别叙述其调查方法。

三、区间行车延误的调查方法

区间行车时间调查与区间车速调查时的行车时间调查完全一样。而延误调查实际上也是对不同条件下的行车时间调查。因此,该项调查可采用区间速度调查时所采用的方法。一般情况下,区间速度的调查往往和行车延误调查同时进行。

区间行车延误的调查可以采用如下方法:试验车法、车辆牌号对照法、跟车法和驶入驶出法,下面主要介绍跟车法和驶入驶出法。

1. 跟车法

跟车法是指观测人员乘坐测试车沿着待测路段行驶,观测并记录有关行车延误数据的方法。跟车法有人工记录和机械记录两种收集数据的方式,若采用人工记录,则需要两名观测员和两块秒表。若采用机械记录,则只需要一名观测员,操纵机械记录装置记录行程距离、行程时间和延误等信息。

在正式开始调查之前,要确定路段的起终点,还要沿着调查路线选择交叉口等控制点,并利用比例尺可靠的地图确定路程总长以及各控制点之间的长度。

调查时间可以根据调查目的选择高峰小时或非高峰小时,有时还需要对比分析。对主要的工业区和商业区,其高峰时间和非高峰时间与普通市区不同,应注意调整调查时间。调查通常应该在良好的天气下进行,进行对比调查时,应选择相似的天气条件和类似的交通特性时间,以便调查结果具有可比性。

调查时,若采用人工记录,当测试车通过调查路段起点时,观测员启动第一块秒表,记录沿途经过各控制点的时间;当车辆停止或被迫缓行时,观测员启动第二只秒表,量测每次延误持续时间。记录员将此延误持续时间连同延误地点、延误原因记录下来。测试车通过测试路段终点时,观测员立即停止第一块秒表,记录下该次测试行程的总时间。记录表如表3-20。如果采用机械记录,观测员操纵相应的按钮,便可以记录每次延误的起止时间和延误类型。

跟车法调查行程时间和延误原始记录表 表3-20

调查日期________ 天气________ 路段________ 观测员________

行程开始时间________ 地点________ 行程结束时间________ 地点________

控制点			停止或被迫缓行		
地点	时间		地点	延误(s)	原因

行驶距离________ 行驶时间________ 行驶车速________ 路段总延误________

行程距离________ 行程时间________ 行程车速________

2. 驶入驶出法

驶入驶出调查法的前提是假设车辆达到和离去属于均匀分布,即车辆出入是均匀的。车辆排队现象存在于某一持续时间的其中一段时间内,如果到达的车辆数大于道路通行能力则开始排队,而当到达的车辆数小于路段的通行能力时,则排队开始消散。

驶入驶出调查法多用于瓶颈路段的延误调查。

调查时,在路段起终点同时进行调查,并在起终点各设一名观测员,用调查交通量的方法,每隔5min或10min为间隔累计交通量。当车辆受阻排队有可能超过瓶颈路段起点断面时,应根据实际情况将起点断面位置后移。若该路段的通行能力为已知,则瓶颈路段终点断面可不予调整。

驶入驶出法的优点是操作简单,作为分析瓶颈路段行车延误的方法,具有一定的实用价值。但是用这种方法调查延误很难得到受阻车辆占总数的比例,也无法确定延误产生的准确地点和时间,无法识别延误的类型。另外,驶入驶出法的理论前提是车辆到达和离去均属均匀分布,这往往与实际情况不符合。因此,在调查时,统计交通量的时间间隔越小,瓶颈路段的长度取值越短,调查精度越高。

四、交叉口延误的调查方法

交叉口延误是指车辆通过交叉口范围的时间延误。在道路或路网的总行车延误中,交叉口延误所占比例一般在80%以上,因此交叉口延误调查是非常重要的。

交叉口延误的调查方法可以分为两类。第一类方法是行程时间法。根据行程时间测定方法的不同,行程时间法又可分为流动车法、牌照法、间断航空摄影法、抽样追踪法等。这类方法是测定从交叉口前的某一点至交叉口内或交叉口之后的某一点的行程时间,各车辆的平均行程时间减去这段行程的自由行驶时间就是交叉口的延误。这类方法测得的延误,不但包括停车延误,还包括加速延误和减速延误。第二类方法是停车时间法,根据停车时间测定方法的不同,停车时间可分为延误仪测记停车时间法和点样本法等。这类调查方法得到的交叉口延误只包括停车延误,没有计入加速延误和减速延误。下面主要介绍抽样追踪法和点样本法。

1. 抽样追踪法

与前面提到的区间行车时间调查方法基本相同。此方法以停车线为出口断面(II 断面),以引道延误起点为入口断面(Ⅰ断面),车辆通过两断面间路段的时间减去用畅行速度行驶时间之差即为延误时间。使用此法应注意抽样的随机性并应保证抽样数量,样本中各车型比例应与交通流中的车型比例一致。表 3-21 为抽样追踪法引道时间观测表。

抽样追踪法引道时间观测表 表 3-21

序号	车型	车号	Ⅰ断面时间	II 断面时间	流向	时间差
1	小客	812	9:45:02	9:45:55	直	0′53″
2	中货	054	9:46:08	9:47:29	左	1′21″
3	中货	319	9:46:57	9:48:30	左	1′33″
4	大客	925	9:47:13	9:48:50	直	1′37″

2. 点样本法

点样本法最早由美国加利福尼亚大学伯克利分校于 1954 年提出,方法简单,不需要专门的仪器,因此各国一直都在广泛应用。

(1)观测方法

由若干名调查人员在入口引道路侧用秒表和计数器测定车辆通过交叉口时的停车数量及累积停车时间。交叉口每个进口道需要 4 名观测员,其中一人为报时员,两人为观察员,另一人为记录员。点样本法的交叉口延误调查原始记录表如表 3-21。

观测时间间隔通常取 15s,这样每分钟分为 0 ~ 15s、15 ~ 30s、30 ~ 45s、45 ~ 60s,4 个时间间隔。

观测开始之后,报时员手持秒表,每 15s 报时一次;一名观察员在报时后立即统计停留在进口道停车线之后的车辆数,另一名观察员统计相应的每一分钟内的进口道车辆数(分停驶车辆和不停驶车辆分别统计,所谓停驶车辆是指经过停车后通过停车线的车辆,不停驶车辆是指不经过停车而直接通过停车线的车辆);记录员逐项记录两名观察员的统计结果;然后计算求得延误。

使用此法只要时段选择合适,可使实测精度相当高。

调查的时间以所取得的样本量或交叉口交通状况有显著改变为止。注意最小样本量要保证统计数据置信度(一般取 95% 或 90%)而且不要小于 50。调查时段通常取 5min、10min 或 15min 等。

(2)调查资料的整理

根据记录表可以得到下列交叉口延误调查结果:

$$\text{总延误} = \text{观测停车总数量数} \times \text{观测周期}(\text{辆} \cdot \text{s})$$

$$\text{每辆停驶车的平均延误} = \frac{\text{总延误}}{\text{停驶数}}(\text{s})$$

$$\text{每一入口车辆的平均延误} = \frac{\text{总延误}}{\text{入口交通量}}(\text{s})$$

$$\text{停驶车辆百分比} = \frac{\text{停驶数}}{\text{入口交通量}} \times 100\%$$

表3-22为5min按15s间隔、1min小计的方法测定并计算整理的例子。

交叉口延误调查原始记录表 表3-22

观测时间(h:min)	下列各时刻交叉口进口道停车数量(辆)				进口交通量(辆)	
	+0s	+15s	+30s	+45s	停驶数	未停驶数
9:00	0	2	7	9	11	6
9:01	4	0	0	3	6	14
9:02	9	16	14	6	18	0
9:03	1	4	9	12	17	0
9:04	5	0	0	2	4	17
小计	19	22	30	32	56	37
合计	103				93	

由表3-22得：

$$\text{总延误} = 103 \times 15 = 1\ 545(\text{辆}\cdot\text{s})$$

$$\text{每辆停驶车的平均延误} = \frac{1\ 545}{56} = 27.6(\text{s})$$

$$\text{每一入口车辆的平均延误} = \frac{1\ 545}{93} = 16.6(\text{s})$$

$$\text{停驶车辆百分比} = \frac{56}{93} = 60.2\%$$

五、调查资料的应用

(1)通过行车时间及延误的调查，可评价道路拥挤度，并可通过实测延误的大小、位置及原因确定缓解拥挤的对策。

(2)由行车时间调查资料可确定车辆通过区间的通畅程度。

(3)通过事前、事后调查，可评价交通措施效果。

(4)为路网交通分配提供行车时间依据。

(5)用于计算营运成本及经济效益。

(6)通过周期性调查，掌握道路上车辆行车时间及延误的变化趋势。

(7)交叉口延误调查，可为交通控制提供设计依据。

第六节 自行车、行人交通调查

经过改革开放的发展，我国的交通设施和管理得到了一定改善。但是，随着经济的发展，随着大量摩托车涌入城市交通，越来越多的农用机动车辆在低等级公路上行驶给交通设计人员提出了新的问题。我国某些高校和交通科研机构的科研人员在城市道路的设计和管理中作了对摩托车的专门处理，如设置摩托车专用车道、绿灯开启时摩托车优先行驶等措施。交管部门对农用机动车采取了限制其车速和上路的措施。这些努力部分地提高了城市道路和公路的通行能力。然而由于我国有世界上数量最多的自行车和人口，我们的纯汽车交通仅限于高速公路、一级公路、二级汽车专用线和大城市的高架快速干道。我们不得不承认我国道路交通仍有相当部分为混合交通。在许多路段上不仅不同类型的机动车辆混行在同一路段上，而且大多数情况下是机动车、非机动车（主要为自行车）、行人共同利用同一道路空间。多数道路的交通拥挤、事故多发等问题都是由于混合交通所致。因此，如何解决好混合交通已成为我国道路交通的特有问题。解决混合交通有改善道路交通设施和加强交通管理两种方法，但每种方法的实施都需要同时掌握机动车、自行车及（和）行人等的交通状态及交通特性。为此，除应对汽车交通进行调查外，还需进行自行车及行人的交通调查。此外，现代交通工程学强调的以人为本的指导思想也要求我们做好对行人和自行车的交通调查。

一、自行车交通调查目的与方法

自行车交通调查主要是为了掌握自行车交通量的现状及变化，从而分析其对汽车交通的干扰与交通事故的相关关系。同时还可据此分析其对道路和其他交通设施的需求情况。还可通过调查资料判断是否应修建自行车专用道路以及自行车道路应保证的几何尺寸。由于作为一般出行的自行车速变化范围很小，因此，除特殊需要外很少进行自行车车速调查。对自行车交通密度的调查也很少进行。

在我国，自行车是在道路上指定部位或者在汽车交通两侧行驶，但自行车行驶在空间上很难将其约束成一列行驶，多数是在相互穿插、超越、躲让的条件下进行的，因此，对自行车交通量的调查不再分车道进行，只分行驶方向进行调查。

对自行车交通量一般只进行某天或高峰时段的调查，且一般用人工测定法。除自行车交通量专项调查外，自行车交通量调查通常与机动车交通量调查同步进行。

具体调查方法为：

根据调查目的选定调查地点和调查时段，然后计测通过车辆数。由于自行车车体小，在道路上常以车群通过，为计测方便可每通过 5 辆作为一个计数单位。

当计测时段短于 1h 时，如 5min、15min 等，可由实测数据计算出高峰小时交通量。

二、行人过街调查

排除道路上行人干扰可大大提高道路的通行能力。另外从交通事故调查得知，行人过街量达到一定数量时，交通事故随行人过街交通量的增加而增加。故必须努力解决好行人过街交通。

道路交通中，行人对汽车交通的纵向干扰问题一般采用物体分离或构筑人行道解决。因而行人对交通的干扰因素主要是行人过街。

为排除行人过街对汽车交通的干扰及保证行人过街安全，常采用束流和分离两种手段。所谓束流，是组织过街行人从指定的人行横道通过道路，从而减少行人对道路交通的干扰范围。这种方法除需要在道路上标绘人行横道外，还应配合设置路侧栅栏以限制行人。分离是将过街行人交通与汽车交通立体分离，即修筑行人过街天桥或行人过街地道的方法。国外某些城市在机动车数量很少的道路上，当行人过街时采取以行人为主的措施。

一般情况，在道路交通受到行人过街干扰时，首先采用束流措施，当无效时则采用立体分离。其实施的基本依据应是行人过街交通量。因此，在交通规划、设计及管理中，都需要进行行人过街交通量的调查。

现简单介绍一下行人交通量的调查。

（1）调查内容。调查行人过街交通量时还应同时调查：道路交通安全设施、交通管理措施、汽车交通量等情况。

(2)过街行人分类。由于不同类型行人的交通能力不同,调查时应分类进行。一般分为:幼儿、老人、残疾人、学童和成人。

(3)调查时间与地点。应根据调查目的选择,一般选高峰时段及行人交通量大的道路断面。

(4)调查方法。一般用人工计测通过实测点的不同方向各类行人的数量即可,调查结束后,对调查资料进行整理,一般只计算高峰小时交通量(人/h)及绘制行人过街交通量随时间变化图。

思考题

1.试叙述交通调查的目的和内容?

2.交通量的调查有何意义,调查的方法有哪些?

3.人工测定地点车速应注意哪些问题?

4.交通量调查的成果有哪些?

5.如何确定出入流量法调查交通密度时的初期密度?

调查案例

1.现需对某路段截面进行机动车交通量调查,调查道路为双向四车道、无中央分隔带的高等级公路,要求调查信息能统计出交通量的时变化、高峰小时交通量、5min 和 15min 高峰小时系数,并要求对不同的车型进行分类统计。请结合问题调查表进行调查,调查完毕写一篇基于调查的数据分析报告,要求如下:

(1)调查表方便数据记录、方便调查信息的统计。

(2)调查表能全面掌握调查时的道路交通信息,如天气、地点、时间、调查人员信息等。

(3)调查报告中必须给出以下数据:高峰小时流量和高峰时段,高峰小时系数 PHF_5、PHF_{15}。

(4)调查报告中必须给出交通量的时变图、不同车型的交通组成比例图,并对图形进行简单分析并给予文字说明。

2.某交叉口为十字形交叉口,采用信号控制(四相位),现需对该交叉口进行高峰时段机动车交通量调查(早高峰、晚高峰)。通过调查,分别统计出早高峰、晚高峰交叉口的交通总量、各进口道左转(直行或右转)交通量,确定出高峰小时以及高峰小时交通量,绘出交叉口高峰小时流量流向图。试设计调查表格进行调查,调查完毕写一篇基于调查的数据分析报告,要求如下。

(1)调查点设置要合理,人员分工要合理。

(2)调查表能全面掌握调查时的道路交通信息,如天气、地点、时间、进口道、调查人员信息等。

(3)调查报告中必须给出以下数据:高峰小时流量和高峰时段,高峰小时系数 PHF_5、PHF_{15}。

(4)调查报告中必须给出交叉口高峰小时交通流量流向图,对图形进行简单分析并给予文字说明。

第四章 交通流理论

第一节 概 述

交通流理论是运用物理学和数学的方法来描述交通特性的一门边缘科学，它用分析的方法阐述交通现象及其机理，使我们能更好地理解交通现象及其本质，并使城市道路与公路的规划设计和营运管理发挥最大的功效。

交通流理论在20世纪30年代才开始发展，最早采用的是概率论方法。1933年，金蔡(Kinzer. J. P)论述了泊松分布应用于交通分析的可能性，1936年，亚当斯(Adams. W. F.)发表了数值例题。在20世纪40年代，由于第二次世界大战的影响，有关交通流理论的发展不多。到20世纪50年代，随着汽车工业和交通运输业的迅速发展，交通量、交通事故和交通阻塞的剧增，交通流中车辆的独立性越来越小，原本采用的概率论方法越来越难以适应，迫使理论研究者寻求新的模型，于是相继出现了跟驰理论、交通波理论(流体动力学模拟)和车辆排队理论。1959年12月，交通工程学、应用数学方面学者100多人在底特律举行首届交通流理论学术讨论会。从此，交通流理论的研究进入了一个迅速发展的时期，到1981年业已举行了8次交通流理论的专题讨论会。1975年丹尼尔(Danie. I. G)和马休(Marthow. J. H)汇集各方面的研究成果，出版了《交通流理论》一书，较全面、系统地阐述了交通流理论的内容及其发展。1990年梅(May. A. D)发表了《交通流原理》一书，对交通流理论作了进一步阐述。

为使交通流理论的应用紧密跟上理论的发展，一方面要求理论工作者深入工程实际，另一方面交通工程技术人员应努力学习，钻研理论并积极应用理论分析解决实际问题，交通流理论是发展中的科学，虽然现在还没有形成完整的体系，但发展了很多理论用于探讨各种交通现象，它们是：

(1)交通流量、速度和密度的相互关系及量测方法；

(2)交通流的统计分布特性；

(3)排队论及其应用；

(4)跟驰理论；

(5)驾驶员处理信息的特性；

(6)交通流的流体力学模拟理论；

(7)交通流模拟。

其中排队论是研究"服务"系统因"需求"拥挤而产生等待行列(即排队)的现象，以及合理协调"需求"与"服务"关系的一种数学理论。是运筹学中以概率论为基础的一门重要分支，亦称"随机服务系统理论"。

排队论是20世纪初开始发展的。1905年丹麦哥本哈根电话工程师爱尔朗首先在电话自动交换机设计时应用了排队论。使电话机既能满足通话需求而又不致设线过多。第二次世界大战以后,排队论在很多领域内被采用。在交通工程中,对于研究车辆延误、通行能力、信号灯配时以及停车场、加油站等交通设施的设计与管理方面得到广泛的应用。1936 年亚当斯用以考虑无信号控制交叉口的行人延误问题,1951 年唐纳予以推广应用,1954 年伊迪应用排队模型估计收费亭的延误,同年在摩斯柯维茨的报告中,将其应用于车辆等候交通流空当的实验报告。

考虑到难度和内容的要求,本章将不对排队论作进一步介绍,只分别介绍其中的交通流的统计分布特性、跟驰理论、交通流的流体力学模拟理论部分。

第二节　交通流的统计分布特性

一、交通流统计分布的含义与作用

在建设或改善新交通设施,确定新的交通管理方案时,均需要预测交通流的某些具体特性,并且常希望能用现有的或假设的有限数据来进行预测。例如,在信号灯配时设计时,需要预测某一信号周期内到达的车辆数,在设计行人交通管制系统时,要求预测大于行人穿越时间的车头时距频率。交通流的统计分布特性知识的灵活运用为解决这些问题提供了有效的手段。

交通流的到达具有某种程度的随机性,描述这种随机性的统计规律的方法有两种。一种是考虑在固定长度的时段内到达某场所的交通数量的波动性,采用概率论中的离散型分布为工具;另一种是研究上述事件发生的间隔时间的统计特性,如车头时距的概率分布,采用概率论中的连续型分布为工具。

在描述像车速和可穿越空当这类交通特性时,也用到连续分布。在交通工程学中,离散型分布有时被称为计数分布;连续型分布根据使用场合的不同而被赋予不同的称谓,如间隔分布、车头时距分布、速度分布和可穿越空当分布等。

本节详细讨论的离散型分布有泊松分布、二项分布和负二项分布,连续型分布有负指数分布和移位负指数分布。

二、离散型分布

在一定的时间间隔内到达的车辆数,或在一定的路段上分布的车辆数,是所谓的随机变数,描述这类随机变数的统计规律用的是离散型分布。

1. 泊松(Poisson)分布

(1)适用条件

车流密度不大,车辆间相互影响很小,其他外界干扰因素基本上不存在,即车流是随机的。

(2)基本公式:

$$P(x)=\frac{(\lambda t)^{x}}{x!}e^{-\lambda t}\quad (x=0,1,2,\cdots,n) \tag{4-1}$$

式中:$P(x)$——在计数间隔 t 内到达 x 辆车的概率;

λ——单位时间的车辆平均到达率(辆/s);

t——每个计数间隔持续的时间(s);

e——自然对数的底。

若令，$m=\lambda t$ 为计数间隔 t 内平均到达的车辆数，则 m 又称为泊松分布的参数。公式(4-1)又可以写成式(4-2)的形式：

$$P(x)=\frac{(m)^x}{x!}e^{-m}\quad (x=0,1,2,\cdots,n) \tag{4-2}$$

(3)递推公式：

$$\begin{cases}P(0)=e^{-m}\\ P(x+1)=\dfrac{m}{x+1}P(x)\end{cases}\quad x\geqslant 1 \tag{4-3}$$

(4)参数估计

用泊松分布拟合观测数据时，参数 m 按下式计算：

$$m=\frac{\text{观测的总车辆数}}{\text{总计数间隔数}}=\frac{\sum_{i=1}^{g}x_i f_i}{\sum_{i=1}^{g}f_i}=\frac{1}{N}\sum_{i=1}^{g}x_i f_i \tag{4-4}$$

式中：g——观测数据的分组数；

f_i——每个计数间隔 t 内到达 x_i 辆车这一事件发生的次数；

N——观测的总计数间隔数。

(5)判别依据

由概率论可知，泊松分布的均值 M 和方差 D 都等于 λt，若 m 和 s^2 分别为其无偏估计，则当观测数据表明 s^2/m 显著地不等于 1.0 时，就表明泊松分布已不适用了。观测数据的方差 s^2 可按下式计算：

$$s^2=\frac{1}{N-1}\sum_{i=1}^{N}(x_i-m)^2=\frac{1}{N-1}\sum_{j=1}^{g}(x_j-m)^2 f_j \tag{4-5}$$

(6)应用举例

例 4-1 设 60 辆车随机分布在 4km 长的道路上，求任意 400m 路段上有 4 辆车以上的概率。

解：如 Q 辆车独立而随机地分布在一条道路上，若将这条道路均分为 Z 段，则一段中所包括的平均车数 m 为：

$$m=Q/Z$$

本例中，$Q=60$，$Z=4\,000/400=10$，$m=60/10=6$

$$P(0)=e^{-6}=0.002\,5,\ P(1)=\frac{6}{0+1}P(0)=0.014\,9$$

由公式(4-3)得：

$$P(2)=\frac{6}{2}P(1)=0.044\,6\quad P(3)=\frac{6}{3}P(2)=0.089\,2$$

不足 4 辆车的概率为 $P(x<4)=\sum_{i=0}^{3}P_i=0.151\,2$

4 辆车及 4 辆以上的概率为 $P(x\geqslant 4)=1-P(x<4)=0.848\,8$

本例中的各项概率可不必通过计算，直接查泊松分布的有关数表而得出。

例 4-2 某信号灯交叉口的周期 $C=97$s，有效绿灯时间算 $g=44$s，在有效绿灯时间内排队的车流以 $s=900$ 辆/h 的流量通过交叉口，在有效绿灯时间外到达的车辆要停车排队。设信号灯交叉口上游车辆的到达率 $q=369$ 辆/h，服从泊松分布，求使到达车辆不至两次排队的周期能占的最大百分率。

解:由于车流只能在有效绿灯时间内通过,所以一个周期能通过的最大车辆数 $A = gs = 44 \times 900/3\,600 = 11$ 辆,如果某周期到达的车辆数 N 大于 11 辆,则最后到达的 $N \sim 11$ 辆车就不能在本周期内通过而发生两次排队。在泊松分布公式中:

$$\lambda t = \frac{369 \times 97}{3\,600} = 9.9(\text{辆})$$

查累积泊松分布表可得到达车辆大于 11 辆的周期的概率为:

$$P(x > 11) = 0.29$$

不发生两次排队的周期最多占 71%。

本例的车流如果按每周期 10 辆均匀到达,则任何车辆最多在本周期一次排队就能通过交叉口,实际车流的到达是时疏时密的,使绿灯时间不能充分利用。这样,从平均角度看来每周期都能顺畅通过的车流实际上却会遇到一些不顺畅的周期,由此可看出概率分布的理论和方法是怎样揭示出车流运行的内在规律的。

2. 二项分布

(1)适用条件:车辆比较拥挤、自由行驶机会不多的车流。

(2)基本公式:

$$P(x) = C_x^n \left(\frac{\lambda t}{n}\right)^x \left(1 - \frac{\lambda t}{n}\right)^{n-x} (x = 0, 1, 2 \cdots n) \tag{4-6}$$

式中:$P(x)$——在计数间隔 t 内到达 x 辆车的概率;

λ——平均到车率(辆/s);

t——每个计数间隔持续时间(s);

n——正整数。

$$C_x^n = \frac{n!}{x!\,(n-x)!}$$

实际应用时,常令 $p = \dfrac{\lambda t}{n}$,则二项式分布可写成:

$$P(x) = C_x^n p^x (1-p)^{n-x}, (x = 0, 1, 2, \cdots, n) \tag{4-7}$$

式中,n、$p(0 < p < 1)$称为分布的参数。

(3)递推公式

$$\begin{cases} P(0) = (1-p)^n \\ P(x) = \dfrac{n - x + 1}{x} \cdot \dfrac{p}{1-p} \cdot p(x-1) \quad x \geqslant 1 \end{cases} \tag{4-8}$$

(4)分布的均值 M 和方差 D 分别为:

$$M = np, D = np(1-p)$$

显然有 $D < M$,这是二项分布与泊松分布的显著区别,它表征二项分布到达的均匀程度高于泊松分布。

(5)如果通过观测数据计算出样本均值 m 和方差 s^2,则可分别代替 M 和 D,用下面两式求出 p 和 n 的估计值:

$$p = \frac{m - s^2}{m} \quad n = \frac{m^2}{m - s^2} \tag{4-9}$$

其中 m 和 s^2 可按下面二式计算：

$$m=\frac{1}{N}\sum_{i=1}^{N}x_i,\ s^2=\frac{1}{N-1}\sum_{i=1}^{N}(x_i-m)^2 \tag{4-10}$$

式中：N——观测的计数间隔数；

x_i——第 i 个计数间隔内的车辆到达数。

例 4-3 在某条公路上，上午高峰期间，以 15s 间隔观测到达车辆数，得到的结果列入表 4-1，试用二项分布拟合之。

用二项分布拟合交通拥挤车辆到达的数据表 表 4-1

车辆到达数 n	<3	3	4	5	6	7	8	9	10	11	12	>12
包含 n_i 的间隔出现次数	0	3	0	8	10	11	10	11	9	1	1	0

解：$m=\frac{1}{N}\sum_{i=1}^{N}x_i=\frac{3\times3+4\times0+\cdots+12\times1}{3+0+\cdots+1}=\frac{478}{64}=7.469$

$$s^2=\frac{1}{N-1}\sum_{i=1}^{N}(x_i-m)^2=\frac{1}{N-1}\left(\sum_{i=1}^{N}x_i^2-Nm^2\right)$$

$$=\frac{1}{64-1}(3^2\times3+4^2\times0+\cdots+12^2\times1-64\times7.469^2)=3.999$$

因 $s^2<m$，用二项分布拟合是合适的。用式（4-9）可计算出分布的两个参数：$p=\frac{7.469-3.99}{7.469}=0.465$，$n=\frac{m}{D}=\frac{7.469}{0.465}=16.08$，取为 16。

因此，拟合表 4-1 数据的二项分布的分布函数为：

$$P(x)=C_x^{16}\cdot0.465^x\cdot0.535^{n-k}$$

上述经 χ^2 检验符合二项分布，χ^2 检验的详细方法请参考数理统计教材。

3. 拟合优度检验——χ^2 检验

当把理论分布与一组试验数据之间的各种拟合进行比较时，要求有一些拟合的质量评价法，即拟合优度检验。在交通工程中，目前常用的是 χ^2 检验。

1）χ^2 检验主要解决下面两类问题

（1）某随机变量 χ 是否服从某完全给定的概率分布

这里所谓"完全给定的概率分布"是指，不仅给出概率分布的函数式，而且还给出该分布所有参数的值。

（2）某随机变量是否服从某形式的概率分布

这里只是指定了呈什么形式分布（例如，泊松分布），但并不给出该分布的参数（如泊松分布的 m 值），此时，只好从样本资料去估计该分布的参数。

2）χ^2 检验步骤

根据数理统计理论，任何假设检验都应有下列步骤：

（1）建立原假设 H_0

现在问题中的原假设是：

H_0：随机变量 X 是服从该完全给定的概率分布。

（2）选择适宜的统计量

由于样本频率分布在一定条件下又可作为假设概率分布的估计，如果 H_0 成立，那么假设的概率分布应与频率分布相差不太远。反之，如果样本频率分布与假设的概率分布相去甚远，

就有理由否定 H_0。

设样本频率分布第 i 组的频数为 f_i,假设的概率分布在该组区间上相应的概率为 p_i,若 N 是样本容量,则 $N \cdot p_i$ 就是假设的概率分布在第 i 组的频数,记为 F_i,称它为理论频数。如果 H_0 确实成立,那么 f_i 与 $F_i(i=1,2,\cdots,g)$ 应相差不大。这样,可以建立统计量 χ^2:

$$\chi^2 = \sum_{i=1}^{g}\frac{(f_i - F_i)^2}{F_i} = \left(\sum_{i=1}^{g}\frac{f_i^2}{F_i}\right) - N \tag{4-11}$$

(3)确定统计量的临界值

可以证明,在 $N\to\infty$,$g\to\infty$ 时,上述统计量趋向于自由度为 $g-1$ 的 χ^2 分布。在实际应用中,当 N 相当大时,就可应用 χ^2 分布确定上述统计量的临界值 χ_a^2,作为取舍 H_0 的根据。

当选定了显著水平 α 后,根据自由度 DF 的值,可以由表 4-2 查出临界值 χ_a^2。

χ^2 分 布 表 表 4-2

DF \ a	0.10	0.05	0.01	DF \ a	0.10	0.05	0.01
1	2.705	3.841	5.412	8	12.362	15.507	20.090
2	4.605	5.991	7.824	9	14.684	16.919	21.666
3	6.251	7.815	11.345	10	15.987	18.307	23.209
4	7.779	9.488	12.277	11	17.275	19.675	24.725
5	9.236	11.070	15.038	12	18.549	21.026	26.217
6	10.615	12.592	16.812	13	19.812	22 362	27.688
7	12.017	14.037	18.475	14	21.064	23.685	79.141

(4)求统计检验结论

比较 χ^2 的计算值与临界值 $\chi_a^2\alpha$,若 $\chi^2 \leqslant \chi_a^2$,则接受 H_0,即认为随机变量 X 服从假设的概率分布。若 $\chi^2 > \chi_a^2$,则不接受原假设 H_0。

为了正确使用 χ^2 检验法,必须保证样本容量 N 相当大。通常用下列两条来控制 N:

①分组应连续,各 p_i 值应较小,这意味着分组数 g 应较大,通常要求 g 不小于 5;

②各组相应的 F_i 值不得小于 5。如果某组的相应频数 $F_i<5$,则应将相邻若干组合并,直至合并后 $F_i \geqslant 5$ 为止。此时应取合并后的实有组数作为 g 值。

为了确定 χ^2 统计量的自由度 DF,可用下式计算:

$$DF = g - \alpha - 1$$

式中 α 为约束数。当假设的概率分布是完全给定时,$\alpha=0$;当假设的概率分布只给定形式和部分参数,有 α 个参数要由样本估计,则 $\alpha>0$。

最后说明 α 取值的意义。显著水平 α 实际上是“弃真”的概率。例如 $\alpha=0.05$ 的含义是指在原假设 H_0 确属成立的前提下,每 100 次判别(检验)中,平均有 5 次拒绝了 H_0,即犯了统计学中所讲的统计检验的第一类错误。当 DF 固定时,α 越大,意味着拒绝 H_0 的可能性越大,即检验越严格;α 越小,原假设被接受的可能越大。当取偏小的 α 值时,“弃真”的可能性是减小了,但当原假设 H_0 不成立时“取伪”的可能性却增大了,即本来应被拒绝的 H_0 却被接受了。在交通工程中,根据判别失误的影响大小,通常取 $\alpha=0.05$。

三、连续型分布

车流到达的统计规律除了可用计数分布来描述外,还可用车头时距分布来描述,这种分布属于连续型分布。诸如速度等取实数值的交通流特性,其他分布也属于连续型。

1. 负指数分布

(1)适用条件:用于描述有充分超车机会的单列车流和密度不大的多列车流的车头时距分布,它常与计数的泊松分布相对应。

(2)基本公式

$$P(h>t)=e^{-\lambda t} \tag{4-12}$$

式中:$P(h>t)$——到达的车头时距 h 大于 t 秒的概率;

λ——车流的平均到达率(辆/s)。

负指数分布的基本公式可以用泊松公式导出。设车流对于任意的间隔时间 t,其到达分布均服从泊松分布,则对任意 t,如果在 t 内无车辆到达,则上一次车到达至下一次车到达之间的时差必大于 t,换言之,$P(0)=e^{-\lambda t}=P(h>t)$。

设车流的流量为 Q(辆/h),则 $\lambda=Q/3\,600$,于是基本公式可改写成:

$$P(h>t)=e^{-\left(\frac{Qt}{3\,600}\right)} \tag{4-13}$$

(3)车头时距服从负指数分布的车流的特性

由式(4-12)不难推出负指数分布的概率密度函数:

$$P(t)=\frac{d}{dt}[1-P(h>t)]=\lambda e^{-\lambda t} \tag{4-14}$$

$P(t)$的图像如图 4-1 所示,曲线是单调下降的,说明车头时距越短,其出现的概率越大。这种情形在不能超车的单列车流中是不可能出现的。因为车辆的车头至车头的间距至少为一个大于零的最小值 τ。负指数分布在应用中的局限性即在于此。

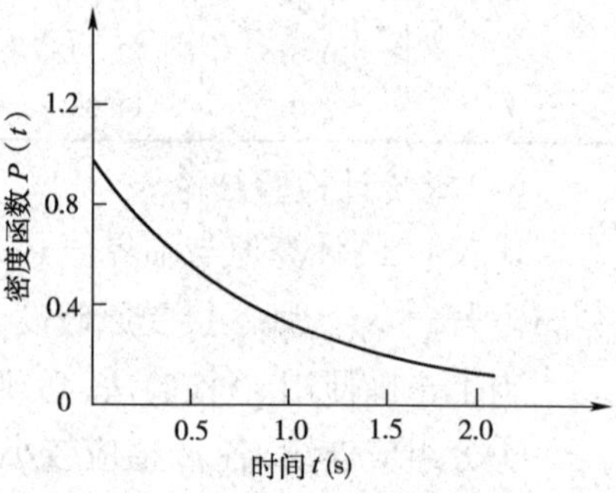

图 4-1 $\lambda=1$ 的负指数分布密度曲线

(4)在次要车流通行能力研究中的应用

设 a 为次干道路车辆横穿主干道的所要求的最小间隙,a_0 为次要路上横穿车辆连续通过时的最小车头时距(s),λ 为主干道上车辆平均到达率(辆/s),Q 次为次干道横穿主干道的交通量(辆/s)。

则利用负指数分布可求得下式:

$$Q_{次}=\frac{\lambda e^{-\lambda a}}{1-e^{-\lambda a_0}}(辆/s) \tag{4-15}$$

这是次要车道能容纳无穷多辆车排队时的饱和流量。

国外对低流量交叉口常采用让路规则或停车规则管理交通,式(4-15)可用来估计次要道路车流通过此类交叉口的最大流量。英国对环型交叉口采取出环车流优先的规则,亦可用此式来估算进环车流的最大流量。

2. 移位负指数分布

(1)适用条件:用于描述不能超车的单列车流的车头时距分布和车流量低的车流的车头时距分布。

(2)基本公式:

$$P(h>t)=e^{-\lambda(t-\tau)},t\geq\tau \tag{4-16}$$

(3)分布的均值和方差分别为:

$$M = \frac{1}{\lambda} + \tau, D = \frac{1}{\lambda^2} \tag{4-17}$$

用样本均值 m 代替 M,样本方差 s^2 代替 D,则可算出移位负指数分布的两个参数 λ 和 τ。

(4)移位负指数分布的局限性

服从移位负指数分布的车头时距,越接近 l,危险出现的可能性越大。这在一般情况下是不符合驾驶员的心理习惯和行车特点的。从统计角度看,具有中等反应灵敏度的驾驶员占大多数,他们行车时是在安全条件下保持了较短车间距离,只有少部分反应特别灵敏或较冒失的驾驶员才会不顾安全去追求更短的车间距离。因此车头时距分布的概率密度曲线一般总是先升后降的。为了克服移位负指数分布的这种局限性,可采用更通用的连续型分布——爱尔朗分布、皮尔逊 III 型分布、对数正态分布、复合指数分布、韦布尔分布等。

第三节　车辆跟驰理论

跟驰理论是运用动力学方法,探究在无法超车的单一车道上车辆列队行驶时,后车跟随前车的行驶状态,并且借数学模型表达并加以分析阐明的一种理论。

由于有 1950 年鲁契尔的研究和 1953 年派普斯的研究,跟驰理论的解析方法才基本确立。而赫尔曼和罗瑟瑞于 1960 年在美国通用汽车公司动力实验室进行的研究作了进一步的扩充。

车辆跟驰理论研究的一个主要目的是试图通过观察各个车辆逐一跟驰的方式来了解单车道交通流的特性。这种特性的研究可用来描述交通流的稳定性,加速干扰以及干扰的传播;检验管理技术和通信技术,以便在稠密交通时使尾撞事故减到最低限度。

一、车辆跟驰特性分析

在道路上行驶的一队高密度车流,车间距离不大,车队中任一辆车的车速都受前车速度的制约,驾驶员只能按前车所提供的信息采用相应的车速。这种状态亦称为非自由行驶状态。跟驰理论只研究非自由行驶状态下车队的特性。

非自由行驶状态的车队有以下三个特性:

1. 制约性

在一队汽车中,后车跟随前车运行,驾驶员总不愿意落后很多,而是紧跟前车前进,这就是"紧随要求"。从安全角度考虑,跟驶车辆要满足两个条件:一是"车速条件",即后车的车速不能长时间的大于前车车速,只能在前车速度附近摆动,否则会发生碰撞;二是"间距条件",即前后车之间,必须保持一个安全距离,在前车制动时,两车之间有足够的距离,从而有足够的时间供后车驾驶员作出反应,采取制动措施。显然,车速高时,制动距离大,安全距离也加大。

紧随要求、车速条件和间距条件构成了一队汽车跟驰行驶的制约性。即前车车速制约着后车车速和两车间距。

2. 延迟性

从跟驶车队的制约性可知,前车改变运行状态后,后车也要改变,但前后车运行状态的改变不是同步的。这是由于驾驶员对前车运行状态的改变要有一个反应过程,这个过程包括四个阶段:

感觉阶段——前车运行状态的改变被察觉;

认识阶段——对这一改变加以认识;

判断阶段——对本车将要采取的措施作出判断；

执行阶段——由大脑到手脚的操纵动作。

这四个阶段所需的时间称为反应时间、假设反应时间为 T,那么前车在 t 时刻的动作,要经过 T 时间长在 $(t+T)$ 时刻,后车才能作出相应的动作,这就是延迟性。

3. 传递性

由制约性可知,第一辆车的运行状态制约着第二辆车的运行状态,第二辆车又制约着第三辆,…,第 N 辆制约着第 $N+1$ 辆,这就是传递性。这种传递性由于具有延迟性,所以信息沿车队向后传递不是平滑连续而是像脉冲一样间断连续的。

二、线性跟驰模型

跟驰模型是一种刺激—反应的表达式。一个驾驶员所接受的刺激是指其前方导引车的加速或减速行为以及随之而发生的两车之间的速度差和车间距离的变化;该驾驶员对刺激的反应是指其为了紧密而安全地跟踪前车所作的加速或减速动作及其实际效果。

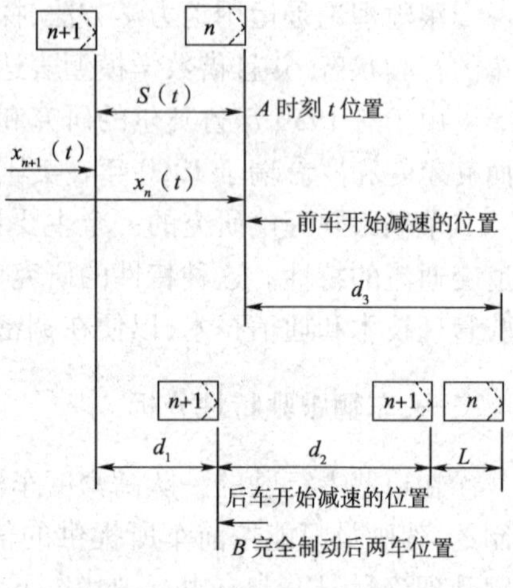

图 4-2　线性跟车模型示意图

$x_n(t)$-第 n 辆车在时刻 t 的位置;$S(t)$-两车在时刻 t 的间距;d_1 -后随车在反应时间 T 内行驶的距离,$d_1=T\dot{x}_{n+1}(t)=T\dot{x}_{n+1}(T+t)$;$d_2$-后随车在减速期间行驶的距离;$d_3$ -前导车在减速期间行驶的距离;L-停车后的车头间距;$\dot{x}_n(t)$-第 n 辆车在时刻 t 的速度

假定驾驶员保持他所驾驶车辆与前导车的距离为 $S(t)$,以便在前导车制动时能使车停下而不至于和前导车尾相撞。设驾驶员的反应时间为 T,在反应时间内,车速不变。这两辆车在 t 时刻的相对位置用图 4-2 表示,图中 n 为前导车,$n+1$ 为后随车。两车在制动操作后的相对位置如图所示。

假定 $d_2=d_3$,要使在 t 时刻两车的间距能保证在突然制动事件中不发生撞碰,则应有:

$$S(t)=d_1+L=T_{n+1}(T+t)+L$$

对 t 微分,得

$$\dot{x}_n(t)-\dot{x}_{n+1}(t)=T\ddot{x}_{n+1}(T+t)$$

或

$$\ddot{x}_{n+1}(t+T)=\frac{1}{T}[\dot{x}_n(t)-\dot{x}_{n+1}(t)] \qquad (4\text{-}18)$$

式中 $\ddot{x}_{n+1}(t+T)$——后车在时刻 $(t+T)$ 的加速度,称为后车的反应;

$\frac{1}{T}$——敏感度;

$\dot{x}_n(t)-\dot{x}_{n+1}(t)$——时刻 t 的刺激。

这样,式(4-18)就可理解为:反应 = 敏感度 × 刺激。

式(4-18)是在前导车制动、两车的减速距离相等以及后车在反应时间 T 内速度不变等假定下推导出来的。实际的限车操作要比这两条假定所限定的情形复杂得多。比方说,刺激也可能是由前车加速而引起的。而两车在变速过程中行驶的距离可能不相等。为了适应更一般的情形,把式(4-18)修改为

$$\ddot{x}_{n+1}(t+T)=a[\dot{x}_n(t)-\dot{x}_{n+1}(t)] \qquad (4\text{-}19)$$

式中,a 称为反应强度系数,量纲为 s^{-1},这里 a 不再理解为敏感度,而应看成是与驾驶员动作的强弱程度直接相关。式(4-19)表明后车的反应与前车发出的刺激成正比,此公式称为

线性跟车模型。

第四节　流体动力学模拟理论

1955 年，英国学者莱脱希尔和惠特汉将交通流比拟为一种流体，对一条很长的公路隧道，研究了在车流密度高的情况下的交通流规律，提出了流体动力学模拟理论。该理论运用流体动力学的基本原理，模拟流体的连续性方程，建立车流的连续性方程。把车流密度的变化，比拟成水波的起伏而抽象为车流波。当车流因道路或交通状况的改变而引起密度的改变时，在车流中产生车流波的传播，通过分析车流波的传播速度，以寻求车流流量和密度、速度之间的关系，并描述车流的拥挤——消散过程。因此，该理论又可称为车流波动理论。

将交通流比拟成流体流，两者的特性对比列于表 4-3。

交通流与流体的比较　　表 4-3

物理特性	流体动力学系统	交通流系统
连续体	单向不可压缩流体	单车道不可压缩车流
离散元素	分子	车辆
变量	质量 m	密度 K
	速度 v	车速 u
	压力 p	流量 Q
动量	mv	Ku
状态方程	$p = cmT$	$Q = Ku$
连续性方程	$\frac{\partial m}{\partial t}+\frac{\partial (mv)}{\partial x}=0$	$\frac{\partial K}{\partial t}+\frac{\partial (Ku)}{\partial x}=0$
运动方程	$\frac{\mathrm{d}v}{\mathrm{d}t}+\frac{c^2}{m}\frac{\partial m}{\partial x}=0$	$\frac{\mathrm{d}u}{\mathrm{d}t}+k\left(\frac{\mathrm{d}u}{\mathrm{d}K}\right)^2\frac{\partial K}{\partial x}=0$

车流连续性方程的建立如下。

假设车辆顺次通过断面 I 和 II 的时间间隔为 Δt，两断面的间距为 Δx。同时，车流在断面 I 的流入量为 Q，密度为 K。车流在断面 II 的流出量为 $(Q+\Delta Q)$，密度为 $(K-\Delta K)$。ΔK 前面加一负号，表示在拥挤状态，车流密度随车流量的增加而减小。

根据物质守恒定律：

流入量 − 流出量 = Δx 内车辆数的变化

即
$$[Q-(Q+\Delta Q)]\Delta t=[K-(K-\Delta K)]\Delta x$$

或
$$\frac{\Delta K}{\Delta t}+\frac{\Delta Q}{\Delta x}=0$$

取极限可得：
$$\frac{\partial K}{\partial t}+\frac{\partial Q}{\partial x}=0 \tag{4-20}$$

以 $Q=Ku$ 代入上式，就得到表 4-3 的连续性方程。

式(4-20)表明，为车流量随距离而降低时，车流密度则随时间而增大。

一、车流波动理论

列队行驶的车辆在信号灯交叉口遇到红灯后，即陆续停车排队而集结成密度高的队列，绿灯启亮后，排队的车辆又陆续起动而疏散成一列具有适当密度的车队。车流中两种不同密度部分的分界面经过一辆辆车向车队后部传播的现象，称为车流的波动。此车流波动沿道路向后移动的速度。

图 4-3 为在时间—空间坐标系下表示的一队 n 辆车的运行状态变化图。图中每根曲线表示一辆车运行的时间—空间轨迹，曲线间的水平距离表示车头时距，垂直距离表示车间距离，两条虚线分隔出 I、II 和 III 三个时间—空间区域。在区域 I 内，车速最高而密度最低。进入区域 II 后，车速明显降低而密度明显升高。进入区域 III 后，速度有所回升而密度有所下降。虚线与运行轨迹的交点就是车队密度不同的两部分的分界（对某一确定时刻而言），而虚线则表示此分界线沿车队向后一辆辆地传播下去，又沿着道路而移动，虚线的斜率就是波速。虚线 AB 是低度状态向密度状态转变的分界，它所体现的车流波称为集结波；而 AC 是高密度状态向低密度状态的分界，它所体现的车流波称为疏散波，两种不同的车流波可通称为集散波。下面我们推导一个重要的公式——波速公式：

$$W = \frac{Q_1 - Q_2}{K_1 - K_2} \tag{4-21}$$

式中：W——集散波的波速；

Q_1、Q_2——前后两种车流状态的流量；

K_1、K_2——前后两种车流状态的密度。

图 4-4 为一个车队中前三辆车运行的时间—空间轨迹。这个车队从速度 v_1、密度 K_1（对应于车间距离 l_1）转变到速度 v_2，密度 K_2（对应于车间距离 l_2）。O 为第一辆车的变速点、A 为第二辆车的变速点、虚线 OA 的斜率就是集散波的波速。

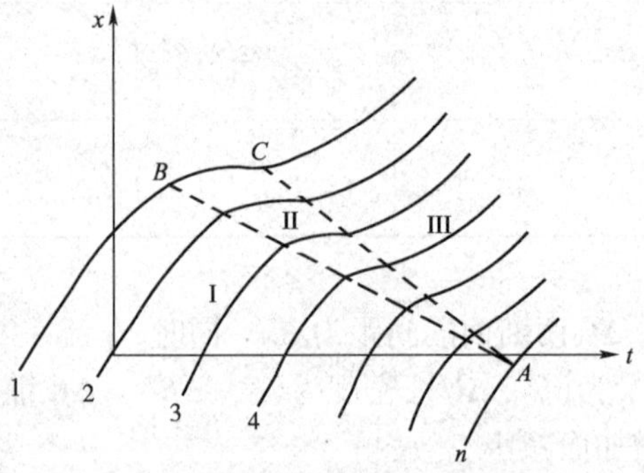

图 4-3　车队运行状态变化图

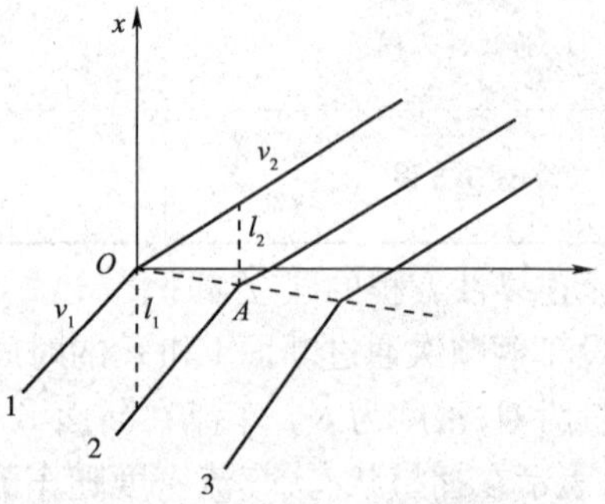

图 4-4　车队前三辆车运行轨迹图

设变速点 A 的时刻为 t，位置为 x，则在时刻 0 到时刻 t 之间，两车车间距的变化为 $l_2 - l_1$，第二辆车行驶的距离为 tv_2，第一辆车行驶的距离为 tv_1，所以有

$$l_2 - l_1 = tv_2 - tv_1$$

$$t = \frac{l_2 - l_1}{v_2 - v_1}$$

又因 $x = -l_1 + tv_1$ 于是有：

$$W = \frac{x}{t} = -\frac{l_1}{t} + v_1 = -\frac{l_1(v_2 - v_1)}{l_2 - l_1} + v_1 = \frac{l_2 v_1 - l_1 v_2}{l_2 - l_1} = \frac{\dfrac{v_1}{K_2} - \dfrac{v_2}{K_1}}{\dfrac{1}{K_2} - \dfrac{1}{K_1}} = \frac{Q_1 - Q_2}{K_1 - K_2} \tag{4-22}$$

如果车流前后两行驶状态的流量和密度非常接近，则式(4-22)可演化为：

$$W=\frac{\mathrm{d}Q}{\mathrm{d}K} \tag{4-23}$$

此公式是微弱波的波速公式，即车流中传播小紊流的速度公式。

在流量—密度相关曲线上，集散波的波速就是割线的斜率、微弱波的波速就是切线的斜率。

如图4-5所示，当车流从低密度低流量的 A 状态转变的高密度高流量的 B 状态时，集散波的波速是正的，即波沿道路前进。当车流从低流量高密度的 C 状态转变到高流量而密度较低的 B 状态时，集散波的波速是负的，即波沿道路后退。从 A 状态到 B 状态的波是集结波，而从 B 状态到 A 状态的波是消散波，两者都是前进波。从 B 状态到 C 状态的波是集结波，从 C 状态到 B 状态的波为消散波，两者都是后退波。

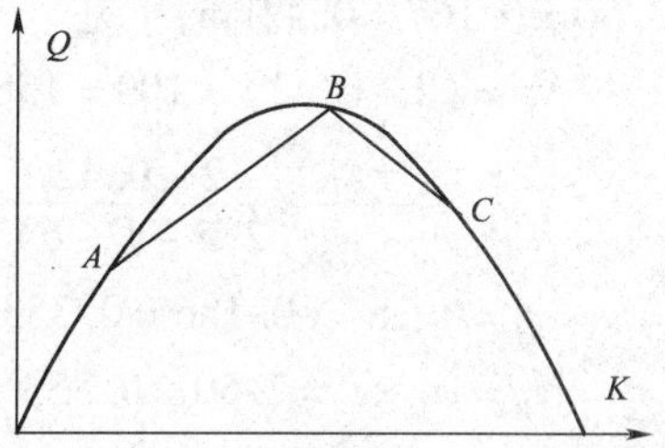

图4-5　车辆波动图

二、车流波动理论的应用

车流波动理论尤其是有关集散波的部分，在分析车流的拥挤—消散过程有其独特作用，现举一例说明。

例4-4　某快速干道上车流的速度—密度模型为 $u^{0.103}=1.547-0.00256K$，其中 u 以 km/h 计，K 以辆/km 计。一列速度 $u_1=50\text{km/h}$ 的车流中由于被插入一辆速度 $u_2=12\text{km/h}$ 的低速车并不能超速而集结形成速度为 u_2 的拥挤车流。低速车行驶了2km后驶离车队、拥挤车队随之离散形成具有速度 $u_3=30\text{km/h}$ 的状态，试求：

(1)拥挤车队消散的时间 t_0；

(2)拥挤车队持续的时间 t_j；

(3)拥挤车队最长时的车辆数 N_m；

(4)拥挤车辆的总数 N；

(5)拥挤车流因降低而延误的总时间 T。

解：把车流经历的疏散—密集—疏散这三个阶段的状态记为状态1、2、3，相应的流量、速度、密度分别记为 $Q_i,u_i,K_i,i=1,2,3$。则由车流模型可算出：

$$Q_1=1\,000,u_1=50,K_1=20$$

$$Q_2=1\,200,u_2=12,K_2=100$$

$$Q_3=1\,500,u_3=30,K_3=50$$

由状态1转变到状态2形成集结波，记其波速为 w_1：

$$w_1=\frac{Q_2-Q_1}{K_2-K_1}=\frac{1\,200-1\,000}{100-20}=2.5(\text{km/h})$$

由状态2转变到状态3形成消散波，记其波速为 w_2：

$$w_2=\frac{Q_3-Q_2}{K_3-K_2}=\frac{1\,500-1\,200}{50-100}=-6(\text{km/h})$$

受拥挤的 N 辆车的时间—空间运行轨迹线如图4-6中的 N 条折线所示。虚线 OB 的斜率等于 w_1，虚线 AB 的斜率等于 w_2，以 x_B、t_B 表示图中 B 点的空间坐标和时间坐标，其他各点亦然。则：

$$t_0 = t_B - t_A, t_j = t_B, N_m = (x_A - x_C)K_2,$$
$$N = t_E \cdot Q_1,$$
$$T = \frac{1}{2}(t_A - t_F) \cdot N$$

由于低速车行驶了2km而离队，所以

$x_A = 2\text{km}$，$t_A = x_A/u_2 = 2/12 = 0.167\text{h}$，$x_C = w_1 t_A = 2.50 \times 0.167 = 0.42\text{km}$，于是

$$N_m = (2 - 0.42) \times 100 = 158(\text{辆})$$

$$T_0 = \frac{x_A - x_C}{w_1 - w_2} = \frac{2 - 0.42}{2.5 - (-6)} = \frac{1.58}{8.5} = 0.186(\text{h})$$

$$t_j = 0.167 + 0.186 = 0.353(\text{h})$$

$$x_B = w_1 \times t_j = 2.50 \times 0.353 = 0.883(\text{km})$$

$$t_E = t_j x_B / u_1 = 0.353 - 0.883/50 = 0.335(\text{h})$$

$$N = t_E \times Q_1 = 0.335 \times 1000 = 335(\text{辆})$$

$$t_F = x_A / u_1 = 2/50 = 0.04(\text{h})$$

$$T = (0.167 - 0.04) \times 335/2 = 21.27(\text{h})$$

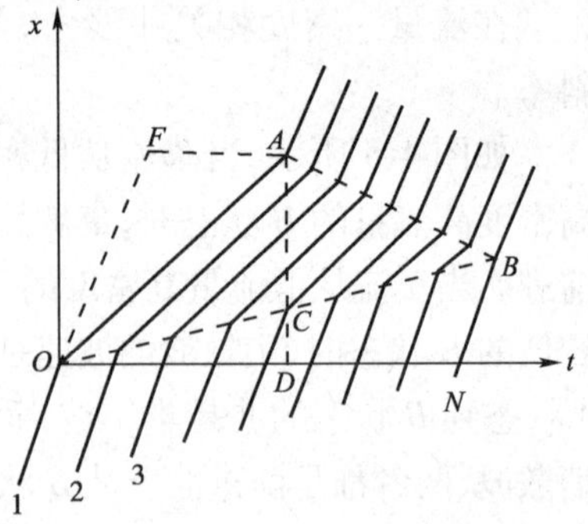

图 4-6　车辆运行时间—空间轨迹图

思考题

1. 交通流理论中主要统计分布的含义与作用。
2. 泊松分布、二项式分布的特点、参数及各适用于何种条件？
3. 负指数分布、移位负指数分布的特性、参数及各适用于何种条件？
4. 跟驰理论的依据、模型建立与非自由运行状态的特性？
5. 流体动力学的模拟理论依据、方程建立与在交通工程学中的应用。

习题

1. 据统计某交叉口有15%的骑自行车的人不遵守交通规则，交警拦住骑车人问话，求其中1人有不遵守交通规划的概率是多少？（二项式分布）

2. 在具有左转车道的交叉口入口，设置了专供左转弯的信号灯，每周期达到交叉口的车辆平均为30辆，其中有25%为左转弯，问在某一已知周期将不使用左转弯信号灯的概率是多少？（二项式分布）

3. 据统计从仓库取出新的交通量计数仪时约有70%可直接使用，而30%约需一周左右时间的调整才能正式使用，现从仓库中取出10台交通量计数仪，求其中有7台可直接使用的概率是多少？（负二项分布）

4. 某交叉口的10年统计结果，平均每年事故4次，问在此交叉口明年将有5次事故的概率是多少？（泊松分布）

5. 某交叉口信号灯周期长50s，一个方向的车流量为500辆/h，求设计上具有95%置信度的每个周期内的来车数。

第五章　道路通行能力

道路通行能力是道路规划、设计及交通管理等方面的基本参数，其具体数值的变化范围随道路等级、线形、路况、交通管理与交通状况的不同而有显著的变化。城市道路通行能力实际上主要受交叉口通行能力的制约。因此，对于城市道路，除研究路段上通行能力外，还要研究各种类型交叉口的通行能力。

道路的服务水平是用来反映车流的运行条件及其对驾驶员和乘客感受的一种服务质量标准。因此服务水平与道路通行能力共同来描述一条道路的整体使用状况，判断一条道路到底能为行驶在其上的车辆及人提供什么样的服务。

第一节　概　　述

一、道路通行能力概述

（一）基本概念

道路通行能力（Capacity），简称容量，是道路规划、交通规划、交通设施设计以及制定交通管理措施等的一个重要指标，也是这些工作的评价指标。它指道路上某一点、某车道或某一断面，单位时间内可能通过的最大交通实体（车辆或行人）数，记作 C，单位为辆/h。车辆多指小汽车，城市道路、公路中的高速公路和一级公路采用小汽车为基本单位，其他车辆均换算为当量小汽车（pcu），其他各级公路均以中型货车为基本单位，其他车辆均换算成中型货车。

（二）影响因素

影响道路通行能力的因素很多，主要有道路条件、交通条件。道路条件是指道路的几何组成条件，如：车道宽度、路面状态、线形；交通条件是指车流中的车辆组成、车道分布、交通量变化状况、交通控制、交通管理等措施。此外，车辆性能、环境、驾驶员技术等也是影响因素之一。其中直接影响通行能力的主要因素有：车道宽度及侧向净空、车道数量、交通组成、驾驶员特性、道路纵坡、横向干扰与视距等。某些因素对通行能力的影响至今尚未做出定量的分析，有些还局限于经验方法和半经验半理论方法。

（三）道路通行能力的作用

道路通行能力是道路交通特征的一个重要方面，也是一个重要指标，其作用如下：

（1）通过对道路通行能力和设计交通量的具体分析，可以正确地确定新建道路的等级、性质、主要技术指标和线性几何要素；

（2）道路通行能力可作为交通枢纽的规划、设计改建及交通设施配建的依据，如交叉口类型选择和信号设施的设计装备；

(3)通过对现有道路通行能力的观测、分析、评定,并与现有交通量对比,可以确定现有道路系统或某一路段存在的问题,针对问题提出改进的方案或措施,作为老路或旧街改建的主要依据;

(4)道路通行能力可以作为铁路、公路、水运、空运等各种方式的方案比选与采用的依据;可以作为城市街道网规划、公路网设计和方案比选的依据;可以作为交通管理、运营、行车组织及控制方式确定或方案选择的依据。

(四)通行能力的类别

1. 根据车辆运行状态,道路通行能力可分为四类情况:

(1)较长路段畅通无阻的连续行驶车流的通行能力,一般称为路段(或基本路段)通行能力,它是所有道路交通系统都必须考虑的;

(2)在有横向干扰的条件下,不连续车流的通行能力,如具有平面信号交叉口的城市道路的通行能力;

(3)在合流、分流运行状态下的通行能力,如在高等级公路主线与匝道连接附近的通行能力;

(4)在交织运行状态下的通行能力,如立交的匝道、常规环道上车流的通行能力。

2. 根据使用意义,道路通行能力可分三类:

1)基本通行能力

基本通行能力 $C_{基}$,通常也称为理论通行能力,是指道路、交通、环境等各方面因素均处于理想状态下,每条车道(或每条道路)在单位时间内能够通过的最大交通量。

理想条件是指对条件更进一步提高也不能提高基本通行能力的条件。各理想条件的内容如下。

(1)道路条件,是指道路的几何特征。包括车道数,车道、路肩和中央带的宽度,侧向净宽,设计速度,平纵线形和视距等。

(2)交通条件,是指交通特征。包括交通流中的交通组成、交通量以及在不同车道中的交通量分布和上、下行方向的交通量分布等。

(3)控制条件,主要是指交通控制设施的形式及特定设计和交通规则。其中交通信号的设置地点、形式及时间设定对通行能力的影响最大。其他重要的交通控制包括“停车”和“让路”标志、车道使用限制及转弯限制等。

(4)环境条件,主要是指横向干扰程度以及交通秩序等。对于混合交通的双车道和单车道道路,一条车道中所有车辆基本上不是以一列形式行驶,各类车辆行驶的横向位置的范围有差别,常交错行驶,不宜应用理想条件,故定出了具体路段可与之对比的基准条件。

2)可能通行能力

可能通行能力 $C_{可}$,是指在实际的(或预计的)道路和交通条件下,单位时间内通过道路某一点的最大交通量(在混合交通道路上为标准汽车)。

3)设计通行能力

设计通行能力 $C_{设}$,也称为规划通行能力,是根据道路使用要求的不同(如在预计的道路、交通、控制和环境条件下),按不同服务水平,预计单位时间内通过一条车道(或一条道路)的最大交通量。

此外,根据道路上运行交通体的不同,通行能力还分为机动车道通行能力、非机动车道通行能力、人行道通行能力。

二、道路服务水平概述

(一)基本概念

道路服务水平(简称服务水平)是指道路使用者从道路状况、交通条件、道路环境等方面可能得到的服务程度或服务质量,如行车速度、舒适性、方便性、驾驶员的视野,以及经济、安全等方面所能获得的实际效果与服务程度。

不同的服务水平允许通过的交通量称为服务交通量。服务等级高的道路车速快,驾驶员开车的自由度大,舒适与安全性好,交通密度小,运行质量高,但与之相适应的服务交通量就小;反之,服务水平低的道路,允许的服务交通量大,交通密度大,车速低,运行质量差。

目前,服务水平大体按下列指标划分:

(1)行车速度和运行时间;

(2)车辆行驶时的自由度(通畅性);

(3)交通受阻或受干扰程度,以及行车延误和每公里停车次数等;

(4)行车安全性(事故率和经济损失等);

(5)行车的舒适性及乘客的满意程度;

(6)经济性,即行驶费用。

由于以上因素相互之间有不同程度的联系,以及现在可用的资料不足,不能同时用上述因素来衡量服务水平和划分服务水平等级,而只能用与服务水平关系最密切的、能总的代表其他因素的关键性参数来量度服务水平以及划分其等级。具体参数见表5-1。

量度服务水平的关键性参数 表5-1

道路组成部分	关键性参数
高速公路基本路段	交通密度(pcu/km/ln)
匝道一主线连接处	交通量(pcu/h)
交织区	平均行程速度(km/h)
不控制进入的汽车多车道公路路段	交通密度(pcu/km/ln)
不控制进入的汽车双车道公路路段	延误时间百分率(%),可用车头时距小于5s的车辆数占总交通量的百分率来代替 平均行程速度(km/h)
混合交通公路(双车道)路段	平均行程速度(km/h) V/C
信号控制的平面交叉	平均延误时间(s/veh)
非信号化平面交叉	剩余通行能力(pcu/h或mvu/h)
市区及近郊干线公路	平均行程速度(km/h)

注:pcu-小客车数;mvu-中型卡车数;veh-辆;ln-车道(以下同)。

(二)服务水平的分级

服务水平也称服务等级,不同的服务等级相对应交通量不同,我们把在理想道路条件和交通条件下,通过道路某断面保持某级服务水平的最大交通量称为本级服务水平的最大服务流量。在考虑了客观条件(诸如车道宽度、侧向净空、交叉口等)影响,通过修正后的最大服务交通量称为服务交通量。根据美国出版的《道路通行能力手册》,将道路服务水平划分为 *A*、*B*、*C*、*D*、*E*、*F* 六个服务等级。其中,*A* 级服务水平代表车流运行条件最佳,*F* 级服务水平代表车流运行条件最差。

交通流通常分为连续性交通流和间断性交通流。连续性交通流是指道路上没有交通信号等固定因素从外部来导致交通流的中断,交通流状况是交通流内部车辆之间的相互作用和影响以及道路几何结构、环境条件等对车辆作用和影响的结果。

间断性交通流道路的通行能力不仅受到几何结构的影响限制,而且受到交通流有效利用道路的时间限制。

道路各组成部分的交通流形式见表5-2。

道路交通流形式表 表5-2

连续性交通流	间断性交通流
高速公路基本路段	信号控制的平面交叉
不控制进入的汽车多车道路段	非信号化的平面交叉
不控制进入的汽车双车道路段	市区及近郊干线道路
混合交通双车道路段	
匝道,包括匝道—主线连接处交织区	

不同交通设施所对应的服务水平的描述不同,对连续交通流一般可作如下描述:

A 级服务水平——自由车流,道路使用者不受车流中其他使用者的影响,驾驶员在车流中可自由选择车速,自由度很大,驾驶员及乘客在舒适性和方便性方面感觉良好。

B 级服务水平——稳定车流,但开始时要注意车流内有其他使用者,驾驶员在车速选择上相对而言不受影响,但驾驶自由度较 *A* 级有所下降。由于车流中其他使用者的存在,开始影响个别操作,所提供的舒适性和方便性也较 *A* 级差。

C 级服务水平——仍为稳定车流,但较大的流量开始出现。使用者的运行条件显著受到其他使用者的影响,车速选择自由性明显受到制约,所提供的舒适和方便性显著降低。

D 级服务水平——高密度车流但仍属稳定车流,车速和驾驶的自由度已受到严格限制。驾驶人一般感到缺少舒适性和方便性。在此水平上,若交通量稍有增长,则会出现严重的运行问题。

E 级服务水平——不稳定车流,所有车辆的速度都降到很低,但趋于相对一致的水平。驾驶员的自由度极小,驾驶员受到很大阻碍,舒适性及方便性极差。这种水平若交通量稍微波动,则会导致交通中断。

F 级服务水平——强制流或间断阻塞流,这种水平表示交通量超过设施所允许通过的流量。车辆运行经常出现停停走走的交织状态,车流极不稳定。

我国道路服务水平现分为四级,一级相当于美国 *A*、*B* 两级,二、三级分别相当于美国的 *C* 级及 *D* 级,四级相当于美国的 *E*、*F* 两级。

对于间断交通流,以美国城市干线街道为例,见表5-3。

信号灯交叉口的服务水平常用负荷系数来表示,它是饱和绿灯时间与全部绿灯时间之比。饱和绿灯时间是指在绿灯时间内车流连续不断地通过。负荷系数接近于1时表示交通饱和,近于零时表示车辆很少,处于零散状态。

(三)最大服务交通量

每一服务水平有其服务质量的范围。因此,除四级下半段(相当于美国的 *F* 级)外,一、

二、三级及四级上半段服务水平都有相应于该服务水平最差时的服务交通量，该服务交通量在该级服务水平中是最大的，称为最大服务交通量。

美国城市干线街道服务水平 表5-3

服务水平	运行情况	平均行车速度（km/h）	负荷系数（绿灯显示利用率）	高峰小时系数	服务交通量与通行能力之比
A	自由流交通（通畅）	≥48	接近于零	≤0.70	≤0.60(0.80)
B	稳定车流（稍有延误）	≥40	≤0.10	≤0.80	≤0.70(0.85)
C	稳定车流（能接受的延误）	≥32	≤0.30	≤0.85	≤0.80(0.90)
D	接近不稳定车流（能忍受的延误）	≥24	≤0.70	≤0.90	≤0.90(0.95)
E	不稳定车流（拥挤，不能忍受的车流）	≈24	≤1.00（典型值为0.8）	≤0.95	≤1.00
F	强制性车流（阻塞）	<24			

注：括号内数值为道路与运行条件极佳状况下采用。

（四）道路设计采用的服务水平等级

高速公路基本路段、匝道—主线连接处、交织区均采用二级服务水平。在不得已的情况下，匝道—主线连接处及交织区可降低要求采用三级服务水平。

不控制进入的汽车多车道公路路段在平原微丘区部分采用二级服务水平，在山岭重丘区部分采用三级服务水平。

不控制进入的汽车双车道公路路段采用三级服务水平。

混合交通双车道公路采用三级服务水平。

第二节　机动车道通行能力

按照机动车交通流运行特性的变化，可将快速路、高速公路分为基本路段、交织区和匝道及通道连接点等部分，按道路结构物造型不同又分为路段交叉口和匝道。现行公路技术标准和惯例均按基本路段、交织、匝道和连接处四个部分，城市道路按路段和交叉口两部分对通行能力进行分析，本书将分别分析公路、城市道路路段通行能力以及交叉口的通行能力。

一、基本通行能力

基本通行能力 $C_{基}$，通常也称为理论通行能力，是指道路、交通、环境等各方面因素均处于理想状态下，每条车道（或每条道路）在单位时间内能够通过的最大交通量。

理想道路条件，主要是指车道宽度不应小于3.75m，路旁侧向余宽不小于1.75m，纵坡平缓且有开阔的视野、良好的平面线形及路面状况。

理想的交通条件，主要是指车辆组成为标准型汽车，在一条车道上以相同的速度，连续不断地行驶，各车辆之间保持与车速相适应的最小车头间距，且无任何方向的干扰。

理想的环境条件，是指天气状况良好，能够使驾驶人员保持足够的视距，心理状态平稳。

在这样理想状态下建立的车流计算模式所得出的最大交通量，称为基本通行能力，亦称理论通行能力。

其公式推导如下,如图 5-1 所示。

则最大交通量为:

$$N_{最大}=\frac{3\ 600}{t_0}=\frac{3\ 600}{\frac{l_0}{\frac{v}{3.6}}}=\frac{1\ 000v}{l_0}(辆/h) \tag{5-1}$$

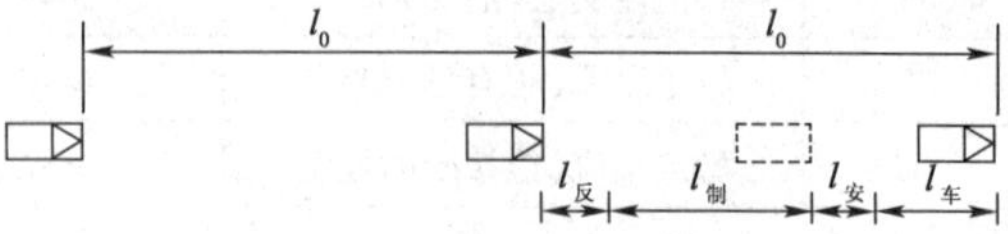

图 5-1 通行能力计算示意图

式中:v——行车速度(km/h);

t_0——车头最小时距(s);

l_0——车头最小间距(m);

$$l_0=l_反+l_制+l_安+l_车$$

$$=\frac{v}{3.6}t+\frac{v^2}{254\phi}+l_安+l_车(m);$$

$l_车$——车辆平均长度(m);

$l_安$——车辆间的安全距离(m);

$l_制$——车辆制动距离(m);

$l_反$——驾驶员在反应时间内车辆行驶的距离(m);

t——驾驶员的反应时间(s)。

根据实际经验及理论分析,$l_安$ 一般取 2m,t 取 1s,轮胎与地面间的附着系数 ϕ 与轮胎花纹、路面粗糙度、平整度、路面湿度、行车速度有关。在次高级路面的潮湿状态下随行车速度而变化的 ϕ 值可按表 5-4 采用。车辆长度对于小客车一般采用 5m,对于中型载重车采用 8m,现以中型载重车为例,代入上式得出如下数据:

$$N=\frac{1\ 000v}{\frac{v}{3.6}+\frac{v^2}{254\phi}+8+2}=\frac{1\ 000}{\frac{1}{3.6}+\frac{v}{254\phi}+\frac{10}{v}} \tag{5-2}$$

以不同的车速及不同车速的 ϕ 值代入上式,则得出各车速时相应的基本通行能力(表 5-5)。

纵向附着系数 ϕ 与车速 v 的关系 表 5-4

v(km/h)	120	100	80	60	50	40	30	20
ϕ 值	0.29	0.30	0.31	0.33	0.35	0.38	0.44	0.44

一条车道的基本通行能力 表 5-5

v(km/h)	120	100	80	60	50	40	30	20
计算的车道通行能力(辆/h)	502	592	703	862	963	1 062	1 155	1 065
取整后的采用值(辆/h)	500	600	700	850	950	1 050	1 150	1 050

从表中看出,N 为 v、ϕ 的函数,ϕ 值越大则 N 也增大,速度增加则通行能力增大,但增大到一定数值后,通行能力开始减小,一般变化在 500 ~ 1 200 辆/h 间,而按现场实际观测的最小车头时距计算则可达 2 000 辆/h 以上,这主要是由于路面干燥使附着系数增大,平纵线形较好,驾驶员估计不会出现意外停车而减小了应保持的最小间距。

二、高速公路路段通行能力

基本路段是指主线上不受匝道附近车辆汇合、分离以及交织运行影响的路段部分。

高速公路是多车道公路，由于上行、下行两个方面的交通运行互不影响，且在其前进方向上的线形（主要是纵断面线形）不同，因此，两个方向车行道的通行能力和服务水平的分析计算是独立进行的。

（一）服务水平

基本路段服务水平分级的关键性参数是最大交通密度（辆/km/ln）。根据交通密度将服务水平分为四级。各种设计速度的基本路段在理想条件下各级服务水平的平均行程速度、V/C及最大服务交通量列于表5-6。

高速公路基本路段服务水平分级表　　表5-6

服务水平等级	密度（pcu/km/ln）	设计速度120km/h			设计速度100km/h			设计速度80km/h			设计速度60km/h		
		车速（km/h）	V/C	最大服务交通量	车速（km/h）	V/C	最大服务交通量	车速（km/h）	V/C	最大服务交通量	车速（km/h）	V/C	最大服务交通量
一	≤12	≥94	0.56	1 100	≥81	0.51	1 000	—	—	—	—	—	—
二	≤19	≥86	0.79	1 600	≥75	0.71	1 400	≥69	0.67	1 300	≥59	0.64	1 150
三	≤26	≥73	0.94	1 900	≥68	0.85	1 700	≥62	0.83	1 600	≥53	0.81	1 450
四	≤42	≥48	1.00	2 000	≥48	1.00	2 000	≥45	1.00	1 900	≥43	1.00	1 800
	>42	<48	—	—	<48	—	—	<45	—	—	<43	—	—

注：1. 车速是指平均行程速度。

2. V/C 比是在理想条件下，最大服务交通量与基本通行能力之比，基本通行能力是四级服务水平上半部的最大服务交通量。

3. 在理想条件下各级服务水平通行的最大交通量（pcu/km/ln）。

4. 在第四级服务水平下半部，交通处于强制流情况下，V/C 比及交通量变化很大且频繁，但最大不会超过四级服务水平上半部的 V/C 比及最大服务交通量。

（二）高速公路路段通行能力

1. 最大服务交通量

$$\mathrm{MSV}_i = C_{基} \cdot (V/C)_i \tag{5-3}$$

式中：MSV_i——第 i 级服务水平的最大服务交通量（pcu/km/ln）；

$C_{基}$——基本通行能力（pcu/km/ln）。理想条件下，一条车道所能通行的最大交通量。设计速度为120、100、80、60（km/h）的高速公路基本路段的 $C_{基}$ 分别为2 000、2 000、1 900、1 800（pcu/km/ln）；

$(V/C)_i$——第 i 级服务水平的最大服务交通量与基本通行能力的比值。

2. 单向车道的设计通行能力

$$C_{设} = \mathrm{MSV}_i \cdot N \cdot f_W \cdot f_{HV} \cdot f_P \tag{5-4}$$

式中：$C_{设}$——单向车道的设计通行能力。即在具体条件下，采用 i 级服务水平时所能通行的最大交通量（veh/h）；

N——车道数；

f_W——车道宽度和侧向净宽对通行能力的修正系数；

f_{HV}——大型车对通行能力的修正系数；

f_P——驾驶员条件对通行能力的修正系数。

综合上述两公式，则

$$C_{设} = C_{基} \cdot (V/C)_i \cdot N \cdot f_W \cdot f_{HV} \cdot f_P \tag{5-5}$$

3. 影响通行能力的主要因素及其对通行能力的修正系数

(1)车道宽度和侧向净宽对通行能力的修正系数 f_W，其值见表5-7。

车道宽度和侧向净宽修正系数 f_W 表5-7

侧向净宽(m)	行车道一边有障碍物		行车道两边有障碍物	
	车道宽度(m)			
	3.75	3.50	3.75	3.50
	有中央分隔带的4车道公路(每边有2车道)			
≥1.75	1.00	0.97	1.00	0.97
1.60	0.99	0.96	0.99	0.96
1.20	0.99	0.96	0.98	0.95
0.90	0.98	0.95	0.96	0.93
0.60	0.97	0.94	0.94	0.91
0.30	0.93	0.90	0.87	0.85
0	0.90	0.87	0.81	0.79
有中央分隔带的6或8车道公路(每边有3或4车道)				
≥1.75	1.00	0.96	1.00	0.96
1.60	0.99	0.95	0.99	0.95
1.20	0.99	0.95	0.98	0.94
0.90	0.98	0.94	0.97	0.93
0.60	0.97	0.93	0.96	0.92
0.30	0.95	0.92	0.93	0.89
0	0.94	0.91	0.91	0.87

注:1. 一些高级形式的中央带护栏如已被广大驾驶员所熟悉且基本上不影响其行驶时,可不作为障碍物。

2. 两边侧向净宽不足且不相等时,取平均值。

(2)大型车的修正系数 f_{HV}

$$f_{HV} = 1/[1 + P_{HV}(E_{HV} - 1)] \tag{5-6}$$

式中:P_{HV}——大型车交通量占总交通量的百分比;

E_{HV}——大型车换算成小客车的车辆换算系数,见表5-8。

(3)驾驶员条件的修正系数 f_P

根据驾驶员的技术熟练程度,遵守交通法规的程度,在高速公路上尤其是在所指高速公路或其相似的路段上行驶经验以及驾驶员的健康状况,在1.00~0.90范围内取值。

高速、一级公路车辆换算系数 表5-8

车型 \ 地形	平原微丘	重丘	山岭	说明
大型车	1.7/2.0	2.5/3.0	3.0	分子适用于高速公路,分母适用于一级公路
小客车	1.0	1.0	1.0	

注:大型车包括:中型及重型载货汽车、拖挂车、单个及通道式大客车。

小客车包括:吉普车、摩托车、载重≤2t载货车、≤12座面包车。

例5-1 已知一4车道高速公路,设计时速100km/h,单向高峰小时交通量 V_P =1 800veh/h,大型车占40%,车道宽3.50m,紧挨行车道两边均有障碍物,重丘地形。分析其服务水平,问其达到可能通行能力之前还可增加多少交通量?实地观测的平均速度为56km/h。

解:(1)求 V/C

查表得,$f_W = 0.79, E_{HV} = 2.5$

$f_{HV} = 1/[1 + 0.40 \times (2.5 - 1)] = 0.625, f_P = 1.0$

则 $V/C = V_P/[C_{基} \cdot N \cdot f_W \cdot f_{HV} \cdot f_P] = 1\,800/[2\,000 \times 2 \times 0.79 \times 0.625 \times 1.0] = 0.91$

(2)判断服务水平

$V/C = 0.91$,故此路段服务水平为四级上半段。

(3)求可增加交通量

$$\begin{aligned}行车道可能通行能力 &= C_{基} \cdot (V/C)_i \cdot N \cdot f_W \cdot f_{HV} \cdot f_P \\ &= 2\,000 \times 2 \times 1.00 \times 0.79 \times 0.625 \times 1.0 \\ &= 1\,975\text{veh/h}\end{aligned}$$

则还可增加交通量 $V = 1\,975 - 1\,800 = 175\text{veh/h}$

三、混合交通双车道公路路段通行能力

在双车道公路上行驶,因为汽车在超越汽车时,需在对向车道上行驶若干距离后回到本车道才能完成超车过程,汽车交通流运行受对向交通的制约,因此需要把两个方向的交通合起来进行分析计算。

(一)标准条件

相应于《公路工程技术标准》(JTG B01—2003),一般公路中的三、四级双车道公路的基本标准如下:

(1)车道宽度:三、四级分别为3.5m(3.25m)、3m;

(2)计算行车速度(即设计速度)分别为40(30)km/h、20km/h;

(3)以行驶汽车为主;

(4)横向干扰很小,交通秩序良好;

(5)地形为平原微丘区。

其他地形条件下的交通分析因情况很复杂,暂时无法系统表达。

(二)服务水平(表5-9)

混合交通双车道公路服务水平表 表5-9

服务水平级别	现行标准中的一般二级			现行标准中的一般三级			现行标准中的一般四级		
	车速(km/h)	最大服务交通量	V/C	车速(km/h)	最大服务交通量	V/C	车速(km/h)	最大服务交通量	V/C
一	≥47	450	0.28	≥45	280	0.28	≥43	170	0.24
二	≥43	700	0.44	≥41	440	0.44	≥39	260	0.37
三	≥40	930	0.58	≥38	580	0.58	≥36	370	0.53
四	≥33 <33	1 600①	1.00②	≥31 <31	1 000①	1.00②	≥30 <30	700①	1.00②

注:1. 车速指平均行程速度(km/h)。

2. 最大服务交通量是在基准条件下,各级服务水平行车道所能通行的双向最大交通量(当量中型载重汽车/h)。

3. V/C 是最大服务交通量与基本通行能力之比。

4. 本表 V/C 值均为不准超车区为20%情况下的数值。

①指在第四级服务水平下半部,交通流处于强制流动状态,交通量变化范围很大。

②同注①,在第四级服务水平下半部,V/C 也在很大范围变化。

（三）混合交通双车道公路路段通行能力

1. 双车道最大服务交通量

$$MSV_i = C_{基} \cdot (V/C)_i \tag{5-7}$$

式中：MSV_i——最大服务交通量。在标准条件下第 i 级服务水平车行道 1h 所能通行的最大双向交通量（mvu/h）；

$C_{基}$——基本通行能力。在标准条件下车行道 1h 所能通行的最大双向交通量（mvu/h）；

$(V/C)_i$——第 i 级服务水平最大服务交通量与基本通行能力之比。

2. 设计通行能力

$$C_{设} = MSV_i \cdot f_S \cdot f_W \cdot f_L \tag{5-8}$$

或

$$C_{设} = C_{基} \cdot (V/C)_i \cdot f_S \cdot f_W \cdot f_L \tag{5-9}$$

式中：$C_{设}$——车行道设计通行能力。在实际或预计的道路和交通条件下，设计所采用的服务水平车行道 1h 能通行的最大双向交通量（mvu/h）；

f_S——设计速度对通行能力的修正系数；

f_W——车道宽度和（或）侧向净宽对通行能力的修正系数；

f_L——横向干扰和交通秩序对通行能力的修正系数。

3. 对通行能力的修正系数

（1）设计速度修正系数 f_S 见表 5-10。

设计速度修正系数 f_S 表 5-10

设计速度（km/h） 公路等级	80	70	60	50	40	30	20
二	1.00	0.96	0.90				
三			1.00	0.89	0.76		
四					1.00	0.86	0.71

（2）车道宽度和侧向净宽修正系数 f_W 见表 5-11。

车道宽度和侧向净宽修正系数 f_W 表 表 5-11

现行技术等级 / 车道宽度（m） / 侧向净宽（m）	二级		三级		四级
	4.50	3.50	3.50	3.00	3.00
1.50	1.00	0.86			
1.00	0.92	0.73			
0.75	0.88	0.68	1.00	0.91	
0.50	0.82	0.64	0.95	0.88	1.00
0.00	0.73	0.58	0.84	0.79	0.88

（3）横向干扰和交通秩序修正系数 f_L 见表 5-12。

横向干扰和交通秩序修正系数 f_L 表 5-12

横向干扰程度	f_L	横向干扰程度	f_L
干扰较小	$0.9 \leq f_L < 1.0$	干扰较大	$0.7 \leq f_L < 0.8$
干扰中等	$0.8 \leq f_L < 0.9$	干扰严重	①

注：交通秩序很差（主要由于不遵守交通规则或交通管理上的原因引起）的路段，f_L 值的干扰程度采用的表值再减小 0.05 至 0.10 取用。

①干扰严重程度差别较大，f_L 按实际情况或预计条件采用。

四、城市道路路段通行能力

在城市道路路段上运行的车辆主要受以下三方面因素的影响。

(1)道路环境:包括道路的线形特征,沿线土地的使用性质、车道数、车道宽度、中间分隔带的类型、交叉口的间距,以及停车的有无、行人影响、速度限制等。道路环境会影响驾驶员的安全行车速度。

(2)车辆间的相互作用:由交通密度、车种组成和转弯车辆所占的比例决定,车辆间的相互作用对交叉口上车辆的运行影响极大。

(3)交通信号:交通信号迫使车辆停车,并且等待一定时间后以车队形式放行。由交通信号引起的车辆延误和车速的改变,大大降低了城市道路路段的通行能力和交通流的运行质量。

这些因素也决定了城市道路路段的通行能力和服务水平。

(一)可能通行能力

就某一条具体道路而言,其道路与交通条件一般不能完全处于理想状态,各个路段的车速是随着道路纵坡、弯道以及车辆和行人的干扰程度不同而变化的。考虑到道路和交通条件的影响,需要对基本通行能力进行修正后得到可能通行能力。可能通行能力实际上是指道路所能承担的最大交通量。

$$C_{可} = C_{基} \cdot \gamma \cdot \eta \cdot \mu \cdot n' \tag{5-10}$$

式中:$C_{可}$——单车道的可能通行能力(pcu/h);

$C_{基}$——基本通行能力(pcu/h),其计算方法同前。我国《城市道路设计规范》(CJJ 37—1990)建议的一条车道的基本通行能力如表5-13。

γ——自行车影响修正系数。

η——车道宽度影响修正系数,见表5-14。

n'——车道位置修正系数,见表5-15。

μ——交叉口影响修正系数。视交叉口控制方式、绿信比及交叉口间距而定:当交叉口间距 s 不大于200m时,$\mu = t_0$(t_0 为交叉口有效通行时间比,对于信号交叉口,即为绿信比);当交叉口间距 s 大于200m时,$\mu = t_0(0.0013s + 0.73)$,如果计算出的 μ 大于1,则取 $\mu = 1$。

《城市道路设计规范》建议的一条车道基本通行能力　　表5-13

v(km/h)	20	30	40	50	60
$C_{基}$(pcu/h)	1 380	1 550	1 640	1 690	1 730

车道宽度影响系数 η 采用值　　表5-14

车道宽度 b(m)	3.5	3.25	3.0	2.75
影响系数 η	1.00	0.94	0.85	0.77

车道位置修正系数 n' 采用值　　表5-15

车道位置	第一条车道	第二条车道	第三条车道	第四条车道	第五条车道
n'	1.00	0.80~0.90	0.65~0.78	0.50~0.65	0.40~0.52

注:第一条车道是指紧靠路中线的车道,第二条车道是指路中线右侧第二个车道,其余依此类推。

(二)设计通行能力

按可能通行能力进行设计,则道路将始终处于繁忙紧张的交通状态,对于道路使用和管理是不利的。对于不同类别和等级的道路,应当有不同的服务水平要求。对于低等级的城市支路,主要满足大容量交通需求;对于高等级的城市快速路,使用者追求的主要是快速,对容量则不做过高要求。我国《城市道路设计规范》用道路分类系数对可能通行能力加以修正,得到城市道路路段设计通行能力:

$$C_{设} = C_{可} \times \alpha_c \tag{5-11}$$

式中:$C_{设}$——一条机动车道的设计通行能力(pcu/h);

α_c——机动车道的道路分类系数,见表5-16;

机动车道的道路分类系数 表5-16

道路分类	快速路	主干路	次干路	支路
α_c	0.75	0.80	0.85	0.90

五、平面交叉口通行能力

两条或两条以上的道路在同一平面相交称为平面交叉。两条不同方向的车流通过平交路口时产生车流的转向、交汇与交叉,平交路口可能通过此相交车流的最大交通量就是平面交叉口的通行能力。

平交路口的通行能力不仅与交叉口所占面积、形状、入口引道车行道的条数、宽度、几何线形等道路条件有关,而且还受到相交车流通过交叉口的运行方式、交通管理措施等方面因素的影响。因此,在确定其通行能力时,要首先确定交叉口的车辆运行和交通管理方式。交叉口按交通管制方式的不同分为三大类:一类为不加任何交通管制的交叉口,一类为中央设圆形岛的环形交叉口,一类为设置色灯信号交叉口。

目前交叉口通行能力计算方法在国际上并未完全统一,即使是同一类型的交叉口,其通行能力计算方法也不一样,世界各国都有自己的一套计算方法,其中以美国的方法应用最为广泛。本书以介绍欧美的计算方法为主,也同时吸收其他国家的方法。由于交叉口车流是混合车流,在进行交叉口通行能力计算时,均需按通行能力的当量进行换算,把混合车流中各种车型换算成标准车型或某一车型的当量交通量,其当量的 d 值称之为车辆换算系数,城市道路交叉口车型换算可参照本书第三章表3-5的有关规定。

(一)无信号控制交叉口

平面交叉口不采用信号控制时,可以分为两大类,一是暂时停车方式,一是环行方式。而暂时停车方式的交叉口可有两种控制方式:停车标志控制与让路标志控制,统称为主路优先控制。《中华人民共和国道路交通管理条例》第43条规定:车辆通过没有交通信号或交通标志的交叉路口,必须遵守下列规定依次让行。

(1)支路车让主路车先行。

(2)支、主路不分时,非机动车让机动车先行,非公共汽车、电车让公共汽车、电车先行,同类车辆让右边没有来车的车先行。让行车辆必须停车或减速瞭望,确认安全后,方可通过。

据以上规定,主要道路上的车辆通过路口不用停车,一直通过,次要道路上的行驶车辆,让主要道路上的车辆先行,寻找机会,穿越主要道路上车流的空当,通过路口。

主要道路上能够通过多少辆车,按路段计算。次要道路上能通过多少车辆,受下列因素影响:主要道路上车流的车头间隔,次要道路上车辆穿越主要道路车流所需时间,次要道路上车辆跟进的车头时距大小,主要道路上车流的流向分布。这种路口的通行能力,等于主要道路上的交通量加上次要道路上车辆穿越空当能通过的车辆数。若主要道路上的车流已经饱和,则次要道路上的车辆一辆也通不过。

无信号交叉口的通行能力计算分析当前有两种理论:一是根据有限通行交通流中的车头时距中,可供非优先交通利用(穿越或汇入)的空当数,求得非优先交通可穿越或汇入优先交通流的最大交通量;另一种是计算非优先道路上车辆的延误,根据延误达到某一界限值的交通量来确定其通行能力。第二种方法过于繁杂且与实际相差甚远,故本书不予详细介绍。

第一种方法的假设条件为:主要道路上的车辆优先通过路口,主要道路上的双向车流视为一股车流;交通量不大,车辆间的间隙分布符合负指数分布;当间隙大于临界间隙 t_0 时,次要道路上的车辆方可穿越,次要道路上的车辆跟进行驶的车头时距 $t=3\text{s}$。

按可穿越间隙理论,推算出次要道路上的车辆每小时能穿越主要道路车流的数量为

$$Q_{次}=\frac{Q_{主}\,\mathrm{e}^{-qt_0}}{1-\mathrm{e}^{-qt}} \tag{5-12}$$

式中:$Q_{主}$——主要道路上的交通量(辆/h);

$Q_{次}$——次要道路可能通过的车辆数(辆/h);

q——$Q_{主}/3\,600$(辆/s);

t_0——临界间隙时间,对停车待机通过者 $t_0=7\sim9\text{s}$,对减速待机通过者 $t_0=6\sim8\text{s}$;

t——次要道路上车辆跟进行驶的车头时距 $t=3\sim5\text{s}$。

例 5-2 一无信号控制的交叉口,主要道路的双向交通量为 1 000 辆/h,车辆到达符合泊松分布。次要道路上车辆可穿越的临界车头时距 $t_0=7\text{s}$,车辆跟进行驶的车头时距 $t=5\text{s}$,求次要道路上车辆可穿越主要道路车流的数量。

解:将 $Q_{主}=1\,000$ 辆/h,$t_0=7\text{s}$,$t=5\text{s}$ 代入式(5-12)得 $Q_{次}=191$ 辆/h,同样计算得表5-17。

次要道路通行能力(辆/h) 表5-17

次要道路行驶方式	车头时距(s)		主要道路双向交通量(辆/h)				
	t_0	t	800	1 000	1 200	1 400	1 600
停车等空当	9	5	160	110	70	50	30
	8	5	200	140	100	70	50
	7	5	250	190	140	110	80
低速等空当	8	3	275	190	130	90	60
	7	3	345	250	185	135	95
	6	3		335	255	195	150

(二)环形交叉口的通行能力

环形交叉口是在几条道路相交的交叉口中央,设置圆岛或带圆弧形状的岛,使进入交叉口的所有车辆均以同一方向绕岛行驶,其运行过程一般为先在不同方向汇合(合流),接着于同一车道先后通过(交织),最后分向驶出(分流),可避免直接交叉、冲突和大角度碰撞,其实质为自行调节的渠化交通形式。其优点为车辆可以连续行驶,安全,无需信号管理设施,平均延

误时间短,很少制动、停车,节约用油,随之噪声低、污染少。缺点为占地大,绕行距离长,当非机动车或行人过多及有直向行驶的电车时不宜采用。

环形交叉口按其中心岛直径的大小分为以下三类:常规环形交叉口、小型环型交叉口、微型环形交叉口。

1. 常规环形交叉口的通行能力

常规环形交叉口其中心岛为圆形或椭圆形,直径一般在25m以上,交织段长度和交织角大小有一定要求,入口引道一般不扩大成喇叭形,现在我国各城市的主要环形交叉口均属此类(图5-2)。

常规环形交叉口的通行能力计算,各国均有独特的公式,其中较著名的和使用较广泛的公式有:

(1)沃尔卓普公式

$$Q_M = \frac{354W\left(1+\frac{e}{W}\right)\left(1-\frac{P}{3}\right)}{1+\frac{W}{l}} \tag{5-13}$$

式中:Q_M——交织段上最大通行能力(辆/h);

l——交织段长度(m);

W——交织段宽度(m);

e——环交入口引道平均宽度(m);

$$e = \frac{e_1 + e_2}{2}$$

e_1——入口引道宽度(m);

e_2——环道突出部分宽度(m);

P——交织段内进行交织的车辆与全部车辆之比,以百分率计。

上述常规环形交叉口的几何参数示于图5-3。

此公式适用于下列条件:引道上没有因故暂停的车辆;环形交叉口位于平坦地区,纵坡≤4%;各参数应在下列范围内:$W=6.1\sim18.0$m,$\frac{e}{W}=0.4$,$\frac{W}{l}=0.12\sim0.4$,$\frac{e_1}{e_2}=0.34\sim1.41$,$P=0.4\sim1.0$。一般驶入角$\alpha$宜大于30°,驶出角$\delta$一般应小于60°,两交织路段内角$\beta$不应大于95°;各参数如超出,则公式就要失效。

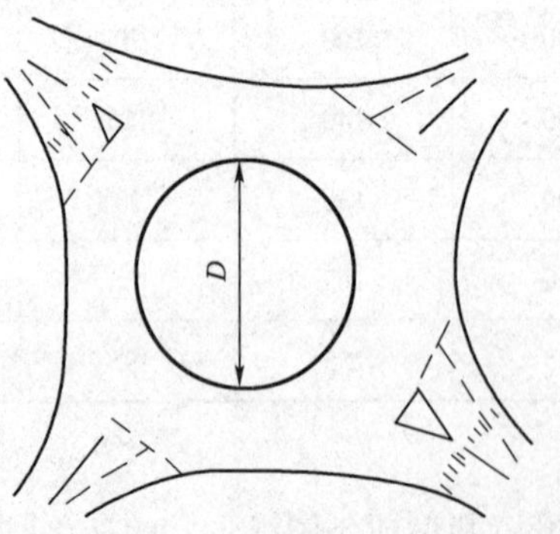

图5-2 常规环形交叉口示意图

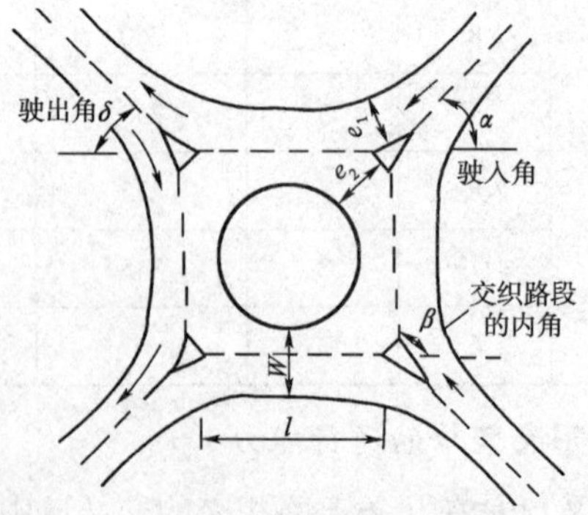

图5-3 常规环形交叉口计算图式

如交叉口四周进出口处过街行人众多,影响车流进出,则通过能力应适当折减。根据使用经验和实际观察资料的检验,一般设计通行能力采用上述公式计算最大值的80%,故可将上式修改为：

$$Q_{P}=\frac{280W\left(1+\frac{e}{W}\right)\left(1-\frac{P}{3}\right)}{1+\frac{W}{l}} \tag{5-14}$$

(2)英国环境部暂行公式

由于实行"左侧先行"法规，沃尔卓普公式不能适应，英国为适应新的法规，又重新制定此暂行公式，它适用于采取右侧优先通行的常规环形交叉口，其具体形式如下：

$$Q=\frac{160W\left(1+\frac{e}{W}\right)}{1+\frac{W}{l}} \tag{5-15}$$

式中：Q——交织段通行能力(pcu/h)，其中载货车占全部车辆数的15%，如重车超过15%时要进行修正，用于设计目的应采用Q值的85%；

其他各参数意义与数值同前。

例5-3 某常规环形交叉口为四路交会，其几何图形与车流量、流向示于图5-4a)，主要参数为$W=15\text{m}$，$l=4\text{m}$，$e=10\text{m}$，求其交织段的通行能力，并验算现有车流量是否已超过其通行能力。

解：

$$Q=\frac{160W\left(1+\frac{e}{W}\right)}{1+\frac{W}{l}}=\frac{160\times 15\times\left(1+\frac{10}{15}\right)}{1+\frac{15}{40}}=2\ 909(\text{pcu/h})$$

设计通行能力采用最大值的85%，故

$$Q_{P}=2\ 909\times 85\%=2\ 472(\text{pcu/h})$$

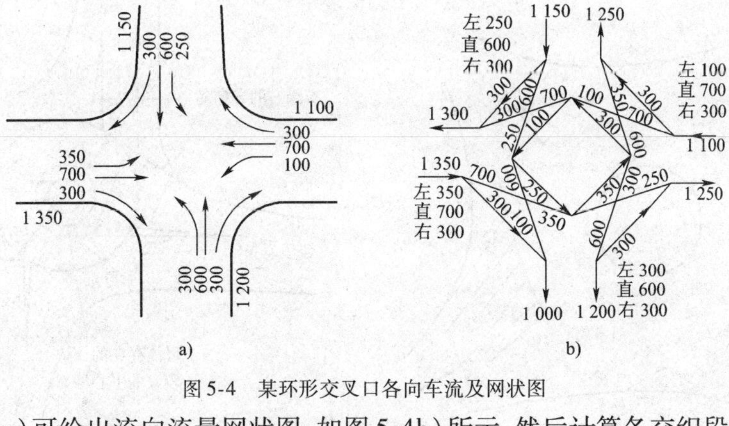

图5-4 某环形交叉口各向车流及网状图

根据图5-4a)可绘出流向流量网状图，如图5-4b)所示，然后计算各交织段车流量，列于表5-18。

交织路段车流量计算表(pcu/h) 表5-18

交织段	车流量组成	合计
东北	350+300+600+300+700+100	2 350
西北	300+100+700+300+600+250	2 250
西南	100+250+600+350+700+300	2 300
东南	250+700+300+300+600+300	2 450

由上表可知，各交织路段的车流量均小于设计通行能力 2 472pcu/h，其中东南交织段的车流量较接近，但未超过。

用沃尔卓普公式计算，设 $P=0.9$，则：

$$Q=\frac{280W\left(1+\frac{e}{W}\right)\left(1-\frac{P}{3}\right)}{1+\frac{W}{l}}=\frac{280\times15\times\left(1+\frac{10}{15}\right)\times\left(1-\frac{0.9}{3}\right)}{1+\frac{15}{40}}=3\ 562(\mathrm{pcu/h})$$

设计通行能力按规定应采用最大值的 80%，故 $Q_P=3\ 562\times80\%=2\ 844(\mathrm{pcu/h})$

各交织路段车流量均未超过此值，故可以通过。

式(5-15)中 Q 的单位为 pcu/h，包括 15% 的重车。如考虑重车系数，则应为 $2\ 472\times(1+0.15)=2\ 842$，两者计算结果很接近。通过大量的实测资料和理论分析，在科学管理的条件下，建议常规环形交叉口的通行能力，采用表 5-19 所列数值。

常规环形交叉口设计通行能力建议值 表 5-19

机动车通行能力(pcu/h)	2 700	2 500	2 300	2 000	1 800	1 600	1 400
自行车通行能力(辆/h)	3 000	5 000	7 000	10 000	12 000	14 000	26 000

2. 小型环形交叉口的通行能力

小型环形交叉口中心岛的直径小于 25m，引道入口处适当加宽建成喇叭形，使车辆便于进入交叉口。此类环形交叉口为英国所常用(图 5-5)，其优点是可以提高环形交叉口的通行能力，少占用地。我国有些旧城市也有这类小型环形交叉口，如福州的南门兜小环。

小型环形交叉口的特点有：在停车线上增加车道数(图 5-6)；d 约为 $D/3$，并小于 $8m$；x 不小于 25m(x 为停车线至右侧冲突点距离)；环道宽 a 小于前一个入口宽 b；入口渐变段为 1∶6，出口则为 1∶12；设偏向导向岛，不使进入车辆直穿。

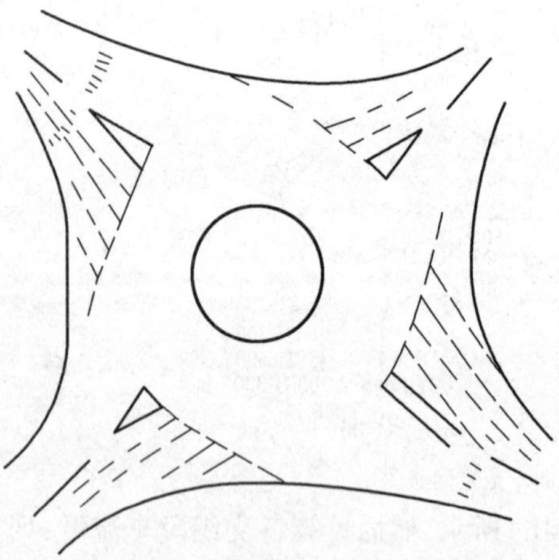

图 5-5 小型环形交叉口示意图

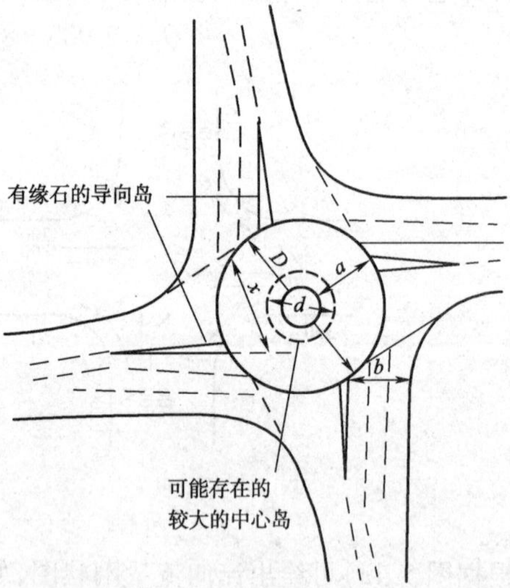

图 5-6 小型环形交叉口特点示意图

小型环形交叉口环道较宽，而出入口均形成喇叭形，车流运行不存在交织方式，各入口车流可按同一方向相互穿插运行，各类车辆运行时可较好地相互调剂，整个环形交叉口的流量变化要比个别路口的车流量变化小。在所有引道入口均呈饱和状态情况下进行多次试验，得出了整个环形交叉口通行能力的简化公式。

(1)英国运输与道路研究所公式

$$Q = K_1(\sum W + \sqrt{A}) \tag{5-16}$$

式中：Q——进入环形交叉口的实用的总通行能力(pcu/h)；

$\sum W$——所有引道基本宽度的总和(m)；

A——引道拓宽所增加的面积(m^2)，$A = \sum a$；

K_1——系数，三路交叉 $K_1 = 80(70)$[pcu/(h·m)]；

四路交叉 $K_1 = 60(50)$[pcu/(h·m)]；

五路交叉 $K_1 = 55(45)$[pcu/(h·m)]。

注：括号内数字为英国 $H_2/75$ 技术文件所规定，括号外数字为 OZCD 组织所规定。

设计通行能力 Q_p 应采用上述公式计算值的80%，计算图式参见图5-7。

(2)纽卡塞(New Castle)公式

纽卡塞根据英国运输研究所的公式作进一步简化，将 A、W 两参数均归纳为内接圆直径 D，然后根据道路条数取用 K_2 来进行调整，即

$$Q = K_2 D \tag{5-17}$$

式中：Q——实用总通行能力(pcu/h)；

D——内接圆直径(m)，如交叉口为椭圆中心岛，则取长轴与短轴的平均值；

K_2——系数，三路交叉口 $K_2 = 150$(pcu/h)，四路交叉口 $K_2 = 140$(pcu/h)。

实际设计时，车流量应保持在此公式计算值交通量的85%以下。此式由于仅归结为 K_2、D 两参数，忽略了交通情况，因此使用时不易掌握。

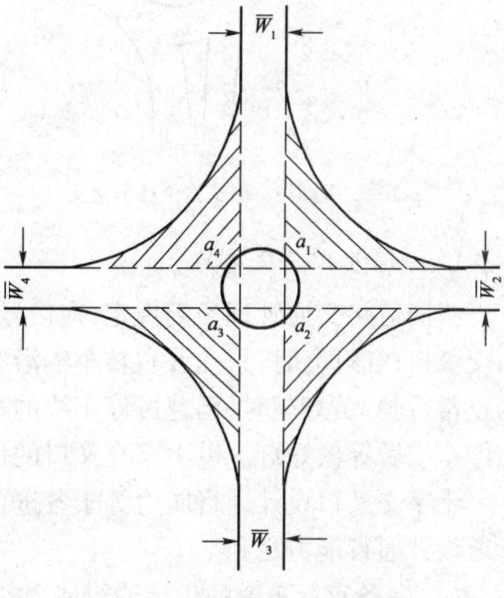

图5-7 小型环形交叉口计算图

3. 微型环形交叉口

微型环形交叉口多为三路或四路相交，其中心岛直径一般小于4m。微型环形交叉口不一定做成圆形，也不一定非高于路面不可，可以用白漆涂成圆圈，或做成不同颜色。它主要起引导与分隔作用，此外，还有双环岛环形交叉口(图5-8)、引道错位环形交叉口(图5-9)、让路原则设计的环形交叉口(图5-10)、多岛式环形交叉口和双向行车环形交叉口等。实际上，这种环形交叉口已变成渠化交叉口。

我国不少城市，如长春、沈阳、哈尔滨、大连、南京、长沙、广州等均有不少此类环形交叉口，它们担负着繁重的交通运转任务，且使用效果一般很好。特别是结合城市的规划布局，在解决小区中心、城乡接合处的复杂畸形交叉问题方面起了巨大作用，但是当交通量过大时就无法适用且在管理方面难以控制。

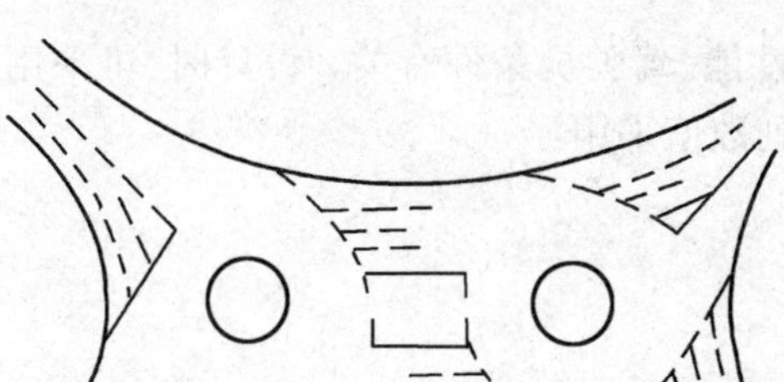

图5-8 双环岛环形交叉口

在国外，特别是英国，在这方面进行了长期认真的研究。英国自1966年起对环形交叉口实行了右侧优先通行法规：即规定行驶在环道上的车辆可以优先通行，而进入环道的车辆必须让路给环道上的车辆，要等环行车辆之间出现可插车间隙，

才能驶入环道。通常为使环道外的车辆能有更多的机会驶入环道，常需要增加引道的车道数，这样就发展成为带扩大喇叭口的新型交叉。由于环道外的车辆利用间隙插入环道车流，因此无需过长的交织段，可以减少中心岛直径、加大环道宽度，其通行能力可以增大20%左右。

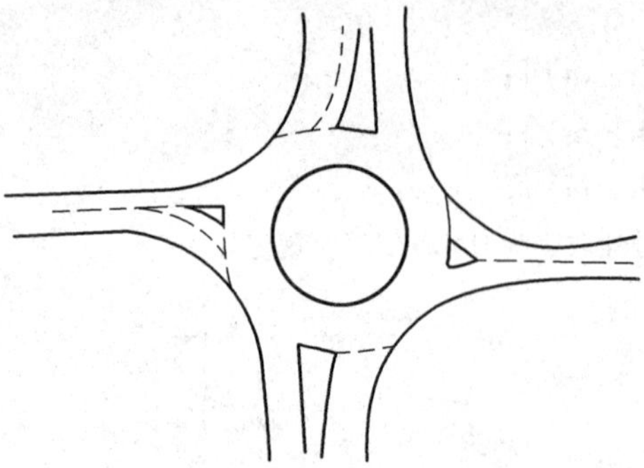

图5-9 引道错位环形交叉口

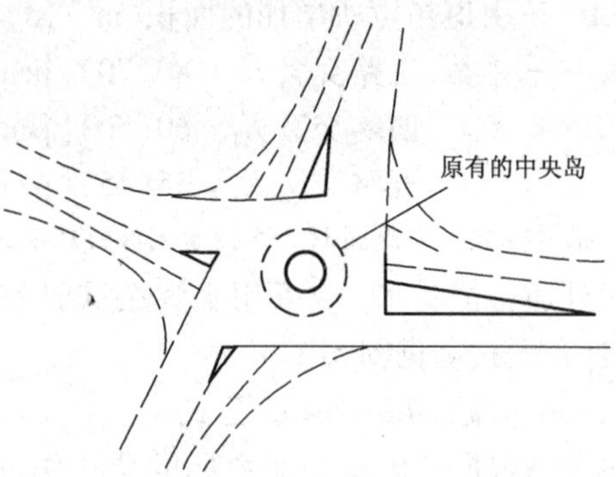

图5-10 按让路原则设计的环形交叉口图式

（三）信号控制交叉口

我国道路交通管理条例规定，在信号控制的交叉口，绿灯亮时，允许各行驶方向的车辆进入交叉口；红灯亮时，只允许右转车辆沿右转专用车道行进，但不得影响横向道路上直行车辆的正常行驶；黄灯亮时，已越过停车线的车辆继续行驶，通过交叉口，没有越过停车线的车辆应在停车线后等候绿灯。以十字交叉口的设计通行能力为例进行分析。

十字交叉口设计通行能力等于各进口道设计通行能力之和。进口道设计通行能力等于各车道设计通行能力之和。

（1）一条直行车道的设计通行能力的计算公式为：

$$C_S = \frac{3\,600}{T}\left(\frac{t_g - t_0}{t_i} + 1\right)\varphi \tag{5-18}$$

式中：C_S——一条直行车道的设计通行能力（pcu/h）；

T——信号灯周期（s）；

t_g——信号灯每周期内的绿灯时间（s）；

t_0——绿灯亮后，第一辆车启动并通过停车线的时间（s），如无本地实例数据，可采用2.3s；

t_i——直行或右行车辆通过停车线的平均时间（s/pcu）；

φ——折减系数，取0.9。

车辆平均通过停车线的时间 t_i 与车辆组成、车辆性能、驾驶员条件有关。设计时，可采用本地区调查数据。如无调查数据，直行车队可参考下列数值采用：

小型车组成的车队，$t_i = 2.5$s；

大型车组成的车队，$t_i = 3.5$s；

拖挂车组成的车队，$t_i = 7.5$s。

混合车队，可按下表5-20选用。（表中将拖挂车划为大型车）

混合车队的 t_i 值（s） 表5-20

大车:小车	2:8	3:7	4:6	5:5	6:4	7:3	8:2
t_i	2.65	2.96	3.12	3.26	3.30	3.34	3.42

(2)直右车道通行能力计算公式为

$$C_{sr}=C_s \tag{5-19}$$

式中：C_{sr}——一条直右车道的设计通行能力(pcu/h)。

(3)直左车道通行能力计算公式为

$$C_{sl}=C_s(1-\beta_l'/2) \tag{5-20}$$

式中：C_{sl}——一条直左车道的设计通行能力(pcu/h)；

β_l'——直左车道中左转车所占的比例。

(4)直左右车道通行能力计算公式为

$$C_{slr}=C_{sl} \tag{5-21}$$

式中：C_{slr}——一条直左右车道的设计通行能力(pcu/h)。

(5)进口道设有专用左转与专用右转车道时，设计通行能力按照本面车辆左、右转比例计算。先计算本面进口道的设计通行能力，再计算专用左转及右转车道的设计通行能力。

①进口道设计通行能力计算公式为

$$C_{elr}=\sum C_s/(1-\beta_l-\beta_r) \tag{5-22}$$

式中：C_{elr}——设有专用左转与专用右转车道时，本面进口道的设计通行能力(pcu/h)；

$\sum C_s$——本面直行车道设计通行能力之和(pcu/h)；

β_l——左转车占本面进口道车辆的比例(pcu/h)；

β_r——右转车占本面进口道车辆的比例(pcu/h)；

专用左转车道设计通行能力计算公式为：

$$C_l=C_{elr}\cdot\beta_l \tag{5-23}$$

专用右转车道设计通行能力计算公式为：

$$C_r=C_{elr}\cdot\beta_r \tag{5-24}$$

②进口道设有专用左转车道而未设专用右转车道时，专用左转车道的设计通行能力 C_{el} 按本面左转车辆比例 β_l 计算。

$$C_{el}=(\sum C_s+C_{sr})/(1-\beta_l) \tag{5-25}$$

式中：C_{el}——设有专用左转车道时，本面进口道设计通行能力(pcu/h)；

$\sum C_s$——本面直行车道设计通行能力之和(pcu/h)；

C_{sr}——本面直右车道设计通行能力之和(pcu/h)。

则专用左转车道的设计通行能力为：$C_l=C_{el}\cdot\beta_l$。

③进口道设有专用右转车道而未设专用左转车道时，专用右转车道的设计通行能力 C_r 按本面左转车辆比例 β_r 计算。

$$C_{er}=(\sum C_s+C_{sl})/(1-\beta_r) \tag{5-26}$$

式中：C_{er}——设有专用右转车道时，本面进口道设计通行能力(pcu/h)；

$\sum C_s$——本面直行车道设计通行能力之和(pcu/h)；

C_{sl}——本面直左车道设计通行能力之和(pcu/h)。

则专用右转车道的设计通行能力为：$C_r=C_{er}\cdot\beta_r$。

(6)通行能力折减

在一个信号周期内，对面到达的左转车超过3～5辆时，左转车通过交叉口将影响本面直行车。因此，应折减本面各直行车道(包括直行、直左、直右、直左右车道)的设计通行能力。

当 $C_{le}>C_{le}'$时，本面进口道折减后的设计通行能力为：

$$C'_e = C_e - n_s(C_{le} - C'_{le}) \tag{5-27}$$

式中：C'_e——折减后本面进口道的设计通行能力(pcu/h)；

C_e——本面进口道的设计通行能力(pcu/h)；

n_s——本面各种直行车道数；

C_{le}——本面进口道左转车的设计通过量(pcu/h)；

$$C_{le} = C_e \cdot \beta_l \tag{5-28}$$

C'_{le}——不折减本面各种直行车道设计通行能力的对面左转车数(pcu/h)。当交叉口小时为 $3n$，大时为 $4n$（n 为每小时信号周期数）。

例5-4 已知某交叉口设计图，如图5-11。东西干道一个方向有三条车道，南北支路一个方向有一条车道。信号灯管制交通。信号灯情况为：周期 $T = 140\text{s}$，绿灯 $t_g = 64\text{s}$。车种比例：大车：小车为3:7，东西方向左转车占该进口交通量的15%，右转车占该进口交通量的10%。求交叉口的设计通行能力。

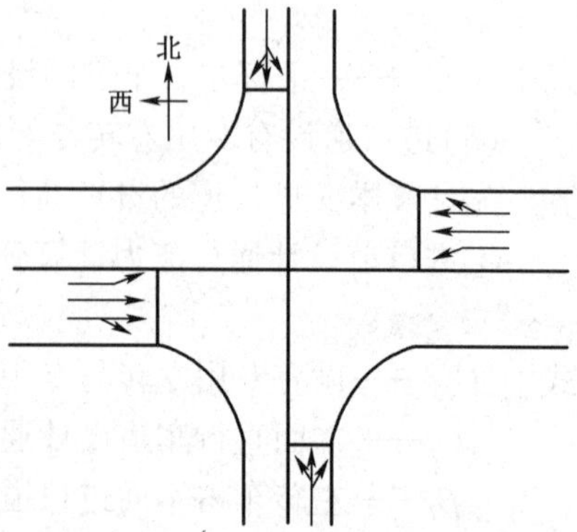

图5-11 交叉口通行能力计算图

解：(1)计算直行车道的设计通行能力

$$C_s = \frac{3\,600}{T}\left(\frac{t_g - t_0}{t_i} + 1\right)\varphi$$

取 $t_0 = 2.3\text{s}, \varphi = 0.9$

根据车种比例为3:7，查表5-20，得 $t_i = 2.96$。将已知数据代入上式得：

$$C_s = 506\text{pcu/h}$$

(2)计算直右车道的设计通行能力

$$C_{sr} = C_s = 506\text{pcu/h}$$

(3)东进口属于设有专用左转车道而未设右转专用车道类型，其设计通行能力为：

$$C_{el} = (\sum C_s + C_{sr})/(1 - \beta_l) = (506 + 506)/(1 - 0.15) = 1\,191\text{pcu/h}$$

(4)该进口设有专用左转车道的设计通行能力为：

$$C_l = C_{el} \cdot \beta_l = 1\,191 \times 0.15 = 179\text{pcu/h}$$

(5)验算是否需要折减

当 $C_{le} > C'_{le}$ 时，应当折减。

不影响对面直行车辆行驶的左转交通量 C'_{le} 等于 $4n$，n 为一小时内的信号周期个数，$T = 140\text{s}$，故 $n = 3\,600/140 = 26$，则 $C'_{le} = 4 \times 26 = 104\text{pcu/h}$

进口设计左转交通量 $C_{le} = C_l = 179\text{pcu/h}$。因此 $C_{le} > C'_{le}$，需要折减。

$$C'_e = C_e - n_s(C_{le} - C'_{le}) = 1\,191 - 2 \times (179 - 104) = 1\,041\text{pcu/h}$$

(6)西进口设计通行能力与东进口相同。

(7)南进口设计通行能力。该进口只有直、左、右混行车道，其设计通行能力为：

$$C_{slr} = C_{sl} = C_s(1 - \beta'_l/2) = 506(1 - 0.15/2) = 468\text{pcu/h}$$

(8)验算南进口的左转车是否影响对面直行车，因为南北进口道划分相同，即验算北进口左转车是否影响南进口车的直行。

设计左转交通量 $C_l = 468 \times 0.15 = 70$ pcu/h。

设计左转交通量 $C_l < C'_{le} = 104\text{pcu/h}$，故不需要折减。

(9)交叉口的设计通行能力

交叉口的设计通行能力等于四个进口设计通行能力之和。

东进口折减后的设计通行能力为1 041pcu/h；

西进口同东进口，为1 041pcu/h；

南进口和北进口均为468pcu/h；

则此交叉口的设计通行能力为：

$$C = 1\,041 \times 2 + 468 \times 2 = 3\,018\text{pcu/h}$$

第三节 非机动车道的通行能力

我国现阶段道路上的非机动车主要是自行车，且自行车在许多城市已经成为城市交通的重要组成部分。目前，我国自行车保有量达4亿辆左右，居世界第一位。自行车交通的发展，大大方便了人们的出行，但同时也成为一些城市交通拥挤混乱的重要原因之一。主要表现在：

(1)拥有量剧增，交通量剧增。自行车交通量的增加，导致交通阻塞，机动车速度降低。

(2)停车场地问题突出。城市自行车的迅速增长，对停车用地提出了更高的要求，使得原本就很薄弱的基础设施更加紧张。自行车乱停乱放的现象非常普遍，导致人行道、绿化带、盲道甚至部分机动车道被占用。

(3)事故频繁。自行车交通的快速发展，与相应的管理和设施发展不相适应，导致交通事故频繁发生，在城市交通事故量中，与自行车有关的占45%以上。

导致这些问题产生的原因很多，基础设施的落后是其中原因之一。城市道路的设计也要与自行车的交通相适应。所以，研究自行车的交通特性、运行规律和通行能力，对城市规划、街道网规划和设计提供理论数据和计算方法，对城市交通管理等方面有着重要的作用。

一、自行车道的理论通行能力

(一)按“车头间距”理论进行计算

根据交通流原理，一条自行车道的理论最大通行能力可由前后车运动时的安全距离进行计算。

$$L = \frac{vt}{3.6} + \frac{v^2}{254(\varphi \pm i)} + l_{车} + l_0 \tag{5-29}$$

令

$$\beta = \frac{1}{254(\varphi \pm i)}$$

则

$$N_{理} = \frac{1\,000v}{L} = \frac{1\,000v}{\frac{vt}{3.6} + \beta v^2 + l_0 + l_{车}}$$

式中：L——最小纵向安全车头间距(m)；

v——车速(km/h)，一般在5～20km/h；

t——反应时间(s)，一般为0.5～1.0s(表5-21中，t取0.7s，则$vt/3.6 = 0.194v$)；

φ——轮胎与路面之间的黏着系数，取0.3～0.6；

i——道路的纵坡，平坦地区取0；

β——制动系数（表5-21中，φ取0.5）；

l_0——安全距离（m），取1m；

$l_车$——自行车的车身长度（m），常用1.9m。

将各参数代入上式计算，即可得出一条自行车的通行能力，见表5-21。

（二）按"车头时距"理论计算

只要测得正常条件下，连续行驶的自行车流中前后两车的最小车头时间间隔t_i值，即可用下面公式计算：

$$N_{时}=3\ 600/t_i \tag{5-30}$$

t_i为自行车连续行驶时纵向最小车头安全时距（s），据观察，最小值为1.2s，最大值为2.37s，平均为1.8s。代入上式算得为1 500～3 000辆/h，平均为2 000辆/h。这与上述车头间距原理计算数字相差较大，主要原因是实际行驶时各车辆之间未保留足够的安全间隔，同时也因前车不能说停就停，也有制动距离。

自行车一条车道的最大通行能力计算值　　表5-21

v (km/h)	$vt/3.6$	β	βv^2	$L=l_0+1.9+0.194v$		$N=1\ 000v/L$		备注
				$l_0=0.5$	$l_0=1.0$	$l_0=0.5$	$l_0=1.0$	
5	0.97	0.007 9	0.20	3.57	4.07	1 400	1 229	$\varphi=0.5$ $l_车=1.9$m $t=0.7$s $i=0$
10	1.94	0.007 9	0.79	5.13	5.63	1 949	1 776	
15	2.91	0.007 9	1.78	7.09	7.59	2 116	1 976	
20	3.88	0.007 9	3.16	9.44	9.94	2 119	2 012	
25	4.85	0.007 9	4.93	12.18	12.68	2 052	1 972	

二、设计通行能力

（一）长路段设计通行能力

计算公式为：

$$N_{长}=N_{可}\times C_1 \tag{5-31}$$

式中：$N_{长}$——长路段（一般为5km左右）每米宽度自行车道（一条车道）的设计通行能力，它不考虑交叉口或其他纵横向干扰的影响（辆/h）；

C_1——考虑到街道的性质、重要性和使用要求而规定的街道等级系数。根据规定，快速主干道、主干道为0.8，次干道和支路为0.9。

$N_{可}$——每米宽度内自行车连续行车1h的通过量[辆/(h·m)]。

$$N_{可}=\frac{N_t}{B-0.5}\times\frac{3\ 600}{t} \tag{5-32}$$

式中：B——自行车道的宽度（m）；

t——为连续车流的通过时间（s）；

N_t——t时间内通过观测断面的自行车数量。

（二）短路段设计通行能力（实际城市道路的路段通行能力）

根据对不同代表性的城市的大量观测，按有隔离和无隔离两种计算，无隔离路段的 N_t 为 0.51 辆/(s·m)，有隔离路段的 N_t 为 0.58 辆/(s·m)。

故此，无隔离的 $N_{可}=0.51\times3\,600=1\,836$ 辆/(h·m)，可取 1 800 辆/(h·m)；

有隔离的 $N_{可}=0.58\times3\,600=2\,088$ 辆/(h·m)，可取 2 000 辆/(h·m)。

考虑到城市街道的路段通行能力与交叉口间距、行人过街及红绿灯周期的关系很大，路口的通行能力往往控制了路段通行能力，故设计城市街道自行车通行能力时，应考虑路口信号灯等的影响因素。根据北京等地的观测分析，综合影响系数 C_2 平均值为 0.55，所以，交叉口路段上自行车道设计通行能力为：$N_{路段设计}=N_{可}\times C_1\times C_2$

无隔离的快速主干道、主干道路段的通行能力为：

$$N_{路段设计}=0.51\times3\,600\times0.8\times0.55=808 \text{ 辆/(h·m)，取 } 800 \text{ 辆/(h·m)}$$

次干道、支路通行能力为：

$$N_{路段设计}=0.51\times3\,600\times0.9\times0.55=908 \text{ 辆/(h·m)，取 } 900 \text{ 辆/(h·m)}$$

有隔离的快速主干道、主干道路段的通行能力为：

$$N_{路段设计}=0.58\times3\,600\times0.8\times0.55=918 \text{ 辆/(h·m)，取 } 900 \text{ 辆/(h·m)}$$

次干道、支路通行能力为：

$$N_{路段设计}=0.58\times3\,600\times0.9\times0.55=1\,037 \text{ 辆/(h·m)，取 } 1\,000 \text{ 辆/(h·m)}$$

思考题

1. 道路通行能力的定义、作用及其与交通量的差别和内在关系。
2. 通行能力分为几种，其各自定义如何？
3. 我国服务水平与美国的服务水平有何关系？

第六章　交通规划

交通规划是以土地利用规划为基础，经过调查分析，预测未来的交通需求，规划道路交通网络，并加以实施和滚动调整控制的全过程。

交通规划是交通工程的重要分支，涉及政治、经济、社会、土地利用等许多方面，是一项十分复杂、综合性很强的研究设计工作。它既是总体规划的重要组成部分，又相对独立。在综合交通规划的基础上，为区域或城市道路的投资、建设提供科学的决策依据。

第一节　交通规划的目的、内容与方法

交通规划的目的是使交通能适应社会政治、经济发展的需要；使各种运输方式相互协调、密切配合，充分发挥各自的优势；使交通设施能发挥最佳的社会及经济效益；使人和货物的出行方便、快速、舒适和经济。总之，交通规划的目的是在可能的资金、资源条件下，对交通系统的建设、布局、运营从整体上做出最好安排，以发挥交通系统的最大效益。

现代交通系统是一个复杂的大系统，交通规划是一项复杂的工作。交通规划的过程如图 6-1 所示。

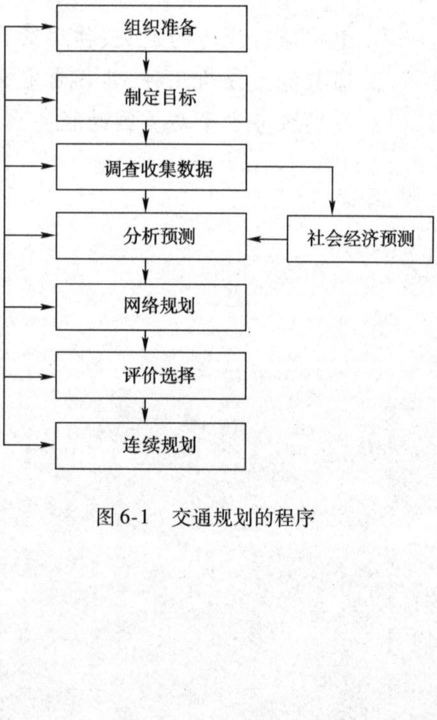

图 6-1　交通规划的程序

一、组织、机构

进行交通规划首先要做好组织工作。制定交通规划的工作计划，提出规划工作的层次、内容和任务，建立规划的组织管理机构和技术工作机构，并与政府决策部门建立正常的工作关系，与其他有关部门取得联系和协作，必要时还要吸收社会各阶层人士参加审议。

二、规划目标

为使交通规划方向明确，必须对规划提出明确的目标。交通规划的总体目标是：

(1)旅客和货物具有适当的可动性；

(2)达到环境平衡。

对于第一个总目标，可以分解成如下子目标：

(1)出行时间最短；

(2)出行费用最少；

(3)提供充分的系统容量；

(4)提供充分的系统安全性；

(5)提供充分的系统可信性。

对于第二个总目标,可以分解成如下子目标:

(1)提供区域内生产、就业、教育、生活的可达性分布;

(2)促进土地利用和运输设施按期望的方向组织;

(3)减少社会纠纷;

(4)减少空气和噪声污染。

三、调查与数据收集

交通规划的综合性要求收集各方面大量的数据。收集数据的目的是为了进行现状交通评价,提供规划区域内必要的交通特性信息,为预测分析提供基础数据。

调查的规模和深度主要取决于所做研究要达到的目标,因此,在调查之前首先要明确调查的目的和要求。

由于基础资料的调查时间长,需要大量的人力物力,因此调查的组织管理工作非常重要。

四、分析预测

调查为进行规划奠定了基础。在分析预测阶段,要对调查所取得的数据进行分析,并研究预测未来交通需求的预测技术(模型)。利用这些技术和模型对所研究区域未来年份的交通需求进行预测。

五、网络规划

根据现状分析和交通预测结果,利用系统分析方法,对未来的交通网络提出若干可行的方案。

六、评价和选择

对于所提出的不同规划方案进行技术经济评价,找出既优化又现实,且能满足未来交通需求的规划方案。

七、连续规划

规划是在分析预测的基础上进行的,而对未来的把握不可能完全准确。因此,在规划方案实施过程中,必须对交通系统进行连续的监督检验,不断地修正规划方案。交通规划过程是一个滚动的、连续的过程。

第二节　交通规划的指导思想

交通的主要功能是使城市或区域由静态转为动态,使城市或区域分散的众多子系统相互连接成为有机的整体和复杂动态的大系统。安全、迅速、方便、舒适和良好的可达性是现代化交通的重要标志。

要做好交通规划,首先要有正确的指导思想。现代交通规划的指导思想有:

(1)战略发展的观点:交通规划必须从战略发展的角度出发,使交通规划有广泛的适应性、长久的连续性,使交通规划能更好地为未来服务。

(2)系统的观点:交通是一个复杂的系统。交通规划必须要有系统的观点,从全局、整体出发进行全面的综合分析,使系统整体上合理、经济、最优,提高交通规划的综合效益和整体质量。

(3)定性分析与定量计算相结合的观点:交通规划必须采用科学的方法,利用现代化的计算手段进行模拟和分析。在对未来发展趋势充分把握的基础上,对客货运量进行科学的定量预测分析。同时,对于某些难以定量的指标进行认真的定性分析,明确其性质、发展趋势。

(4)节约土地的观点:我国土地资源匮乏,因此,交通规划要充分考虑土地的价值,尽量节约宝贵的土地资源。

第三节　交通规划的调查工作

社会经济系统、运输系统和交通活动系统是运输系统分析的基本要素。交通规划的目的与任务是建立这三者之间的定性、定量关系,使得三者之间协调与平衡发展。

在进行定量分析和预测之前,首先要进行调查研究,收集必要的基础数据。调查资料是否全面、准确、真实,直接影响交通预测与交通现状评价的准确性,进而影响交通规划的合理性。资料调查分析涉及交通的源和流,交通基础设以及与交通有关的社会、经济、自然、土地利用等许多基础资料。

一、交通区划分

在交通规划过程中,需全面了解交通源间的交通流。但交通源是大量的,因此需将交通源合并成交通区进行分析。交通区的划分是否合适将直接影响到交通调查、交通预测的工作量与精度。

交通区划分首先需确定划分交通区的区域,划分交通区的区域除包括规划区域外,还应包括与规划区域有密切联系的其他区域,以及有较大过境交通经过的其他区域。交通区划分的多少、大小,应视交通的复杂程度和研究目的而定。一般来说,城市交通规划的交通区划分较小,区域交通规划的交通区划分较大;规划区域内的交通区划分较小,规划区域外的交通区划分较大;交通矛盾突出的地方,交通区划分较小,反之则较大。

由于各种基础资料,如经济、人口等,一般按行政区划进行统计、规划,因此,为了资料收集的便利,交通区划分一般不打破行政区划。同时,为了交通分析与预测的方便,交通区的用地性质应尽量一致。

二、社会经济调查

1. 调查的目的和意义

交通直接为社会经济服务,社会经济状况对交通有直接影响。社会经济调查是根据交通规划的需要,对所研究区域内的历史与现状的社会经济状况作全面的了解,收集各方面的基础资料。其任务按性质可分为综合社会经济调查和对某一固定的道路及大型构造物的个别社会经济调查。

综合社会经济调查是对全国的(或某一地区、某一城市的)主要客、货运形成点的直接详细调查,取得对全国的,或某一地区、某一城市的交通规划所需的基础资料。个别社会经济调查则是指对拟新建或改建的某一交通线路(航线、铁路或公路)或构造物的社会经济调查,其目的在于确定客货运量的大小,决定路线的方向、技术等级和标准,确定施工程序以及论证投资效果等。

2. 调查的内容

综合社会经济调查的内容主要包括:

(1)行政区划、分区规划、隶属关系、影响区域等;

(2)人口(总数、分布、构成、增长等);

(3)土地利用(土地利用特征、建筑构成、开发程度、客货运量发生等);

(4)国民经济发展(国内生产总值、工农业总产值、生产和基建投资等);

(5)产业(产业结构、布局、资源、运量等);

(6)客货运量(运输量、运输周转量、各种运输方式所占的比重等);

(7)资金来源(国家投资、银行贷款、社会集资等);

(8)社会价值(时间价值、劳动力价值、美学景观价值、人文历史价值等)。

3. 社会经济调查的步骤

社会经济调查的步骤通常分为三个阶段:准备阶段、收集阶段、整理汇总阶段。

(1)准备阶段:收集调查区域内的地形、地物图册和各种社会经济统计资料。拟定调查提纲、表格,制定工作计划。

(2)收集阶段:按工作计划和调查提纲进行实地采访调查、登记工作。

(3)整理汇总阶段:将调查得到的数据资料进行整理,推算规划年限所需的各种数据及有关指标,如人口数、国民经济发展指数、客货运量、交通设施和交通工具的需求量等。

三、交通设施和服务能力调查

交通设施和服务能力调查的目的为:弄清区域内交通系统的供应状况,即系统的容量和服务水平。就道路交通而言,要收集下列基础数据。

(1)道路网总体状况统计数据(总长度、总面积、密度、面积率、各级道路比重、道路质量等),如表6-1所示。

道路网总体状况统计表　　表6-1

分类 \ 项目		道路长度		道路面积(km^2)		路网密度(km/km^2)	道路面积率(%)
		里程(km)	比重(%)	总量(km^2)	高级路面比重(%)		
公路	合计						
	高速公路						
	一级公路						
	二级公路						
	三级公路						
	其他公路						
城市道路	合计						
	快速干道						
	主干道						
	次干道						
	支路						

(2)路段状况统计(等级、长度,车道划分、分隔设施、路面质量,侧向、竖向净空等),如表6-2 所示。

(3)交叉口设施状况统计(几何形状、控制方式、分隔渠化措施等),如表6-3 所示。

(4)公交线网设施状况统计(路线长度、经过区域、设站情况、车辆情况、服务人员等),如表6-4 所示。

(5)交通管制设施状况(交通标志、信号、标线、公安交警等)。

路段设施调查表 表6-2

<table>
<tr><td colspan="2">编号</td><td colspan="4"></td><td colspan="3">名称</td><td colspan="3"></td></tr>
<tr><td rowspan="2">类别</td><td>公路</td><td colspan="4">A 高速;B 一级;C 二级;D 三级;E 其他</td><td rowspan="2">所在区域</td><td colspan="2">公路</td><td colspan="3">1. 城市;2. 县城;3. 乡镇;4. 村庄</td></tr>
<tr><td>城市道路</td><td colspan="4">A 快速干道;B 主干道;C 次干道;D 支路;E 其他</td><td colspan="2">城市道路</td><td colspan="3">1. 商业区;2. 工业区;3. 生活区;4. 混合区</td></tr>
<tr><td colspan="2">起 点</td><td colspan="2"></td><td colspan="2">终 点</td><td colspan="2"></td><td colspan="2">总 长</td><td colspan="2"></td></tr>
<tr><td colspan="2">最大纵坡(%)</td><td colspan="4"></td><td colspan="3">平均纵坡(%)</td><td colspan="3"></td></tr>
<tr><td colspan="2">平曲线(m)</td><td colspan="4"></td><td colspan="3">最小平曲线半径(m)</td><td colspan="3"></td></tr>
<tr><td colspan="12">横断面布置图</td></tr>
<tr><td colspan="12">注明:1. 红线宽度;2. 路基宽度;3. 路面宽度;4. 车行道宽度;5. 车道宽度;6. 非机动车道宽度;7. 人行道宽度;8. 隔离形式;9. 隔离带宽度</td></tr>
<tr><td colspan="12">纵断面布置图</td></tr>
<tr><td colspan="12">注明:1. 道口区间长度;2. 交叉路性质(等级、路基路面宽度等);3. 交叉口控制形式;4. 交通管制;5. 堆场作业情况;6. 沿途土地利用情况</td></tr>
<tr><td rowspan="2">备注</td><td colspan="3">车行道最小宽度(m)</td><td colspan="3"></td><td colspan="3">竖向净空(m)</td><td colspan="2"></td></tr>
<tr><td colspan="3">侧向净空(m)</td><td colspan="3"></td><td colspan="3">其他干扰情况</td><td colspan="2"></td></tr>
</table>

交叉口设施状况调查表 表6-3

编号		名称		
交叉道口数		所在区域	1. 商业区;2. 工业区;3. 生活区;4. 混合区	
交叉方式	1. 信号控制;2. 环形交叉;3. 立体交叉;4. 无控平面交叉			
交叉口布置图				
注明:1. 各进口道宽度;2. 各进口道车行道宽;3. 车道划分;4. 车道分配;5. 分隔渠化设施				
信号交叉口	信号周期长(s)		相位分配	
	相位长		车道分配	
环形交叉口	中心岛半径(m)		转弯车道划分	
	转弯车道宽(m)		有无分隔设施	
立体交叉口	匝道控制方式		有无附加车道	
	匝道转弯半径(m)		纵坡(%)	
备注	行人干扰情况		道路标志	
	有无优先权		50m 内有无公交站台	

公交线网设施统计表 表6-4

编号	起讫点	经过区域	线路长度(m)	站台数(个)	平均站台间距(m)	营运车辆数(辆)	平均座位数(个)	司乘人员数
合计								

四、交通实况调查

交通系统的服务对象是旅客和货物及运送客货流的车辆。进行交通规划,需要弄清这些客流、货流、车辆的出行规律以及它们在交通网上的分布情况。交通实况调查通常包括:起讫点调查、货物源流调查、公交运营调查、对外交通调查和路网交通流调查等内容。

1. 起讫点调查

(1)概念

起讫点调查,又称 OD 调查,是两个英文单词 Origin(起点)和 Destination(终点)的缩写。其目的是为了弄清所研究区域内人和货的交通特性以及交通源流的发生规律,主要包括居民出行调查、流动人口出行调查、机动车出行调查等。这些调查的内容和方法基本类似,统称起讫点(OD)调查。起讫点(OD)调查在交通规划中占有极为重要的地位。

(2)术语

起点:一次出行的出发地点,即 O 点。

讫点:一次出行的结束地点,即 D 点。

出行:居民或车辆为了某种目的从一地向另一地的移动过程。完成一个目的算一次出行。例如:某车辆送货去某单位,送完货又去商店购买东西,然后回单位,就完成了交货、购物、回程三次出行。

区内出行:起讫点都在同一交通区的出行。

区间出行:起讫点分别位于不同交通区的出行。

交通区重心:代表同一交通区内所有出行端点的某一集中点,是交通区交通源的中心,不一定是交通区的几何中心。

境界线:包围全部调查区域的假想线,境界线上出入口应尽量少,以减少调查工作量。

期望线:连接各小区形心的直线,代表了小区间所发生的出行,其宽度通常按小区间出行数比例大小而定,如图 6-2 所示。

核查线:为检查 OD 调查数据精度在调查区域内设置的分隔线。一般借用天然的或人工的障碍(河流、铁道等)。可设一条或多条核查线,将调查区分隔成几个部分,用以观测穿越该线各道口的交通量,如图 6-3 所示。

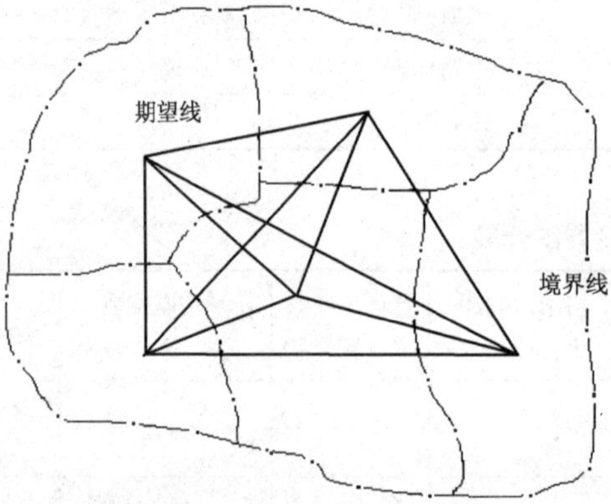

图 6-2 路线期望图

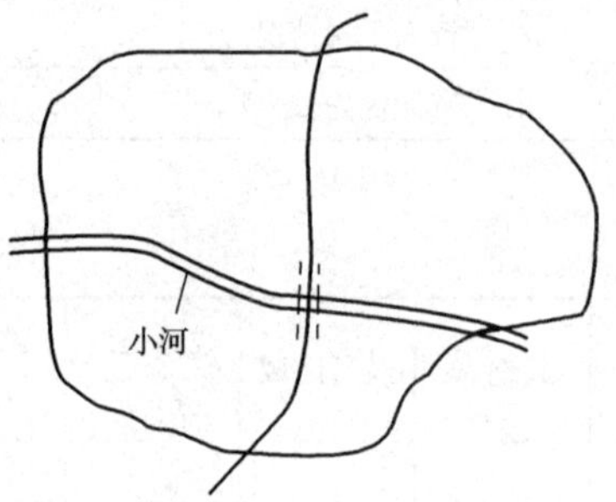

图 6-3 核查线图

OD 表:根据 OD 调查数据整理而得的表示各小区间出行量的表格,如表 6-5 所示。

OD 出 行 量 表 表 6-5

D(终点) O(起点)	1	2	3	…	合计
1	t_{11}	t_{12}	t_{13}	…	G_1
2	t_{21}	t_{22}	t_{23}	…	G_2
3	t_{31}	t_{32}	t_{33}	…	G_3
…	…	…	…	…	…
合计	A_1	A_2	A_3	…	

表中:t_{ij}——第 i 区到第 j 区的出行量;

G_i——第 i 区的出行发生量,$G_i = \sum_j t_{ij}$;

A_j——第 j 区的出行吸引量,$A_j = \sum_i t_{ij}$。

(3)OD 调查方法

OD 调查根据调查内容、要求不同采用不同的方法,这里介绍几种最常用的方法。

①家访调查

对居住在调查区内的居民,进行抽样家访,由调查员当面了解该户中包括学龄儿童在内所有成员 1 天的出行情况。

家访调查的优点是可以直接得到居民家庭中所有成员一日内详细出行情况,数据可靠,而且还可同时得到出行者的许多社会经济特征资料,缺点是成本高、费时多、工作量大。

②发(收)表调查

一般用于机动车出行调查。将调查表由公安交警发至驾驶员手中,逐项填写。表内所用名词术语应尽量选用驾驶员所熟悉的术语。选词明确,不生二义。最好不加注释说明,必须注释时宜用括号加在项目旁。

③路边询问调查

在主要道路或城市出入口处设调查站,让车辆停下,询问该车的起讫点以及其他出行情况。此方法特别适用于公路货运项目的调查,一般需要警察的协助。

④公交月票调查

对购月票的公交乘客发表调查,了解月票使用者的出行情况。此法方便、简单,但调查对象的代表性较差,调查结果有片面性。

⑤明信片调查法

将印有调查项目的明信片寄或发给居民,调查项目宜少而精,一般为 5 ~ 7 个题目,用免费寄回的方法增加回收率。此法适用于对居民出行的某一方面进行重点调查,或作为补充调查。

⑥电话询问法

与家访法类似,在电话普及的国家已能取代家访调查。被调查者可随机选取。电话询问前 2 ~ 3 天,先发函告知调查项目。询问一般在晚上进行。此方法成本低、取样多,但结果可能有倾向性。

此外,还有车辆牌照调查、工作出行调查以及运输集散点调查等方法。

(4)OD 调查的步骤

①组织调查机构

OD 调查涉及面广、工作量很大,需要许多单位和部门相互协作、共同完成。因此,需要设立专门机构,统一指挥,协调工作。

②调查准备

根据调查内容和要求设计印刷调查表格。表格设计既要满足调查的要求,又要简明扼要,使被调查者容易填写或回答。同时,结构要合理,以便于将来的统计分析工作,减少工作量。

③人员训练

调查完成的质量很大程度上取决于调查人员。因此,从人员挑选开始,就要严格要求,挑选一些具有高度责任感、具有一定文化水平、熟悉情况的人员作为调查人员。训练过程中,要模拟实地调查时可能出现的各种情况,以使调查人员尽快熟悉调查过程,迅速进入调查状态。

④制订计划

调查的实施计划应从实际出发,安排既要紧凑,又要留有一定的余地。

⑤典型试验

在调查工作全面开展前,先做小范围的典型试验,从而暴露一些问题,取得经验和教训,避免在实地调查时发生。进一步完善计划和调查方法，确保达到预期的效果。典型试验应结合培训调查人员一起进行。

⑥实地调查

实地调查过程中，必须严格把关，及时抽查检验，以便随时发现问题，保证调查的精度。

2. 货物源流调查

(1)调查目的

货物源流调查的目的是为分析预测货物发生（即各交通区的货物运入、运出量）、分布（即各交通区之间及各交通区与外地之间的货物来往量）提供必要的基础数据。

(2)调查内容

①各单位的货物运入、运出量。

②调查日各交通区之间及各交通区与外地之间的货物来往量。

③各单位历年的一些基础数据。

(3)调查方法

①发表调查

可由主管单位（部门）按分系统（行业）发调查表到各所属单位及其分支机构，由单位负责填写，并收回。

②采访调查

由调查员深入各单位进行统计调查。

3. 公交运营调查

(1)调查目的

①确定公交线网上乘客分布规律，为公交线网优化提供依据。

②确定各公交线路的乘客平均乘距及乘客平均乘行时间。

③确定公交车辆的满载率、车载量，用于建立居民出行量与车流量之间的函数关系。

(2)调查内容

①公交线路断面流量调查。

②调查日公交线路总的运行情况调查。

(3)调查方法

公交线路断面流量调查，如表6-6所示。

调查日公交线路总运行情况调查表，如表6-7所示。

公交线路断面流量调查表　　表6-6

行驶方向			发车时间			到达时间		
停靠站	1	2	3	4	5	6	7	8
上客数								
下客数								
站台余留								
车内人数								
发车时间								
受阻记录								

公交线路总运行情况调查表 表 6-7

线路总配车数		运行车辆数			运行车辆行驶次数		
运行车辆编号							
单程行驶次数							
运行车辆编号							
单程行驶次数							

①站点调查法

在每条公交线路的各停靠站设 3 ~ 4 名观测员，记录各公交车辆在各停靠站的上客数及下客数。

②随车调查法

观测员在车内随车观测，在每个调查车辆内设 2 ~ 3 名观测员，调查该车在各停靠站的上下客人数、车内人数、站台余留人数及开车时间。

4. 对外交通调查

在城市交通规划中，为了解城市对外的客货运流量、流向特性和需求，进行对外交通规划，需要进行对外交通调查。城市对外交通调查包括城市出入口道路网交通调查和城市对外枢纽交通调查。城市出入口道路网交通调查的内容包括各出入口道路各路段交通量、车速、延误，各交叉口的交通量、延误，出入口道路上的各停车场的停车等调查。城市对外枢纽交通调查的内容包括各港、站、码头等对外交通枢纽的布局，容量以及交通集散广场和与市内交通的连接等内容。

第四节　交通系统现状分析评价

交通系统现状分析评价是根据交通调查资料，分析评价交通系统的现状，找出其存在的问题和症结。由于交通系统现状是规划交通系统的基础，因此，对交通系统现状进行分析评价是交通规划的重要内容。

一、城市交通系统现状分析评价

1. 城市交通方式结构分析

城市各种交通方式，如公共汽车、小汽车、自行车等都有其各自特点和适用范围，城市交通方式结构既和出行者个体的属性（如生活水平、受教育程度等）有关，同时，又受各种交通方式服务水平的影响。

根据调查资料，统计出各交通区间的各种交通方式出行的比重，以及城市各种交通方式承担的运量比重，对交通方式结构是否合理进行分析。

2. 城市道路网分析评价

城市道路网分析评价包括如下内容和指标。

（1）非直线系数

非直线系数是指道路起终点间的实际距离与其两点间的空间直线距离的比值，是衡量路线便捷程度的重要指标。

（2）干道网密度

干道网密度是指干道总长度与城市用地面积之比。干道网密度越大，交通联系越便捷。

(3)道路面积率

道路面积率为城市道路用地总面积与城市用地面积之比。城市道路用地总面积包括交通广场面积、停车场面积及其他道路交通设施用地面积。

(4)延误

延误反映道路或交叉口的拥挤、阻塞状况,通过对路段和交叉口的延误状况进行分析评价,可找出交通拥挤、阻塞严重的路段和交叉口。

(5)饱和度(V/C)

饱和度为路段或交叉口的交通量与通行能力之比,它反映了道路和交叉口的车辆运行状况。利用路段或交叉口的饱和度,可对各路段或交叉口的运行状况进行具体评价,找出交通矛盾突出的路段和交叉口。

(6)平均车速

平均车速为城市各交通区间的机动车出行的平均速度。平均车速能反映机动车交通的通畅程度。

(7)道路网布局

道路网布局受多种因素影响,但道路网总体布局(特别是干道网布局)应和道路交通(特别是机动车交通)分布大体一致,道路网整体效益才会最佳。根据OD调查资料,通过分析道路网布局与道路交通OD分布是否一致,可以分析出道路网布局是否合理。

(8)道路交通辅助设施状况

道路交通辅助设施状况不仅会影响到停车、加油等方便程度,还会影响到道路交通的畅通。根据道路交通调查资料,可对道路交通辅助设施的数量、布局等与道路交通的适应程度进行分析评价。

(9)道路交通事故

统计道路交通事故的发生率,对事故多发点、重大事故发生点进行分析研究,找出事故原因,如果是道路本身的原因,规划时应注意避免。

二、区域交通系统现状分析评价

1. 区域运输方式结构分析

区域各种运输方式,如公路、铁路、航空、水运、管道等都有其特点和适用范围,区域运输方式结构与各种运输方式的设施状况、服务水平有直接关系,因此,分析区域运输方式的结构现状,对区域交通规划有重大意义。

根据区域交通调查资料,统计出各种交通运输方式的运输状况及其承担的运量比重,据此对交通运输方式结构是否合理进行分析。

2. 区域公路网分析评价

区域公路路网分析评价包括如下内容和指标。

(1)公路网密度

公路网密度是以区域面积为基数的密度。实质上是指公路网的平面覆盖率。区域公路网一般分为国道网、省道网和县乡公路网三级。一般来说,路网密度越大,公路运输越发达。但路网密度越大,意味着通车里程越长,需要的建设资金也就越多,因此,路网密度也不是越大越好。

(2)延误

利用区域公路网各道路和交叉口的延误指标,找出区域公路网中交通拥挤、阻塞严重的道路和交叉口。

(3)饱和度(V/C)

根据区域公路网中各道路或交叉口的饱和度,可对各路段或交叉口的运行状况进行具体评价,找出交通矛盾突出的路段和交叉口。根据区域公路网的平均饱和度可对区域公路网的车辆平均运行状况进行评价。

(4)平均车速

平均车速为区域内各集散点间的机动车出行的平均速度。它可以根据交通调查统计结果分车种进行计算。

(5)公路网布局

公路网布局应和区域公路交通的流量流向一致;下级区域公路网应和上级区域公路网协调一致。同时,公路网布局还要和相邻的区域公路网有良好的衔接。

根据 OD 调查资料,可以从分析公路网布局与交通 OD 分布是否一致、与上级区域公路网是否协调、与相邻的区域公路网是否有良好的连接三个方面对公路网布局的合理性进行分析。

(6)公路交通辅助设施状况

根据区域公路交通调查资料,对区域公路交通辅助设施(如停车场、加油站、服务区等)的数量、布局与区域公路交通的适应程度进行分析评价。

第五节　交 通 预 测

交通预测是根据对历史的和现状的社会经济、交通供应及交通特征资料的分析研究,建立各种预测模型,并运用这些模型推算未来的交通需求,并预测规划区域未来交通网络的交通状况,为交通系统的规划、评价提供依据。交通预测通常分四个阶段进行:交通生成、交通分布、交通方式划分和交通分配。交通预测的方法和模型很多,本书只介绍预测的基本原理和一些最常用的方法或模型。

一、交通生成预测

交通生成预测是通过建立分区产生的交通量与分区土地利用、社会经济特征等变量之间的定量关系,推算规划特征年各交通分区所产生的交通量。交通量一般要分为发生交通量和吸引交通量。交通生成预测的方法包括生成率法、类别生成率法和回归分析法等。

1. 生成率法

从交通调查资料中,得出单位用地面积(单位人口或单位经济指标等)交通产生、吸引量,假定其是稳定的,则根据规划期限各交通区的用地面积(人口总量或经济指标等)进行交通生成预测。

例如:某交通区规划预测有 10 000 居民,根据现状居民出行调查资料统计结果,人均出行产生次数为 2.4 次/d,则用生成率法,规划期交通产生量为:$10\ 000 \times 2.4 = 24\ 000$ 人次/d。

2. 类别生成率法

类别生成率法是考虑对交通产生或吸引影响较大的某些因素,如人口、用地面积、用地性质等,由这些因素组合成不同生成率类别,根据现状调查资料,统计不同类别单位指标的交通产生、吸引量,进而进行交通生成预测。

3. 回归分析法

回归分析法是根据调查资料，建立交通产生或吸引与其重要因素间的回归方程，利用所建立的回归方程，通过对主要影响因素的预测，进而预测交通产生量或吸引量。

回归分析是一种统计学方法，它根据对因变量与一个或多个自变量的统计分析，建立因变量和自变量之间的数学关系。常用的回归模型有线性回归模型、指数回归模型、幂函数回归模型、增长曲线回归模型等（详见文献7）；其中，最常用的是线性回归模型，其他函数模型多数可以化为线性回归求解。

最简单的情况是一元线性回归分析模型，一般形式为：

$$Y=\alpha+\beta\cdot X \tag{6-1}$$

式中：Y——因变量；

X——自变量；

α、β——回归系数。

如果用上述方程预测小区的交通生成，则以下标 i 标记所有变量；如果用它研究分区的交通吸引，则以下标 j 标记所有变量。

模型标定采用（数学上的）最小二乘法。根据最小二乘法原理，方程中的回归系数 α、β 分别为：

$$\beta=(n\sum XY-\sum X\sum Y)/[n\sum X^2-(\sum X)^2]$$

$$\alpha=(\sum Y)/n-\beta(\sum X)/n$$

式中：n——分区数；

Y——因变量 Y 的观测值；

X——自变量 X 的观测值。

最后得出的回归方程为：

$$Y'=\alpha+\beta\cdot X' \tag{6-2}$$

式中：X'——规划年的自变量值；

Y'——规划年分区交通生成（或吸引）预测值。

例 6-1 某城市经过调查分析，认为各分区产生的出行主要与该分区拥有的小汽车数有关，统计数据如表 6-8 所示。

表 6-8

分区号	1	2	3	4	5	6	7	8
汽车保有量	200	50	500	100	100	400	300	400
出行生成量	500	300	1 300	200	400	1 200	900	1 000

试用回归分析法建立分区出行生成与汽车保有量之间的定量关系。

解：设分区出行生成 Y 与分区汽车保有量 X 之间的关系为

$$Y=\alpha+\beta\cdot X$$

根据最小二乘法

$$\beta=(n\sum XY-\sum X\sum Y)/[n\sum X^2-(\sum X)^2]=2.478$$

$$\alpha=(\sum Y)/n-\beta(\sum X)/n=89.857$$

则回归方程为

$$Y=89.857+2.478X$$

利用回归方程，将规划年的自变量值代入回归方程，就可得到规划年分区的出行生成量。

实际上，交通发生与多种因素有关，如职业、收入、年龄等，因此一般采用多元线性回归分析模型。公式为：

$$Y=\alpha_0+\alpha_1X_1+\alpha_2X_2+\cdots+\alpha_mX_m \tag{6-3}$$

式中：　　Y——分区出行生成或吸引量；

$X_1,X_2,\cdots,X_m$——自变量；

$\alpha_0,\alpha_1,\cdots,\alpha_m$——回归系数；

m——自变量个数。

多元回归分析的原理与一元回归分析相类似。例如:进行居民出行发生预测时,首先考虑居民的性别、年龄、职业、生活水平、所在区域和工休情况等因素,经分析研究,最后确定几个主要因素作为分析变量。

二、交通分布预测

交通分布是指交通区间的交通流。现状的交通分布可从OD表中体现出来。交通分布预测的目的是根据现状OD分布量和各区因经济增长、土地开发而形成的交通量的增长,来推算未来各交通区之间的交通分布。交通分布预测方法有很多,大体上分为两类:一类是增长系数法,包括均衡增长率法、平均增长率法、底特律法、福雷特法等;另一类为重力模型法,包括无约束重力模型、乌尔希斯模型、美国公路局模型等。另外还有线性回归法、介入机会法等多种方法。下面简要介绍几种常用的模型。

1. 增长系数法

(1)平均增长率法

设交通区i,j间的未来分布量为T_{ij},现状分布量为t_{ij},i区的发生增长率为a_i,j区吸引增长率为b_j,平均增长率法假定未来交通分布量按a_i、b_j的平均值增长。即:

$$T_{ij}=t_{ij}\cdot(a_i+b_j)/2 \tag{6-4}$$

(2)底特律法

设i区的发生增长率为a_i,j区的吸引增长率为b_j,F为全规划区的交通生成总量的增长率,则底特律法的计算公式为:

$$T_{ij}=t_{ij}\cdot(a_i\cdot b_j)/F \tag{6-5}$$

(3)福雷特法

福雷特法认为,两交通区间未来的交通分布不仅与两交通区间交通生成增长系数有关,而且还与整个规划区域的各交通区的交通生成增长系数有关。福雷特法的计算公式为:

$$T_{ij}=\frac{t_{ij}\cdot a_i\cdot b_j}{2}\left(\frac{\sum_j t_{ij}}{\sum_j(t_{ij}\cdot b_j)}+\frac{\sum_i t_{ij}}{\sum_i(t_{ij}\cdot a_i)}\right) \tag{6-6}$$

应用上述增长率法,一般需要进行迭代计算。

例6-2　试用平均增长率法求未来年的交通分布,已知条件见表6-9。

各小区的现状分布和未来产生吸引量　　表6-9

起点 \ 讫点	1	2	3	总计	未来产生
1	4	2	2	8	20
2	3	5	4	12	20
3	2	3	3	8	25
总计	9	10	9	28	65
未来吸引	25	18	22	65	

解:根据式(6-4),计算第一次迭代后的分布矩阵。

例如 $T_{12}=t_{12}\cdot(a_1+b_2)/2=2\times(20/8+18/10)/2=4.300$。计算结果见表6-10。

平均增长率法第一次迭代结果　　表6-10

起点＼讫点	1	2	3	总计	a
1	10.556	4.300	4.944	19.8	1.01
2	6.667	8.667	8.222	23.556	0.85
3	5.903	7.387	8.354	21.644	1.16
总计	23.125	20.354	21.521	65	
b	1.08	0.88	1.02		

在此基础上,计算新的 a 与 b,计算结果也列于表6-10。从表6-10可以看出,a 与 b 没有满足在[0.99,1.01]区间,因此需要进一步迭代。将表6-10的结果进行迭代计算,直到第五次才得到满足条件的OD表,最终结果见表6-11。由于计算工作量大,一般采用Excel或Math-CAD等软件计算。

平均增长率法最终迭代结果　　表6-11

起点＼讫点	1	2	3	总计	a
1	11.296	3.82	4.994	20.110	0.99
2	6.244	6.667	7.246	20.158	0.99
3	7.299	7.656	9.777	24.732	1.01
总计	24.839	18.144	22.017	65	
b	1.01	0.99	1.00		

2. 重力模型法

重力模型法认为交通区之间的交通分布受到交通区间的距离、运行时间、费用等交通阻抗的影响。该模型认为交通区之间的出行分布同各区对出行的吸引成正比,而同区之间的交通阻抗成反比,与万有引力公式相类似,故称重力模型。

重力模型常用形式为:

$$T_{ij}=KG_iA_jf(R_{ij}) \tag{6-7}$$

式中:$f(R_{ij})$——i 区与 j 区之间存在的阻抗函数,由运行费用、时间和距离等表达。

K——常数,一般采用 $\frac{1}{\sum_j A_jf(R_{ij})}$。

当 $f(R_{ij})=1/t_{ij}^{-n}$,则公式有如下形式:

$$T_{ij}=G_iA_jt_{ij}^{-n}/\sum_j A_jt_{ij}^{-n} \tag{6-8}$$

式中,t_{ij} 为 i、j 两区之间的行程时间,n 为常数,是利用现状OD根据最小二乘法来标定的回归参数。

三、交通方式划分预测

交通方式划分预测就是预测各种交通方式承担的交通量。由于影响出行者选择的因素有很多,如可靠性、舒适性和安全性、方便性,出行者的社会经济特征、出行类型等;因此可以从不同角度考虑交通方式选择问题，建立各种各样的交通方式划分模型。

根据各模型在预测过程中的阶段不同可以分为四类：

(1)方式划分与出行生成同时进行预测；

(2)方式划分在出行生成和出行分布之间进行预测；

(3)方式划分与出行分布同时预测；

(4)方式划分在出行分布与交通分配之间进行预测。

一般最常用的是第四类模型。

交通规划建立的交通方式划分模型时需考虑的因素有：地理环境，交通系统服务水平，出行目的，出行距离，公交车辆实载情况等因素。

四、交通分配预测

交通分配预测就是将预测的各交通区间、各种交通方式的交通量分配到具体的道路网上去，进而得到路段交通量。

交通分配需考虑以下几个因素：

(1)交通方式，即出行者所采取的交通形式。

(2)行程时间，即在某起讫点之间采用某一交通方式所需时间，它直接影响着出行分布、交通方式的选择和交通分配。

(3)路段上的速度与流量之间的变化关系。

分配交通量的目的是在规划路网图上究竟沿哪些线路运行，根据图上的交通量来鉴定规划路网是否适当。

交通分配方法常用的有全有全无分配法(最短路径法)，容量限制分配法，多路概率分配法等。

(1)全有全无分配法(最短路径法)

该法是取路权(通常为行程时间)为基准。假定车辆的行驶速度不受路段、交叉口交通负荷的影响，将两交通区间的交通量分配到连接两交通区之间的路权最小的线路上。其他道路不分担交通量，当所有的起讫点交通量在路网上都通过了最短通路分配，就完成了全有全无分配。最后，累计得出各路段和交叉口的总交通量。

全有全无分配法的关键为寻找网络最短路径。寻找网络最短路径方法有多种，包括动态规划法，矩阵迭代法，线性规划法等。

(2)容量限制分配法

全有全无分配法通常会产生这样的结果，具有最少费用的道路吸引了大量的出行交通量，而不具有最少费用的道路则只有少数的出行交通量。但实际上这种情况不大可能。因为原来最小费用的道路，当大量出行集中于该路时，就会发生行车速度慢，超车困难，而变成不是最小费用路段。

运行费用和交通流量之间存在着某种平衡关系。容量限制分配法，就是考虑了车速与流量之间的关系来解决交通分配问题。

容量限制分配法的主要步骤如下：

①建立分配路网，以“零流量”路段行程时间开始；

②依次对 OD 点对计算通过路网的最短行程时间的通路；

③按全有全无分配模型，将 OD 点对的交通量加到路网上；

④计算分配到每条路段上的交通量；

⑤用流量—行程时间模型,重新计算路段行程时间；

⑥用修正的路网行程时间,按全有全无分配模型将下一 OD 点对的交通量分配到路网上；

⑦返回到步骤④,并继续进行分配,直到分配完毕为止。

(3)多路径概率分配法

一般来说,各交通区之间有许多条线路相通,实际上出行者将分布于这些路线上。因为出行者不可能精确地判断哪条道路最合适,不同出行者可能会有不同的选择。多路径概率分配法就是考虑这种实际情况,将 OD 交通量以一定的概率关系分配到各路段上。

多路径概率分配法根据实际路线费用函数得出道路的运行费用,并假定出行者不知道所使用路线的实际费用。该法给定一个偏差值,调整出行者对这种道路运行费用判断的不精确性,尽可能将所有的出行合理地分配到路网上。

第六节　交通规划与路网规划

道路交通规划的实质是路网规划。制订科学的、合理的、可行的路网规划方案要比单纯的交通分析和预测复杂得多。

一、路网规划的目的和原则

为了使土地利用产生的运输需求与交通网络相协调和平衡,路网规划通过系统分析对未来交通网络提出多种可能的方案。

研究多种不同运输网络结构的目的是:为交通预测建模提供输入网络;为寻求能更好地满足交通规划目标的道路网方案提出可供比较选择的范围。

研究制订路网规划方案以及相应的交通对策,需要考虑的因素很多,一般须遵循如下原则。

(1)要有明确的目标和必要的前提

在交通规划和路网规划开始时,要对区域内的土地利用性质、社会经济特征、国民经济发展计划、区域或城市总体规划有很好的理解和掌握。在此基础上,提出区域内交通规划明确的战略目标。

(2)要有全局观点和发展眼光

现代交通是一个复杂的系统工程,必须从全局和整体出发,将区域内外的交通运输以及各种交通方式视为一个相互联系的有机整体,进行全面的综合分析,以整体化、系统化的观点进行宏观控制和规划,达到系统最佳的综合效益。

(3)要有工程经济观点

在制订路网规划和交通对策时,在不影响交通规划战略目标的前提下,应认真考虑如何充分利用现有基础设施,因地制宜,做到少花钱,多办事。

(4)要有群众观点

交通问题是涉及各行各业和千家万户的社会问题。在交通规划的全过程中,都离不开各方面的支持和协助,同时,所制订的交通规划方案及对策也应接受社会各方的审议和批评。

二、制订路网规划方案的程序

制订可行路网规划方案的过程一般步骤如下。

(1)输入数据

路网规划的系统分析需要输入如下基本资料:

①规划区域内的人口、土地利用和社会经济现状及预测资料;

②交通预测资料;

③初始化道路网络,一般借用区域或城市的现状道路网络。

(2)方案准备

根据对区域内的土地利用、社会经济、交通需求预测,现状路网交通质量的评价,提出规划年区域内道路网改建、新建、调整、补充等一系列方案。

(3)交通分配

把规划年的交通量分配到不同的规划方案的路网上。

(4)交通质量评价

根据规划路网交通供应特性和分配交通量进行分析、比较与评估,得出规划方案在规划年可能的交通负荷和服务水平,并同规划目标比较,判断规划方案是否可行。

(5)可行方案的效益分析和综合评价,以确定最佳规划方案。

三、路网规划的基本内容

在具体规划时,由于公路和城市道路的性质与功能不同、所处的环境不同、人口和工农业的集中程度不同,所以公路和城市道路的规划也各不相同。

1. 城市道路交通规划简介

城市交通与城市道路网的规划,是城市规划的最基本的内容之一。在进行城市的总体规划时,必须充分考虑城市的交通运输,提出经济、合理的交通运输方案,确定城市主要干道的走向、等级及建筑红线宽度。城市道路网规划是城市的详规的主要组成部分。

根据国内外城市交通规划的经验,城市交通规划一般可分三个层次进行,即远景战略规划、中长期综合交通规划和近期交通治理计划。

远景交通战略规划,即战略意义上的城市交通规划。主要完成以下一些任务:

①使交通需求远期增长对现有城市结构的不利影响减至最少;

②使将来城市开发对自然环境的不利影响减至最少;

③通过合理平衡居住与就业机会控制上下班的行程距离和时间;

④确定经济上可行,与环境相协调并能为公众所接受的交通结构。

战略规划的年限一般为 20 ~ 30 年。为了达到规划目标,必须在较大区域内考察研究城市交通问题。

中长期综合交通规划。它要在战略规划的指导下进行,主要任务是:

①详细预测未来 10 ~ 15 年内城市交通需求;

②提出一系列布局合理、结构优化的交通网络规划方案;

③提出交通系统网络调整、新建、改建的优先次序和分期建设计划;

④从根本上解决城市交通问题,控制和消除交通拥挤、交通事故、交通污染,保证城市功能高效率、高质量地运转。

近期治理计划。它的主要任务是:

①对城市交通系统现状进行分析和评估,包括容量、负荷、效率、影响等;

②对综合交通规划方案提出3~5年内和明年的近期治理及建设安排;

③针对现状交通系统存在的问题,以远景战略规划和综合交通规划为指导,提出能充分挖掘现有设施潜力,见效最快的交通工程措施或建议:包括交通管理措施,货车通行限制,停车管制,公交调度,行人交通安排,设置单行线或专用线,交叉口渠化、控制等。

2. 公路网规划简介

公路网规划一般可分为全国公路网规划和地区公路网规划。两者的关系是全局与局部的关系。全国规划指导地区规划,地区规划补充全国规划。

地区交通规划是地区建设发展规划的基本内容之一,地区公路网规划是地区交通建设规划的重要组成部分。

地区公路网规划的基本内容有:

①客、货运资料的搜集与分析;

②现有公路的调查分析;

③公路与土地利用的分析;

④调查沿路土地利用的运量变化及分析;

⑤未来交通量的预测;

⑥主要交叉口(平面和立体交叉口)类型选择与分析;

⑦出入车道控制及交通用地分析;

⑧路线服务设施的发展规划;

⑨高速公路规划;

⑩公路的环境影响等。

第七节　交通规划的评估

合理经济的交通规划方案可以有效地提高交通效率、减少交通事故、降低环境污染,同时促进社会经济发展;反之,就可能致使运输效率降低、交通拥挤、事故增多、环境恶化等后果。因此,在确定实施方案之前,须对可行方案进行评价和比选。

交通规划是一项多目标规划活动,不但要考虑到交通系统内部的各种要素,而且要与国家、区域或城市的社会经济、自然生态环境密切联系起来。因此,对规划方案的评价也要从多方面来分析,一般包括以下几个方面。

(1)规划的整体合理性评价

规划的整体合理性主要是指规划目标是否明确合理、规划机构和组织计划是否匹配、规划范围是否适当、规划年限是否正确、规划过程是否完整连续等。

(2)规划的适应性评价

交通规划是区域或城市总体规划的一部分,交通规划应与区域或城市的土地利用规划相适应、与区域或城市总体规划相适应、与社会经济发展计划相适应。同时,规划的适应性还要求远近期的交通规划相结合,专项交通规划与综合交通规划相结合,客运交通规划与货运交通规划相结合等。

(3)规划的协调性评价

交通规划的协调性包括交通用地的协调性、路网功能的协调性、配套设施的协调性等。

(4)规划的效果评价

交通规划的效果既要在方案实施之前充分估计,又要在方案实施后进行检验反馈。

分析的内容一般有:交通规划的服务效果(出行时间的节省、网络容量的提高、负荷水平降低、服务水平改善等);安全性能(事故率降低,死亡人数下降、损失减少等);环境影响(污染下降,景观改善);经济效益(时间节省,运输效率提高等);社会综合效益(降低生产成本,城市竞争力增强,影响力扩大等)。

交通规划方案的评价是一个多目标、多层次评价体系,因此必须采用多目标、多层次综合评价方法来确定最终方案。多目标、多层次综合评价方法有模糊综合评判法和价值分析法。本书简要介绍一下常用的价值分析法。

价值分析是对系统的目标和要求达到程度的衡量。对于多目标系统评价,需要用加权的方法来综合确定。建立广义价值函数:

$$V = \sum W_i U_i \tag{6-9}$$

式中:V——系统(方案)的总价值,V值越大,系统(方案)越优;

W_i——单项评价指标的权重;

U_i——单项评价指标的价值。

根据各单项评价指标对于系统(方案)总目标的作用、影响及重要性,采用专家调查法确定,要求$\sum W_i = 1$。

根据各单项评价指标的评价标准等级,确定其得分情况。评价标准等级见表6-12。

单项评价指标的等级　　表6-12

评价标准等级	一	二	三	四	五
价值(U_i)	100~90	90~80	80~70	70~60	≤60

思考题

1. 简述交通规划的目的与过程?
2. 交通规划中社会经济调查的主要内容是什么?
3. OD 调查的步骤是什么?
4. 交通分配的常用方法是什么?各有何特点?
5. 路网规划的三个规划层次间的关系如何?
6. 交通规划的评估包括哪几方面的内容?

第七章　交通事故分析与安全措施

第一节　概　　述

一、交通安全状况

现今的交通事故，不仅涉及交通部门、公安部门，而且已经发展成为一个社会性的大问题，它涉及各个单位、部门、行业，几乎与所有的人有密切关系。道路交通事故已经被逐渐成为当今社会的一大公害。

自汽车问世以来，交通事故也就随之而来，大量的交通事故给每一个国家造成的人员伤亡和经济损失都是巨大的。目前，全世界每年因交通事故死亡的人数达 100 多万人，受伤人数达 5 000 多万，造成的经济损失约占国民生产总值的 2%。到目前为止，全世界已有近 4 000 万人死于交通事故，超过第二次世界大战死亡人数的一半。在我国，交通事故的发生同样可怕，据不完全统计，2001 年至 2007 年，我国共发生道路交通事故 387 余万起，死亡近 70 万人。我国自 2001 年以来交通安全情况见表 7-1。

我国自 2001 年以来交通安全情况　　表 7-1

年份	事故次数(万起)	死亡人数(万人)	受伤人数(万人)	直接经济损失(亿元)
2001	75.5	10.6	54.9	30.9
2002	77.3	10.9	56.2	33.2
2003	66.8	10.4	49.4	33.7
2004	51.8	10.7	48.1	23.9
2005	45.0	9.9	47.0	18.8
2006	37.9	8.95	43.1	15.0
2007	32.7	8.16	38.04	12.0

尽管我国在改善道路状况和加强安全管理方面做了大量的工作，但与发达国家相比，情况仍是非常严峻。

二、交通事故的基本概念

1. 交通事故定义

根据《中华人民共和国道路交通安全法》(以下简称《道路交通安全法》)给出的定义：交通事故是指车辆在道路上因过错或者意外造成的人身伤亡或者财产损失的事件。

2. 交通事故的构成要素

从以上对交通事故的定义中可以看出，构成交通事故应具备 7 个缺一不可的要素。

(1)车辆

交通事故各方当事人中，必须至少有一方使用车辆，包括机动车和非机动车。车辆是构成交通事故的前提条件，无车辆参与则不认为是交通事故。例如，行人在行走过程中，发生意外（如碰撞或自行跌倒），致伤或致死均不属于交通事故。

（2）在道路上

这里的道路是指在公用的道路上，即《道路交通安全法》规定的“公路、城市道路和虽在单位管辖范围但允许社会机动车通行的地方，包括广场、公共停车场等用于公众通行的场所”。

（3）在运动中

即在行驶或停放过程中。停放过程应理解为交通单元的停车过程，而交通单元处于静止状态停放时所发生的事故不属于交通事故。

（4）发生事态

即发生碰撞、碾压、刮擦、翻车、坠车、爆炸、失火等其中的一种或几种现象。若没有发生上述事态，而是行人或旅客因其他原因（如疾病）造成死亡的不属于交通事故。

（5）违章

当事人有违反《道路交通安全法》和其他道路交通管理法规、规章的行为，这是依法追究其肇事责任，以则论处，予以处罚的必要条件。

（6）过失

过失是当事人因疏忽大意没有预见到应该预见的后果或已经预见而轻率地自信可以避免，以致发生损害后果。即造成事态的原因是人为的，而不是因为人力无法抗拒的自然原因等造成的事故。

（7）有后果

交通事故必定有损害后果，即人、畜伤亡或车、物损坏，这是构成交通事故的本质特征。因当事人违章行为造成了损害后果，才算交通事故；如果只有违章而没有损害后果则不能算作交通事故。

以上7种要素可以作为鉴别道路交通事故的依据和必要条件。

3. 现象

交通事故现象，也称交通事故的形式，即交通参与者之间发生冲突或自身失控造成肇事所表现出来的具体形态，基本上可分为碰撞、碾压、刮擦、翻车、坠车、爆炸和失火7种。

（1）碰撞

碰撞是指交通强者（相对而言）的正面部分与他方接触，或同类车的正面部分相互接触。碰撞主要发生在机动车之间、机动车与非机动车之间、机动车与行人之间、非机动车之间、非机动车与行人之间，以及车辆与其他物体之间。

（2）碾压

碾压是指作为交通强者的机动车，对交通弱者如自行车、行人等的推碾或压过。尽管在碾压之前，大部分均有碰撞现象，但在习惯上一般都称为碾压。

（3）刮擦

刮擦是指相对而言的交通强者的侧面部分与他方接触，造成自身或他方损坏。主要表现为车刮车、车刮物和车刮人。对汽车乘员而言，发生刮擦事故时的最大危险来自破碎的玻璃，但也有车门被刮开，将车内乘员摔出车外的现象。机动车之间的刮擦，根据运动情况，可分为会车刮擦和超车刮擦。

（4）翻车

翻车通常是指车辆没有发生其他形态，部分或全部车轮悬空、车身着地的现象。翻车一般可分为侧翻和滚翻两种，车辆的一侧轮胎离开地面称为侧翻，所有的车轮都离开地面称为滚翻。为了准确地描述翻车过程和最后的静止状态，也可用90°、180°、270°、360°、720°翻车等概念。

(5)坠车

坠车即车辆的坠落，且在坠落的过程中，有一个离开地面的落体过程，通常是指车辆跌落到与路面有一定高差的路外，如坠落桥下、坠入山涧等。

(6)爆炸

爆炸指由于有爆炸物品带入车内，在行驶过程中由于振动等原因引起突爆造成事故。

(7)失火

失火指车辆在行驶过程中，由于人为的或技术上原因引起的火灾。

交通事故发生的现象有的是单一的，有的是两种以上并存的。对两种以上并存的现象，一般按现象发生时间的先后顺序加以认定，如刮擦后翻车认定为刮擦，碰撞后失火认定为碰撞等；也有按主要现象认定的，如碰撞后碾压认定为碾压。

4. 交通事故分类

对交通事故进行分类，目的在于分析、研究和预防、处理交通事故，同时，也便于统计和从各个角度寻找交通事故对策。分析的角度、方法不同，对交通事故的分类也不同。

按事故责任可分为机动车事故、非机动车事故、行人事故。

按事故后果可根据人身伤亡或者财产损失的程度或数额，交通事故可分为轻微事故、一般事故、重大事故和特大事故，见表7-2。

(1)轻微事故：是指一次造成轻伤1~2人，或者财产损失机动车事故不足1 000元，非机动车事故不足200元的事故。

(2)一般事故：是指一次造成重伤1~2人，或者轻伤3人以上，或者财产损失不足3万元的事故。

(3)重大事故：是指一次造成死亡1~2人，或者轻伤3人以上10人以下，或者财产损失在3万元以上6万元以下的事故。

(4)特大事故：是指一次造成死亡3人以上，或者重伤11人以上或者死亡1人同时重伤8人以上，或者死亡2人同时重伤5人以上，或者财产损失在6万元以上的事故。

以上标准只要达到其中一项即可定为相应类别事故。

道路交通事故分类标准　　　　表7-2

<table>
<tr><th>项目＼事故分类</th><th>轻微事故</th><th>一般事故</th><th>重大事故</th><th colspan="3">特大事故</th></tr>
<tr><td>死亡(人)</td><td></td><td></td><td>1~2</td><td>≥3</td><td rowspan="2">1且
≥8</td><td rowspan="2">2且
≥5</td></tr>
<tr><td>重伤(人)</td><td></td><td>1~2</td><td>3~10</td><td>≥11</td></tr>
<tr><td>轻伤(人)</td><td>1~2</td><td>≥3</td><td></td><td></td><td></td><td></td></tr>
<tr><td>直接经济损失(元)</td><td><1 000(机动车)
<200(非机动车)</td><td><30 000</td><td>30 000~60 000</td><td colspan="3">≥60 000</td></tr>
</table>

三、交通事故的发展趋势

随着科学技术的进步，人们对交通事故发生的原因，影响的主要机制，有了进一步的认识，对事故的预测、预防以及保护措施趋于科学和有效。因此,从全世界来看,尤其是发达国家,交通事故在逐年下降,而我国处于经济迅速发展的阶段,交通量不断增加,汽车的保有量急剧加大,而道路设施的建设等发展速度相对缓慢,交通事故仍处于上升趋势,许多道路存在交通拥挤、秩序混乱、运行不畅,严重事故、重大特大交通事故时有发生,给社会和人民带来巨大损失。当前我国相关部门给予了极大重视,《道路交通安全法》等相关法律法规的不断完善,将有力地促进我国交通安全现状的改善。

第二节　交通事故调查

一、交通事故调查的目的与意义

交通事故调查是为了查清事故原因,确定违规责任,是必不可少的政策性很强的工作。交通事故发生后应尽可能快地赶到现场察看,以法律和事实为依据,以科学分析为手段,仔细勘察现场,听取当事人汇报和目击者的说明,弄清事实、辨明原因、分清责任,提出处理方案,并为今后防止和减少事故的发生提供有效的依据。

(1)鉴别与确认交通事故的多发路段,并采取有效的防护措施;

(2)评价道路线形几何标准、视距及环境条件,以便提出改善工程或改变管理与控制方法的依据;

(3)调查总结各类防止交通事故的安全措施的实施效果,并提出改进办法;

(4)为改进道路规划、设计与维护提供依据;

(5)为修正交通法规提供依据。

二、现场勘查

1. 现场勘查的含义和内容

现场勘查是对交通事故现场的情况(当事人、车辆、道路和交通条件),用科学的方法进行时间、空间、心理和后果的实地验证和查询,并将所得结果进行完整而准确地记录。现场调查是获得客观资料的唯一途径,是交通事故处理的核心。

现场勘查的具体内容如下:

(1)人:当事人、驾驶员、有关乘客、行人、受害人及可以作证人员的性别、年龄、生理、心理情绪、精神状态、体质、家庭情况等。

(2)车:有关车辆的车号、牌照、驾驶员执照、转向系统操作性、稳定性、制动系统、运行方向、速度、线路、相互位置、印痕长度、碰撞点等。

(3)路:道路等级、性质、交叉角度、线形、直、曲、宽度、路面状况、纵坡视距等情况。

(4)环境:事故周围房屋、树木、标志、标线、照明、天气、湿度、温度、风雪等。

(5)时空区位:事故发生的准确时间、前后状况、空间场所、车辆运行、碰撞的相互位置、散落物等。

(6)后果:事故状况,严重程度,人员伤、亡、致伤致残的部位、器官与主要原因,车物损失及损坏情况等,并按有关标准进行划分。

在交叉路口还应绘制事故类型示意图。

2. 现场勘查的方法

根据现场的具体情况，一般有以下几种勘查方法：

(1)顺序调查，即按照事故过程的先后顺序进行调查；

(2)从中心(接触点)向外围调查，适用于现场范围不大、痕迹及物体集中的现场；

(3)从外围向中心调查，适用于现场范围较大、痕迹及物体分散、中心不明确的现场；

(4)分片、分段的调查，适用于范围分散、散落物及痕迹凌乱的现场；

(5)从最容易受破坏的地方开始调查，适用于痕迹、物体容易受自然条件(风、雨)或过往人、车破坏的现场。

3. 现场勘查项目

(1)确定并监护事故当事人

事故当事人指车辆驾驶人员、受伤(死亡)人员和其他有关人员。根据事故的基本情况，尽快确定当事人，并展开调查，同时注意做好当事人的监护工作，以防互相串供，严重的甚至要防止其自杀、被杀等情况发生。记录各类当事人从各自一方对事故发生的过程、原因进行的陈述。对重点当事人应进行详细的调查。

(2)车辆调查

对交通事故车辆技术状况进行检查和鉴定，对与交通事故有直接关系的乘员、装载情况进行了解和认定。其主要内容包括：转向、制动、挡位、轮胎、喇叭、灯光、后视镜、雨刷器及乘员、装载等具体情况，必要时可做机械内部鉴定。

(3)道路及环境调查

道路及环境条件与交通事故的发生有密切的关系，必须进行认真检查和鉴定，以分析交通事故原因，吸取教训和提出改进措施。主要内容有：路面状况、路基、车道宽度、路边构造物、标志标线、周围照明及干扰情况、桥涵的质量、道路的纵坡、弯道的超高、视距等。

(4)人体伤害鉴定

人体损伤的部位和程度与事故的性质和原因有一定的联系，根据当事人身上的损伤情况，可判断其与车辆接触的部位、接触角度和接触状态。当交通事故造成人员伤亡时，应对其损伤进行检验，查明伤害的部位、数目、大小、颜色等特征以及伤残程度、致命部位及致死原因等。

4. 现场勘查记录

(1)现场摄影，把与事故有关、不便提取、用文字及绘图难以表达的痕迹和散落物等物证准确清楚的记录下来，为分析研究和处理事故提供有力证据。

(2)现场绘图

交通事故现场图是按照投影关系和比例，将事故现场上的道路、有关车辆、伤亡人员以及其他有关物体、痕迹的具体位置，以比较简明的形式表现出来的一种特殊的专业技术图。现场图必须如实地、准确地反映交通事故现场的实际情况。事故现场撤除以后，事故现场图就成为分析事故的重要依据。现场图是现场勘查的重要技术文件之一，可作为法律证据使用。

第三节　交通事故成因分析

所谓交通事故的成因，指造成交通事故的各种因素。但是造成事故的原因多种多样，造成事故的因素也并非单一。一起交通事故往往包含多种事故因素，因此研究交通事故的成因，必须从多方面分析。从现象上看，多数交通事故是偶然的、孤立的事件，每次交通事故都有各自的成因与各自的特点，从统计学角度考虑，大量交通事故中，一定存在着某些普遍性的因素，即存在着一定的共性。故对交通事故成因进行分析既可为确定预测、预防交通事故的具体措施提供依据,又可为探求交通事故的规律提供基础资料。具体分析其成因时,可分为人的因素、车的因素、路的因素以及交通环境的因素四个方面。

一、人的因素

这里所指的人主要是指造成交通事故的主要及次要责任人。据统计,90%以上的交通事故的发生或多或少含有人的因素,具体有驾驶员、骑自行车人、行人、乘车人等。因此,人是事故成因分析的主要对象。不同性别、年龄和体质的驾驶员,其心理、生理、感知、分析、判断和反应均不可能完全相同。而感知迟钝、判断不准、操作失误在事故中占绝大多数,其中,感知迟钝所占比例较大,如疲劳、酒后驾车、注意力不集中等现象。判断失误也占有相当比例,主要是对对方的行动趋势做出了错误的判断,导致根据判断所采取的措施与实际发生的出现偏差,造成事故。操作失误主要是由于心理紧张或慌乱导致没有按合理的规定进行操作而发生事故。

二、车的因素

车辆原因是引起交通事故的重要原因,主要表现在车辆性能差、机件失灵和车辆带"病"行驶。虽然车辆原因较人的因素造成的事故比例小,但从预防考虑,仍然是一个重要因素。如车辆的转向系统、制动系统的稳定性、灵活性,车辆的性能、新旧、维修的好坏、加速、减速等方面也会有一定的影响。

另外,不同性质或行业的车辆,不同动力性能的车辆造成的事故也不相同。表7-3为不同行业车辆的交通事故分布情况。

不同行业车辆的交通事故分布　　表7-3

车辆种类 / 事故类型	社会车辆		公共汽车		专业车辆		拖拉机		军车	
	次数	%	次数	%	次数	%	次数	%	次数	%
事故(起)	113	49.1	32	13.9	37	16.1	27	11.7	21	9.1
死亡	24	47.1	7	13.7	7	13.7	10	19.6	3	5.9
受伤	75	40.5	37	20.0	28	15.1	18	9.7	27	14.6

此外,在城市中,各机动车辆与自行车等造成的交通事故也有一定的规律性。表7-4为某城市自行车、机动车等交通事故的比例。

不同交通方式的交通事故率　　表7-4

交通方式 / 事故类型	机动车		自行车		摩托车		其他车辆		行人	
	次数	%	次数	%	次数	%	次数	%	次数	%
事故(起)	230	36.9	293	47.0	11	1.8	26	4.1	64	10.2
死亡	51	49.5	37	35.9	3	2.9	2	1.0	1	9.7
受伤	185	34.8	261	49.2	8	1.5	25	4.7	52	9.8

三、路的因素

道路原因主要表现在路面障碍和道路不符合标准。

1. 线形方面

道路的几何线形构成要素是否合理,线形组合是否协调,对事故有较大的影响。主要表现在如下几个方面。

(1)平曲线,平曲线半径的大小与事故的发生率关系较大,半径越小,发生事故的几率越大。

(2)竖曲线,竖曲线半径过小,易造成驾驶员视野变小,视距变短,发生事故。

(3)坡度,坡度的影响主要表现在汽车在下坡时,因坡度大而来不及制动或制动失灵。

(4)线形的组合,交通安全不仅与平面线形、纵断面线形有关系,而且与平纵线形的组合协调有密切的关系,虽然线形标准符合规范要求,但组合不好仍然会导致事故的发生。主要原因如下:

①线形突变,长直线末端接小半径曲线或长陡坡下接急弯;

②在坡道上连续反弯,造成驾驶员视觉负荷过重;

③坡顶处急弯,视线不连续,造成翻车;

④短直线介于两同向曲线间,形成断背曲线,使驾驶员产生视觉错误,把路线看成反向曲线,发生操作失误,造成事故;

⑤凹形竖曲线过短,引起驾驶员对上坡估计过陡,造成碰车、翻车;

⑥凹形竖曲线底部插入小半径平曲线,迫使驾驶员仓促转弯,易引起交通事故。

2. 路面方面

路面状况的好坏,与交通事故的发生有着密切的关系,路面的潮湿度、水的排除速度、表面的粗糙程度等均对交通事故有很大影响。表7-5为不同路面状况的事故率比较。

不同路面状况同交通事故率的关系 表7-5

路面状况 / 粗化前后	路面干燥	路面滑溜	路面不湿而滑溜	路面积雪结冰	合计
粗糙化前	21	44	15	2	82
粗糙化后	18	5	4	0	27

四、交通环境

主要表现在交通量、道路交叉口、行车速度及交通管理水平对交通事故率的影响。

(1)交通量与交通组成对交通事故率的影响

一般说来,交通量与交通组成同交通事故率有关,交通量增加事故数增加,但还应考虑道路的V/C、车道的宽度与平面线形等。表7-6为交通流中载货车混合率与交通事故率的统计资料,表明当混合率达20%时,交通事故迅速增加。

(2)道路交叉口对交通事故率的影响

交叉口是道路交通的枢纽,驾驶员在交叉口要穿过道路或实现转向,必然产生冲突点,这些冲突点就是交通事故的多发点,国外交叉口的平均事故率约占全部事故率的50%左右,在乡区公路上事故率要低一些。交叉口交通事故同交叉口的冲突点的数量有密切的关系,冲突点多,相应事故就多。所以,减少冲突点是降低事故率的主要方法之一。交叉口冲突点的数量可由式(7-1)得出:

$$C = n^2(n-1)(n-2)/6 \tag{7-1}$$

式中:C——交叉口冲突点数量;

n——交叉口各方向道路条数。

交通事故率与载货车混合率变化　　表 7-6

小轿车与摩托车(辆)	载货汽车(辆)	载货车混合率(%)	交通事故率[次/(亿车·km)]
7 318	1 117	13.0	43
3 890	630	14.0	47
4 537	1 144	20.5	72
2 945	780	21.0	97
2 065	600	22.6	142
703	225	24.3	118
875	325	27.0	145
3 660	1 450	28.5	184
2 340	1 105	32.5	195
4 415	3 420	44.5	260

距交叉口越近则事故率越高。距交叉口不同距离的事故发生率见表 7-7。

距交叉口不同距离的交通事故率　　表 7-7

距离(m)	路口内	0~10	10~20	20~30	30~50	>50
事故发生率(%)	42.8	26.8	16.9	5.2	5.5	2.8

(3)行车速度对交通事故率的影响

一般来说,限制速度可以减少事故的发生。1973 年中东石油禁运,美国车速由 110km/h 降到 80km/h,事故率明显降低。

(4)交通管理水平对交通事故率的影响

法制不够健全,对交通的监控、管理、指挥水平低下以及在执法过程中来自社会的大量干扰和少数执法者本身素质低下而造成的执法不严等,都会严重制约交通管理水平的提高。

第四节　交通安全措施

为了保证行车安全,还需研究防止交通事故发生的安全措施。

一、交通事故预防对策

交通事故预防对策亦称交通安全对策,包括预防和减少交通事故的计划、决策和各种管理与工程措施。

(1)有计划的组织交通事故的分析研究。交通事故的分析研究是交通科学研究的重要组成部分,只有充分了解了交通事故的主要影响因素、事故发生的成因、规律、特点及其机理,才能有计划、有针对性地、分清主次地制定有效的措施和方法。

(2)健全与完善交通法规、章程和条例。交通法规是交通参与者和交通管理人员共同遵守的行为规范,是处理交通违章和交通事故的法律依据。为适应交通运输业的迅速发展,应及时补充、修订和完善各种交通法规、章程与条例。

(3)加强道路等基础设施的建设。道路等固定设施是交通运输的渠道,是车辆赖以通行的基础,既要有一定的数量,有一定的路网密度、一定的道路面积率,又要有较高的线形质量,有坚固平整的路面和相应附属设施。

(4)加强交通安全教育宣传。交通安全的教育与宣传工作是执行交通法规、维护交通秩序、保障交通安全、发挥道路功能、提高交通效率的有力保证。交通安全教育要广泛、深入、持久地进行,对于中小学学生更应经常进行安全教育,以期不断提高交通参与者的素质和交通管理水平。

(5)严格取缔违章行为。对各种违反《道路交通安全法》及省市交通法规的行为,要依法严肃处理。特别是严重的、带有普遍性的违章不能手软,并尽可能将处罚与教育相结合,做到处一儆百。

(6)科学地组织与管理城市交通。科学地组织与管理好城市交通,合理地做好城市的宏观控制和交通规划,均衡地利用路网上一切可以利用的道路,减轻城市主干线及主要交通枢纽的交通流量,有利于实现交通流空间与时间的分离和隔离,减少冲突,保证交通安全。

(7)加强事故伤害的急救工作。认真做好交通事故伤害的急救工作,主要从建立急救业务体制和急救医疗机构两个方面着手,同时开展驾驶员事故伤害急救知识培训,使他们掌握事故现场急救方法,能够积极、正确、有效的自救、互救,对于减少事故死亡率,挽救伤员均有着十分重要的现实意义。

二、交通事故预防措施

(1)改善线形与交叉路口设计

道路线形的几何设计要素,包括平曲线半径、平面线形要素的连接与组合、纵坡坡长、纵向竖曲线半径,平面与竖向视距、横断面超高加宽等,在设计道路时要保证行车安全。桥梁宽度、竖曲线半径、桥头接线、人行道缘石高度,均应符合有关设计规范。交叉口设计时要充分保证视距,设置标志、标线,并经常维护、交叉范围内的树木要注意剪修,以不妨碍驾驶员与行人视线为原则。

(2)强化交通安全设施

为了防止驾驶员过失、路面湿滑造成翻车、碰撞、车辆滑落,应在适当路段设置柔性或刚性护栏与安全带,以期缓冲碰撞并保护车辆及乘客安全;设置分隔带,分离上下行车、快慢车道及车辆与行人等,分隔带可做成一定宽度的带状构造物,若道路宽度不足,宜用栅栏分隔;设交通岛、导流岛、安全岛、分车岛,做好渠化工作,以控制车辆行驶方向,防止冲撞和摩擦,并保护行人;设人行横道,在车流与人流较为集中的路口,为确保交通安全,需要设置行人专用通道,必要时考虑设置过街天桥或地道。

(3)加强交通管理与控制

道路标志、标线要认真管理,按规定设置,并固定专人经常维修、保洁、养护,保持标志、符号、文字、图案的清晰并能正确地发挥作用;视道路与交通情况安装信号机、电子警察或其他控制、管理设施,一般有单点定时控制、单点自控、自动感应信号机多相位信号系统、人工智能系统和联动信号系统;将某些因路窄通车困难的街道改为机动车单向通行,可减少交叉口上的冲突,并降低事故发生的潜在危险;改善路况,清除障碍物,保证视距畅通,对瓶颈地段要设法拓宽;设置诱导性标志或各种视线诱导物,指明道路走向,以便驾驶员能预知前方路况,采取正确而适当的措施;加强日常交通管理,严格控制施工占路堆物,严格禁止在人行道上摆摊设点。

(4)提高驾驶员素质与驾驶水平

大量的交通事故资料统计表明,50%以上的交通事故同驾驶员的操作行为有关,因此提高驾驶员的素质对保证交通安全有重要作用。驾驶员应有良好的身体素质和心理素质,包括视觉、听觉、反应动作的准确性以及冷静沉着的心态等。对于先天性缺陷如色盲、色弱或反应迟钝者不能录用；驾驶员的培训要严肃、认真、从严从难，既要认真上好技术课，又要上好法律法规常识课，做到技术过硬，遵章守法；要讲职业道德，使人人遵规守纪，严格执行交通法规。

(5)安全措施效果评价

道路交通安全措施的主要效果是防止或降低事故发生与人员伤亡。因此，安全措施的投资与效果评价既要考虑经济因素又不能单纯用货币来检验。但为了提高投资的效益，又必须进行多方案的比较分析。这可以通过安全措施实施前后的死亡者或交通事故率的大小来进行比较，以判断其效果的好坏。争取用同样的投资取得更大的效果，即挽救更多生命，减少人员伤亡和财、物损失。

交通安全涉及社会、经济、法规、文化素质等各个方面，既包含文化意识方面因素，也包含具体的技术设施及管理方面的因素。因此交通安全防范工作是个系统工程，要治理交通，加强交通安全保障措施，还必须从整个安全系统方面综合治理。

思考题

1. 构成交通事故的主要因素有哪些？
2. 交通事故调查有哪些内容？
3. 引发交通事故的因素有哪些？
4. 防止或减少事故发生的措施有哪些？

第八章　交通管理与控制

第一节　概　　述

一、交通管理与控制的必要性

1. 交通管理与控制的概念

道路交通是社会活动的纽带，对城市及区域经济的发展和人民生活水平的提高起着重要的作用。道路交通管理与控制是交通工程学的主要研究对象之一。其内容涉及交通立法、法律性或行政性的管理措施、工程技术性的管理措施以及信号控制技术等各个方面，也就是实际工作中所谓“交通综合治理”中的各种治理措施。国内外大量的实践已经证明，现代化的道路交通建设，只有具备科学的管理与控制条件，才能得到良好的效果。有的学者把交通管理称为静态管理，而把交通控制称为动态管理，又把静态的交通管理和动态的交通控制统称为交通管制。现代交通管理与控制，包括交通管理和交通控制两大部分内容。

交通控制即采用人工或电子技术如信号灯、监视器、检测器、通信系统等科学方法与手段，对动态交通流实行控制。

交通管理即执行交通法规，按有关法规和要求合理地引导、限制与组织交通流。

交通管理与控制的目的是使交通中的人、车、货物能在安全、迅速、通畅的条件下运行，获得最佳的安全率、最少的交通延误、最高的运输效率、最大的通行能力、最低的营运费用，取得良好的运输经济效益和社会效益。

2. 交通管理与控制的作用和必要性

现代交通管理与控制，应具有指导性与协调性，即根据现有的道路网及其设施和出行分布状况，对各种出行加以指导性管理，使整个系统从时间分布和空间分布上尽可能的得到协调，以减少时间、空间上的冲突，从而保证交通的安全与畅通，充分发挥道路网的作用。

(1)交通管制的指导性

交通管制的指导性是对交通需求加以指导性管理。从国内外一些城市道路交通所出现的车辆拥塞、事故多和污染严重的情况分析，并非都由于道路面积不够所产生，实际上与管理不善有很大关系。由于道路交通系统的发展规模与水平受到社会经济发展的限制，且城市的发展又导致土地利用功能与运输网之间产生协调或矛盾。道路通行能力的大小取决于现有交通结构及其数量与管理水平。因此，相同的道路交通系统，由于管理的良莠而使通行能力出入很大。

城市交通领域有一个“亚当斯定律”：由于道路面积的增加，交通堵塞暂时有所缓解，但正因为这里交通畅通，就引来了更多的车辆，这叫做“诱增交通量”。时隔不久，新拓宽的道路又日趋拥挤。例如1971年伦敦会议的一份报告曾指出：“尽管我们花费巨款兴建道路使之改善，但它的交通质量和环境质量却面临着日益衰退的局面……除非采取有效的措施，控制交通，否则，新建的道路会很快被堵塞……"。在20世纪60年代，日本为配合经济起飞，实施了大规模的道路兴建计划，但到70年代初，交通事故创历史最高纪录，25%的道路和40%的时间都发生交通拥塞。美国洛杉矶的城市道路用地尽管超过城市面积的1/3，但仍有1/3的时间交通拥挤不堪。我国近年来不少大中城市曾用巨额投资兴建与改建道路，不断增加道路网密度，但仍出现交通拥塞、事故增加的局面。我国解决城市交通拥堵多年来形成两个定式：一是交通的主要问题等于机动车拥堵；二是缓解交通拥堵的对策等于多修路。"亚当斯定律"揭示，光靠道路扩张并不能解决交通问题，马路修得越多越宽，对私人小汽车的吸引就越大，于是造成车流量的迅速增加，引发新一轮的交通拥堵，然后不得不一次又一次扩建道路。

上述诸例证明，单纯地兴建与改、扩建道路不仅不能完全解决交通拥堵的问题，在某些情况下，反而会刺激、吸引交通流，加剧交通量的增长。交通流重新分配的结果是产生新的交通拥挤和事故。因此需通过交通管制（如设置公交专用车道、引导和限制私人小汽车的使用等），从根本上对交通的需求加以引导。

（2）道路交通管制的协调性

道路交通管制的协调性旨在通过各种方法，协调道路交通系统中人、车、路、环境各个要素，以充分发挥路网及其设施的作用。为此，可通过控制出行量以协调供需总量间的矛盾；通过控制出行时间以协调供需方面在时间上的矛盾；控制信号的联动以协调绿灯显示与车辆到达之间的矛盾；设置各种标志、标线以协调道路和环境实际状况与交通使用者之间的识别、判断之间的矛盾等。

当前，我国许多大、中城市道路及其出入口干道和高等级公路正不断地新建和改、扩建中。在某些道路上，由于种种原因，由于交通要素的不协调，产生的拥塞和事故多发已影响到人们的生产、生活与生命安全，正为人们所瞩目。而众多原因中，管制不善则是一个重要的和不可忽视的、亟待解决的问题。很多事实说明：加强管制，是一种花钱少、效率高的办法，所以为了适应道路交通发展的需要，就必须深入地对道路交通管制内容与途径进行研究。

二、交通管理与控制的原则

1. 分离原则

车辆出现之初，为避免车辆与行人以及不同方向的行车发生冲突，就很自然地产生了应该人、车分道和分方向行车的极其朴素的管理原则，这就是分离原则。它是维护交通秩序、保障交通安全的一条基本原则。这条原则不但用在交通管理上，还广泛应用在交通规划、道路设计与交通设施设计上。随着交通量的不断增长，这条原则的内涵也在不断地扩展。初始的分离原则，只是道路平面上的分离，"各行其道"就体现了这种分离原则。在出现了高速度的汽车交通之后，跟着出现了机动车与非机动车分离和快慢车辆分离的要求；交叉口上无法平面分离的交通冲突的发展，导致了在交叉口上行驶方向的分离和通行时间的分离；交通量的发展，又出现了立体交叉的空间分离。

从行驶方向和通行时间的分离又派生出通行权与先行权的概念。通行权的基本含义是指在平面分离上，车辆、行人按规定在其各自的道路上有通行的权利；在时间分离上，车辆、行人按交通信号、标志或交警指挥指定在其通行的时间内有通行的权利。

先行权是指各种车辆或行人在指定平面和时间内共同有通行权的前提下，对车辆、行人在通行先后次序给予确定优先通行的权利，它包括两方面的含义：

(1)按平面分离原则,在指定道路上有通行权的车辆和行人必然有先行权,临时因故变换车道,借道通行或进入、穿过者不得妨碍其先行权;

(2)按时间分离原则,在指定平面、时间内,对共同拥有通行权的双方,必须规定一方有先行权:譬如在两相位信号控制的交叉口上,东西方向绿灯时间内,西向东直行车和东向南左转车都有通行权,这时就要规定,直行车有先行权,左转车让;不得妨碍直行车的先行权,以避免冲突。

相应于分离原则的方法有:规定一切车辆靠右侧行驶,方向隔离,车道隔离,用信号灯控制交叉口,无信号灯的交叉口用停车让行标志或减速让行标志控制,划定人行横道等。

2. 限速原则

高速行驶的汽车出现之后,非机动车辆及行人的安全受到汽车的严重威胁。在英国就有所谓"红旗法"来限制汽车的行驶速度。在汽车发展初期,"红旗法"虽因遭反对而取消。但以后在交通事故多发的危险路段仍想到用限速来预防交通事故。高速道路出现以后,也有用最高限速与最低限速的规定来保障交通安全的做法。在石油危机年代,也以限速来节约燃油消耗。特别是近年来的研究发现,驾驶员的视觉反应,随车速提高而变得迟钝。统计表明:原联邦德国在石油危机时,车速限制从 100km/h 降至 80km/h,交通死亡、事故率下降了 22%;石油危机后,车速限制恢复到 100km/h,交通死亡事故率上升了 12%。英国车速从 105km/h 限制至 80km/h 时,交通受伤事故减少了 10%;车速限制从 80km/h 提高到 105km/h 时,死亡和重伤事故率增加了 7%。芬兰、瑞典等国也有类似统计,相应于这条原则,各国交通法规中都列有按道路条件及恶劣气候条件下限制最高车速的规定。在事故多发地段,多采取限制车速的措施以避免事故的发生。为提高线控制或网络信号控制的效果,往往也规定行驶车速。

3. 疏导原则

随着车辆的增长,道路上的交通量也在不断地增长,道路上的交通拥挤、阻塞及交通事故也随之增加,分离、限速的方法已不能在通常流量情况下取得较好的效果。因此,在交通管理上出现了新的思路:从着眼于局部扩展到着眼于整个道路系统,在整个道路系统上来疏导交通提高原有道路的通车效率。一段时期内出现了很多按疏导原则制订的交通管理措施:包括单向交通、变向车道、专用道、过境交通路线、增加交叉口进口道、改善交叉口渠化设计、关键交叉口处禁止左转、禁止任意停车、自行车道系统及步行系统等。还有些社会性措施,如弹性工作时间等。

4. 节源原则

车辆无限制的增长,到了难以收拾的地步,又需重新寻找交通管理的新思路:从单纯着眼于提高交通供应转到着眼于降低交通需求。

根据这条原则,出现了一些交通节源的新方法:

(1)转变居民出行方式:发展轨道交通,实施公交优先政策等。

(2)发展合乘系统:包括合乘车优先车道,合乘车免收过路费、过桥费、停车费等,鼓励多人合乘,以减少路上的汽车交通量。

(3)限制私人车辆或其他车种进入交通紧张地区。

(4)停存车管理等。

节源原则的措施涉及交通政策、税收政策、城市规划、交通系统布局等方面,这里能探讨的只是在交通治理方面可采用的方法。但必须注意,交通治理上的方法只有配合全局的统筹安排才能见效。

三、交通管理与控制的内容

1. 交通管理分类

交通管理范围广、内容多，具有社会科学和自然科学两重属性，主要内容可分下列几个方面。

1）技术管理

（1）各种技术规章的执行监督；

（2）交通标志、交通标线的设置、管理与维护；

（3）信号及专用通信设施的设计、安装、管理与维护；

（4）建立各种专用车道与交通组织方法；

（5）安全防护及照明设施的安装与管理。

2）行政管理

（1）规划组织单向交通与建立合理的管理体制；

（2）禁止某种车辆、某种运行方式；

（3）实行错时上下班或组织可逆性行车；

（4）对于某些交通参与者（老人、小孩、残疾人员）予以特殊照顾；

（5）选择交叉口的管理或控制方式。

3）法规管理

（1）执行交通法规；

（2）建立驾驶人员的管理制度；

（3）建立各种违章与事故处理法规并监督实施；

（4）制定各种临时的、局部的交通管理措施。

4）交通安全教育与培训考核

（1）交通警察的培训与考核；

（2）驾驶人员的培训与考核；

（3）对驾驶人员进行经常性的安全教育；

（4）对人民群众特别是青少年进行交通法制与安全教育；

（5）对各种违章的教育与处罚。

2. 交通信号控制的分类

1）按控制范围分类

（1）单点交叉口交通信号控制（点控）：每个交叉口的交通控制信号只按照该交叉口的交通情况独立运行，不与其邻近交叉口的控制信号有任何联系。

（2）干线交通信号协调控制（线控）：通过一定的方式把干道上若干连续交叉口的交通信号联结起来，同时对各交叉口设计一种相互协调的配时方案，使车辆通过这些交叉口时，不致经常遇上红灯。

（3）区域交通信号系统控制（面控）：以某个区域中所有信号控制交叉口作为协调控制的对象。

2）按控制方法分类

（1）定时控制。交叉口的信号控制机按事先设定的配时方案运行即为定时控制，亦称定

周期控制。它主要适用于那些交通量不大、变化较稳定的交叉口。根据一天内采用配时方案的多少,可分为:

①单段式定周期控制:交叉口一天只执行一种控制方案的控制方式;

②多段式定周期控制:根据交叉口全天流量分布情况,制订多个控制方案,分别在不同时段执行这些控制方案的控制方式。

(2)感应控制。在交叉口进口道上设置车辆检测器,信号灯配时方案可随检测器检测到的车流信息而随时改变的一种控制方式。根据检测器设置方式的不同,可分为:

①半感应控制:只在交叉口部分进口道上设置检测器的感应控制。

②全感应控制:在交叉口全部进口道上都设置检测器的感应控制。

定时控制的基本方式是单个交叉口的定时控制。线控制、面控制也都可用定时控制的方式,称为静态线控系统、静态面控系统。感应控制的基本方式是单个交叉口的感应控制。用感应控制方式的线控制、面控制则称为动态线控系统和动态面控系统。

第二节 交通法规

一、交通法规的概念

道路交通法规是国家在道路交通管理方面制定的文件、章程、条例、法律、规则、规定和技术标准等的总称,是国家行政法规的一部分,其目的在于维护交通秩序,保障交通畅通和车辆、行人安全,协调人、车、路与环境相互之间关系,也是实行交通管理控制,进行交通宣传和安全教育的依据,一切参与道路交通活动的部门、单位、车辆、机器和个人都必须切实遵守。违反交通法规、造成交通事故者应视情节轻重、损失大小依法给予处分,甚至追究刑事责任。

道路交通法规是经调查研究反复讨论并由立法机关正式颁布的一种带强制性的行政法规,是人们长期在行车、道路、车辆管理、驾驶人员管理实践中,不断积累的交通安全经验总结,它不仅具有严肃的法律性质,而且具有科学依据。

二、交通法规的基本内容

我国的道路交通法规主要有以下方面的内容:

(1)国家/各地交通秩序管理综合性政策法规;

(2)国家/各地道路交通秩序法规及管理条例;

(3)国家机动车管理相关政策法规;

(4)国家机动车驾驶员管理政策法规;

(5)交通事故管理法规;

(6)汽车维修法规及管理条例;

(7)汽车检测法规及管理条例。

三、交通法规的特性

道路交通法规是国家行政机关依照立法程序制定和公布施行的,是关于人们交通行为的一种法律性的社会规范。由于道路交通的复杂性与使用的广泛性,道路交通法规具有以下特征。

1. 社会性

道路交通法规具有很强的社会性。道路交通法规与其他一些专业性较强的法规不同,其与社会的各个部门和单位都有密切的联系,它还涉及社会的各个层面,同每个公民、每个家庭都有密切关系。

2. 普遍性

道路交通法规要求凡是使用道路的人,在任何时间、任何路段、任何人都必须遵守它、服从它,它的效力不限于某一个人、某一次或某一时间、某一地点,也不受使用道路人的地位、国别、性别、文化等条件的限制,它具有反复使用的普遍性。

3. 权威性

道路交通法规的每一条款都反映了通行过程中的人、车、路关系的客观规律,是交通实践经验教训的总结,是科学地运用法规形式固定下来的人们使用道路和交通行为准则。为了保障交通安全畅通,在道路上进行一切活动都必须遵循它(是否合法,是否违章都必须依据法规判定),即人们不能随意改变,也不能违反。

4. 预测性

道路交通法规明确规定,人们可以预测自己使用道路的行为是否符合规范。遵章办事,自己和他人的交通安全就可以得到保障,交通的目的就可以顺利地达到。反之,不仅目的不能达到,还会受到自然的或法律的惩罚。

5. 适应性

道路交通法规作为道路交通管理的依据,应该随着道路交通的迅速发展和科学技术的进步,不断充实、丰富、完善。只有这样,才能使道路交通法规与道路交通发展的实际相适应,因此法规应经常进行修改和补充,力求不断完善(如:2007 年 12 月 29 日中华人民共和国第十届全国人民代表大会常务委员会第三十一次会议通过对 2003 年 10 月 28 日制定的《中华人民共和国道路交通安全法》进行修改的决定)。

第三节　道路交通标志与标线

一、道路交通标志的定义

1. 道路交通标志的定义

道路交通标志是用图形符号、文字向交通参与者传递特定信息,预示前方道路交通设施、气候、环境情况,表示交通管理指令设施的状况,是道路交通法规的组成部分与交通管理的重要手段,在现代道路交通管理中发挥着重要的作用,被人民称之为"不下岗的交警"。

道路交通标志是道路使用的说明书,是道路的一种无声语言,是保证行车通畅、有序、安全的重要设施。同时,交通标志和标线还是道路的装饰工程、形象工程和美化工程。道路交通标志,是显示交通法规及道路信息的图形符号,它可使交通法规得到形象、具体、简明的表达,同时还表达了难以用文字描述的内容。其具体作用是:提供交通信息,起到道路语言作用;指挥交通,保障交通安全;指路导向,提高行车效率,是交通管理部门执法的依据。所以交通标志是车辆行驶的指南,是保证车辆安全行驶及道路畅通的必要交通设施。

2. 道路交通标志的种类

我国从 1999 年 6 月 1 日起实施新的道路交通管理条例,规定将道路交通标志(GB 5768—

1999)划分为主标志和辅助标志两大类。

(1)主标志

①警告标志:通常为等边三角形(或菱形),黄底、黑边、黑图案(或白底、红边、黑或深蓝色图案),共有 30 种,42 个图式。用于警告驾驶员注意前方路段存在的危险及应采取的措施,如交叉口、急弯、铁路道口、易滑、路面不平、傍山险路等(图 8-1)。

a)　　b)　　c)　　d)

图 8-1　道路警告标志

a)Y 形交叉;b)向左急转弯;c)无人看守铁路道口;d)易滑

②禁令标志:通常为圆形,白底、红边、红斜杠、黑色图案,共有 36 种,42 个图式。是根据道路和交通量情况为保障交通安全而对车辆行为加以禁止或限制的标志,如禁止通行、禁止停车、速度限制等(图 8-2)。

③指示标志:通常为圆形、矩形、蓝底、白色图案,共有 17 种,29 个图式。是指示车辆和行人按规定方向、地点行进的标志,如直行、左转、右转、单向行驶、步行街等(图 8-3)。

a)　　b)　　c)　　d)

图 8-2　道路禁令标志

a)禁止通行;b)禁止停车;c)限制速度;d)减速让行

a)　　b)　　c)　　d)

图 8-3　道路指示标志

a)直行;b)向左转弯;c)单行路向左或向右;d)步行

④指路标志:通常为矩形,蓝色底、白色字符(一般道路),绿色底、白色字符(高速公路),共有 59 个图式。用来指示市镇村的境界、目的地方向、距离、高速公路的出入口、服务区、著名地点等(图 8-4)。

a)　　b)　　c)　　d)

图 8-4　高速公路指路标志

a)行政区划分界;b)十字交叉路口;c)入口预告;d)服务区预告

⑤旅游标志:通常为方形或长方形,棕色底、白色字符,共 17 个图式。用来吸引和指示人们从高速公路或其他道路前往邻近的旅游区或风景名胜之地,指示旅游区的方向、距离、类别等(图 8-5)。

a)　　b)　　c)　　d)

图 8-5　道路旅游标志

a)索道;b)旅游区方向;c)旅游区距离;d)冬季游览区

⑥道路施工安全标志:通常为长方形或锥形,共有6类,26个图式。用以阻挡车辆及行人前进或指示改变道路,多设在道路施工、养护、落石、塌方而致交通阻断路段的两端或四周(图8-6)。

a)　　b)　　c)

图8-6　道路施工安全标志

a)前方施工;b)道路封闭;c)车辆慢行

(2)辅助标志

辅助标志是附设在主标志下,起辅助说明的标志。为长方形,白底、黑字、黑边框,可分为表示车辆种类、表示时间、表示区域或距离、表示禁令和警告的理由及组合辅助等5种(图8-7)。

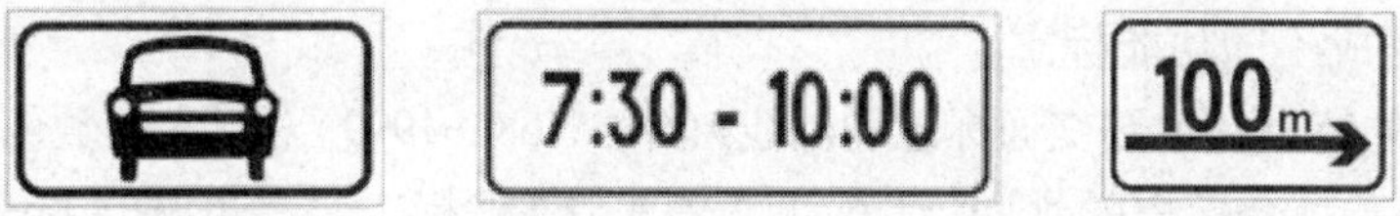

a)　　b)　　c)

图8-7　道路辅助标志

a)机动车;b)时间范围;c)向右100m

此外还有可变信息标志,它是一种因交通、道路、气候等状况的变化而改变显示内容的标志。一般可作速度限制、车道控制、道路状况、交通状况、气象状况及其他内容的显示。主要用于高速公路、城市快速路的信息提示。可变信息标志的显示方式有多种,如高亮度发光二极管、灯泡矩阵、磁翻版、字幕式、光纤式等。可根据标志的功能要求、显示内容、控制方式等进行选择。

二、交通标志的三要素

要充分发挥交通标志的作用,必须使驾驶员在一定的距离内迅速而准确地辨认出标志的形状和文字、符号,从而掌握交通信息和管制要求。因此,要求交通标志有良好的视认性。决定视认性好坏的主要因素是标志的颜色、形状和符号。标志的颜色、形状和符号被称为交通标志的三要素。

1. 交通标志的颜色

颜色可分为彩色和非彩色两类。黑、白色系列称为非彩色,黑、白色系列以外的各种颜色为彩色。不同颜色有不同的光学特性,如对比性、远近性、视认性等。

相邻区域的不同颜色相互的影响称为颜色的对比性。有的色彩对比效果强烈,有的则对比效果较差。如把绿色纸片放在红色纸片上,绿色显得很绿,红色显得更红;若把绿色纸片放到灰色纸片上,对比效果就差,而且会妨碍视认。

远近性的表现是,等距离放置的几种颜色使人有不等距离的感觉。如红色与青色放在等距离处,红比青感到近。红、黄色为显近色,绿、青色为显远色。

颜色的视认性,是指在同样距离内,可见光的颜色能看清楚程度的特性。如红色的易见性最高,橙黄、绿次之,即以光的波长为序,光波长的视认性高于光波短的颜色。下表8-1数据说明从4.5km远的地方来辨别各种颜色的光所需要的亮度。从表中可以看出:无论在白天或者黑夜,认知红色光所需要的亮度只有绿色光的一半,这说明红色光的视认性最好。所以,在交通信号中将红色灯作为禁行信号是有科学依据的。

不同气候条件下辨认各种光所需要的亮度 表 8-1

气候条件		红	橙	白	绿
夜晚	晴天	1.0	2.0	2.5	2.8
	小雨	1.2	2.1	3.0	3.2
	阴天、有雾	3.2	4.1	3.1	5.6
	大雨	8.9	33.5	132.0	33.5
	小雪	222.0	835.0	1 556.0	576.0
白天	阴天、有雾	2 000.0	2 111.0	3 222.0	4 000.0
	晴天	4 778.0	7 556.0	11 111.0	10 000.0

根据心理学的研究,不同颜色会使人有不同的联想,产生不同的心理感觉。因此可利用颜色的不同特性,制成不同功能标志。

根据各颜色的特点,《道路交通标志和标线》(GB 5768—1999)对标志的颜色有如下规定:

(1)红色,用于禁令标志的红圈、红斜杠、“停车让行”标志、“禁止进入标志”“国道编号”标志的底色,铁路叉形符号等。

(2)蓝色,用于指示标志和一般道路标志的底色、施工标志的底色。

(3)绿色,用于高速公路和城市快速路的指路标志的底色。

(4)黄色,用于警告标志的底色,高速公路“终点提示”、“追尾危险”、“确认车距”标志底色,“省道编号”标志的底色,施工区标志的图形底色等。

(5)棕色,用于旅游区标志的底色。

(6)白色,用于辅助标志的底色,用于绝大多数标志的图形或文字说明等。

(7)黑色,用于警告标志、辅助标志等的图形或文字。

2. 交通标志的形状

交通标志上要记载各种文字和符号,故应选择比较简单的形状。

根据研究,同等面积的物体其视认性随着几何图形形状的不同而不同。在一般情况下,具有锐角的物体外形容易辨认。在同等面积、同样距离、同样照明条件下,容易识别的外形顺序是:三角形、长方形、圆形、正方形、五边形、六边形等。交通标志的基本形状就是按此顺序选用的三角形、长方形和圆形。

(1)三角形:最引人注目,即使在光线条件不好的地方,也比其他形状容易发现,是视认性最好的外形。因此,国际上把三角形作为“警告”标志的几何形状。

(2)圆形:在同样的面积下,圆形内画的图形显得比其他形状内的图形大,看起来清楚。所以,国际上把圆形作为“禁令”标志的外形。如果圆形内有“\”,即“ × ”的一半,则为禁止标志。

(3)方形和矩形:长方形给一种安稳感,同时也有足够的面积来定文字说明和画图形,所以用作特殊要求的“指示”标志。

据最近的一些研究表明:倒置的正三角形(三角形的顶点朝下)的视觉辨认效果好于所有现有的标志形状,最醒目和最容易辨认的标志是那些有锐角形状的。印度学者曾对不同形状和颜色编码的警告标志进行了道路现场试验,试验标志的形状为等边三角形、菱形和矩形上加一小三角形，每种形状都有红边和黑边，白背景和黄背景的颜色编码，符号均为黑色。结果表明：菱形标志的可读距离最大，约比等边三角形大16%，比矩形大34.3%，黄色背景优于白色背景。《道路交通标志和标线》对标志的形状有如下规定：

正等边三角形，用于警告标志；倒等边三角形，用于"减速让行"标志；八角形，用于"停车让行"标志；圆形，用于禁令标志和指示标志；长方形（含正方形），用于指路标志、指示标志中"干路先行"、"会车先行"、"车道行驶方向"、"专用车道"等标志，旅游区标志、施工标志和辅助标志；箭头形，用于指路标志中"地点识别"标志；特殊形状，用于国道编号、省道编号、县道编号标志；菱形（顶角朝上的四方形），用于分流、合流诱导标志。

3. 交通标志的符号

交通标志的具体含义，即规定的具体内容，最终要由图形符号或文字来表达。

研究证明，在困难的视觉条件下（如低亮度、快速显示），图形符号信息无论在辨认速度还是辨认距离上均比文字信息要优越。用图形符号来表示信息的另一优点是不受语言、文字的限制，只要设计的图案形象、直观、不同国家、不同民族、不同语言文字的驾驶人员均可理解、认读。因此，以符号为主的标志受到联合国的推荐，并已被世界上绝大多数国家采用。

《道路交通标志和标线》对标志的图形符号及文字有如下规定：

（1）标志上的图形符号应严格按标准制作，不得任意修改图案。

（2）标志上的汉字、拉丁字和阿拉伯数字应采用GB 5768—1999规定的字体。

（3）指路标志采用中英文对照时，汉字应置于英文之上，英文字母的高度为汉字高度的一半，小写字母的高度为其大写字母高度的3/4。

三、交通标志的文字尺寸和视认距离

标志牌的大小应能保证在距标志一定距离内，能清楚地识别标志上的图形和符号文字，故符号及文字的大小应满足必要距离的条件，从而决定标志牌的大小尺寸，此距离称为视认距离。

视认距离与行驶速度有关，据日本研究的资料如表8-2所示。文字尺寸应与车辆行驶速度相适应，并应按设置地点的交通量、车道宽度、地形与线形情况以及周围环境而有所变化。指路标志上汉字高度如表8-3所示，字宽与字高相等。

视认距离与行驶速度关系 表8-2

速度（km/h）	<50	60	70	80	90	100
视认距离（m）	240h	239h	236h	227h	209h	177h

注：h为文字的高度（m），表中为白天数值，夜间为60%～70%。

文字尺寸和行车速度关系 表8-3

计算行车速度（km/h）	汉字高度（cm）	计算行车速度（km/h）	汉字高度（cm）
>100	40	60～40	20
90～70	30	<30	10

四、交通标志设置的原则

为了充分发挥交通标志的使用效果，交通标志的设置应遵循以下原则。

（1）道路标志的设置应通盘考虑，整体布局。标志布设应做到连贯性、一致性，给道路使用者提供全面的资讯,满足各种道路交通信息的需要。

(2)道路标志的设置应确保行驶的安全、快捷、通畅。标志的布设应以完全不熟悉周围路网体系的外地驾驶员为对象,通过标志的引导,能顺利的、快捷地抵达目的地,不允许发生错向行驶。

(3)道路标志给予道路使用者提供正确、及时的信息,避免提供过多的信息,防止信息过载。重要的信息应给予重复显示的机会。

(4)道路标志的位置应根据标志的类别分别计算确定,应充分考虑道路使用者对标志感知、识别、理解、行动的特性,根据速度和反应时间确定合适的设置地点。

(5)道路附属设施(如上跨桥、照明设施、监控设施等)及路上构造物(如电杆、电话、消防栓、广告牌、门架等)对标志视认性的影响要给予高度重视。在标志布设时要随时注意上述设施对标志板面的遮挡,以免影响标志的视认性。对行道树及中央带绿篱,在枝叶生长茂密季节,必须注意枝叶对标志视认性的影响。

(6)静态的交通标志应该与可变标志相辅相成、互相配合、统一布局、形成整体。

(7)应避免在交叉口处标志林立,妨碍驾驶员视野。交叉口以设置指路标志和禁令标志为多,对于指路标志,可采用前置预告的方法,把位置错开。驾驶员通过路口后,可以看到确认标志,使驾驶员知道他现在行驶的方向是否正确。禁令标志可采用组合方式或加辅助标志的方法,以减少标志数量。

(8)交通标志是交通管理设施,路上的标志具有法律效力。因此,设置标志是一项严肃、认真的工作,必须尽力避免由于标志设置不当对交通流造成影响或给管理上带来麻烦。为此,应根据交通管理法规及有关标准,正确、合理的设置交通标志。

(9)道路标志的设置不得侵占建筑界限,保证侧向余宽。标志牌不应侵占人行道有效宽度和净空高度。

五、路面标线

道路交通标线是规定的线条、箭头、文字、立面标记、突起路标或其他的导向装置,常敷设或漆画于路面及构造物上,用以管理和引导交通的设施。它作为一种交通管理设施,起引导交通与保障交通安全的作用,具有强制性、服务性和诱导性。交通标线主要采用黄色和白色两种颜色,要求涂在地面上能形成醒目的地面标线,并且要求有一定耐磨性、耐溶剂性。为适应夜间行车,路面标线宜用反光涂料,对于特别需强调的路段,可增设反光突起路标,以警示驾乘人员,保证夜间行车安全。

路面标线是引导驾驶员视线、管制驾驶员驾车行为的重要手段,它可以确保车流分道行驶,导流交通行驶方向,指引车辆在汇合或分流前进入合适的车道,加强车辆行驶纪律和秩序,促使更好的组织交通。正确设置交通标线能合理的利用道路有效面积,改善车流行驶条件,增加道路通行能力,减少交通事故。

道路交通标线按功能可分为指示标线、禁止标线和警告标线三大类。

1. 指示标线

指示标线是指示车行道、行车方向、路面边缘、人行道等设施的标线。

指示标线又可分为以下三类(图8-8)。

纵向标线:包括双向车道路面中心线,车行道分界线,车行道边缘线。

横向标线:包括人行横道,距离确认线。

其他标线：包括高速公路出入口标线，停车位标线，港湾或停靠站标线，收费岛标线，导向箭头，路面文字标记等。

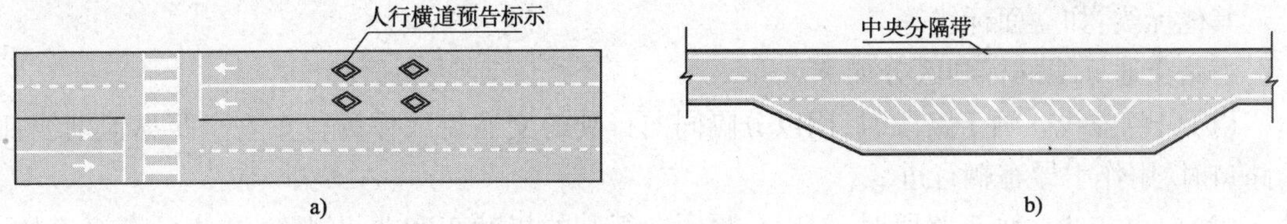

图 8-8　道路指示标线

a）人行横道预告标示；b）港湾式停靠站

2. 禁止标线

禁止标线是告示道路交通的遵行、禁止、限制等特殊规定、车辆驾驶人及行人需要严格遵守的标线。

禁止标线可分为如下三类（图 8-9）。

纵向禁止标线：包括禁止超车线，禁止变换车道线，禁止路边停放线等。

横向禁止标线：包括停止线，停车让行线，减速让行线等。

其他禁止标线：如非机动车禁驶区标线，导流线，网状线，专用车道线，禁止掉头线等。

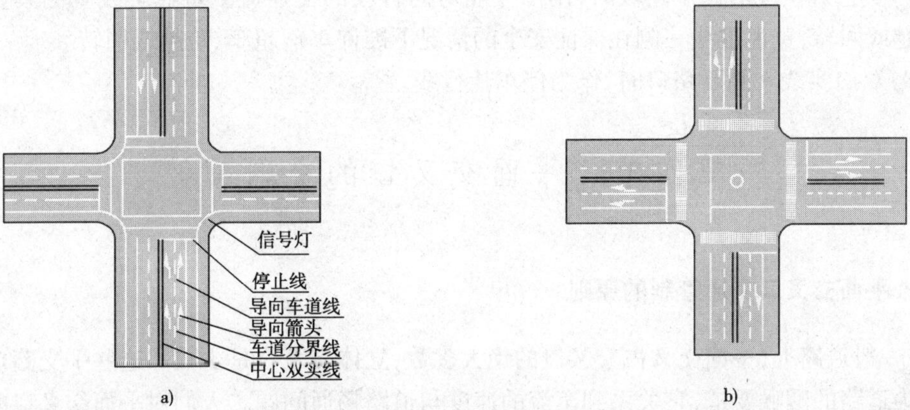

图 8-9　道路禁止标线

a）信号灯路口的停止线；b）非机动车禁驶区标线

3. 警告标线

警告标线是促使车辆驾驶人及行人了解道路上的特殊情况、提高警惕、准备防范应变措施的标线。

警告标线可分以下三类（图 8-10）。

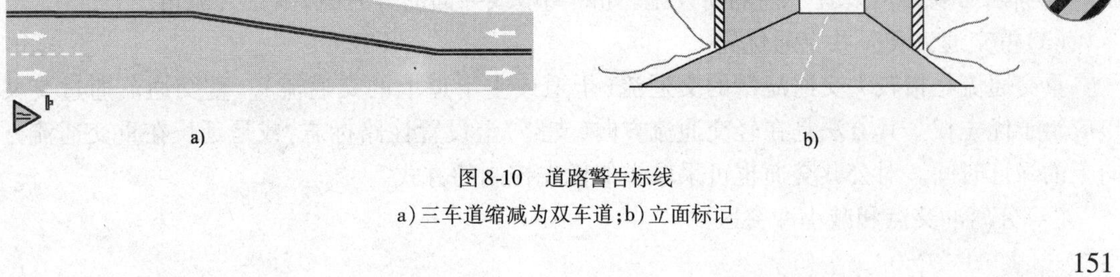

图 8-10　道路警告标线

a）三车道缩减为双车道；b）立面标记

纵向标线:如车行道宽度渐变段标线,路面障碍物标线,近铁路平交道口标线等。

横向标线:如减速标线,减速车道线等。

其他标线:如立面标线等。

道路交通标线的标画区分如下。

(1)白色虚线。画于路段时,用以分隔同向行驶的交通流或作为行车安全距离识别线;画于路口时,用作引导车辆行进。

(2)白色实线。画于路段时,用以分隔同向行驶的机动车和非机动车,或指示车行道的边缘;设于路口时,可用作导向车道线或停止线。

(3)黄色虚线。画于路段时,用以分隔对向行驶的交通流;画于路侧或缘石上时,用于禁止车辆长时间在路边停放。

(4)黄色实线。画于路段时,用以分隔对向行驶的交通流;画于路侧或缘石上时,用以禁止车辆长时间或临时在路边停放。

(5)双白虚线。画于路口时,作为减速让行线;画于路段时,作为行车方向随时间改变的可变车道线。

(6)双黄实线。画于路段时,用以分隔对向行驶的交通流。

(7)黄色虚实线。画于路段时,用以分隔对向行驶的交通流。黄色实线一侧禁止车辆超车、跨越或回转,黄色虚线一侧在保证安全的情况下准许车辆超车、跨越或回转。

(8)双白实线。画于路口时,作为停车让行线。

第四节　平面交叉口的交通管控

一、平面交叉口交通管制的原则

在一般道路上,平面交叉占交叉口的绝大多数,立体交叉只是少数。这些平交路口犹如瓶颈,成为道路的咽喉要道,它关系到车流的速度与道路畅通问题。人们对平面交叉口的要求是既要安全又要畅通。因此采取从时间上把交叉口的交通冲突点分开的方法,按不同道路性质、等级与交通情况采取不同的管制措施,使车辆能安全、高效通过。

对平面交叉口交通管制一般遵循以下的原则。

(1)减少冲突点

保证交叉口交通安全的基本方法是减少冲突点,可采用单行线、禁止左转弯、在交通拥挤的平面交叉口排除左右转弯等方法。

(2)控制相对速度

可采用严格控制车辆进入交叉口的速度;对于右转弯或左转弯应严格控制其合流角,以小于30°为佳;必要时可设置一些隔离设施(如隔离墩或导向岛等)用以减小合流角。

(3)重交通流和公共交通优先

重交通流是指较大交通流量的交通流(干道或主干道上的交通流)。重交通流通过交叉口应给予优先权。其方法是在轻交通流方向(支路)上设置让路标志,或是延长在重交通流方向上的绿灯时间。对公共交通也可采取类似优先控制的方式。

(4)分离冲突点和减小冲突区

交叉口上的交通流是复杂的，各种车辆在合流与分流的过程中所产生的车辆交叉运动，有的路径太接近甚至重叠，有的偏离过大，导致交叉口上冲突点增多和冲突区扩大，安全性大大降低。对此运用分离冲突点和减小冲突区的原则能收到较好的效果。如左转弯时，规定机动车小迂回，而非机动车大迂回；画上自行车左转弯标示线（有条件可设置隔离墩），防止自行车因急拐弯而加大冲突区；在路口某些部分画上禁止车辆进入的标示线，限定车辆通行区域；或在交叉口上设置左、右转弯专用线；以及严加禁止交叉口邻近处（约至停车线50m的范围内）设公共电、汽车站或允许停车等，这些都是分离冲突点减小冲突区的有效办法。

（5）选取最佳周期，提高绿灯利用率

在有固定周期自动交通信号机交叉口处，应对各方向的交通流常做调查，根据流量大小计算最佳周期和绿信比，以提高绿灯利用率，减少车辆在交叉口的延误。

其他一些交叉口交通管制原则，如对不同的交通流进行分离，对机动车和非机动车画出各行其道的车道线，较多行人横过道路（超过15m）时，在路中央设置安全岛，都是常用且行之有效的管理原则。具体运用上述原则时，应注意到综合考虑，灵活应用。

二、平面交叉口交通管制方式的种类

现在常用的平面交叉口的交通管制有以下几种方式。

1. 交通信号控制

按控制的范围可分为三种基本类型。

（1）点控制，是指个别独立交叉口的信号灯控制，此法又可分为单点定时信号控制和感应式控制两种，感应式控制又可分为全感应式和半感应式。

（2）线控制，是指对一条主干道相邻交叉口的信号实行协调自动控制，亦称绿波通行带或绿波控制。

（3）面控制，是指对城市中某区域的所有交叉路口的交通信号，用电子计算机实行统一协调的自动控制。

2. 停车控制

车流进入或通过交叉路口时，必须先停车，观察到达路口的车流情况而后进入或通过，一般又分为：

（1）多路停车法，是在交叉口所有引道入口的右方设立停车标志，让所有到达交叉口的车辆必须先停车待出现空当再通过，此法又称为全向停车或四路停车，多为临时措施。

（2）二路停车法，是在次要道路进入交叉口的引道上设立停车标志，使次要道路的来车必须先停车，等候间隙出现再通过，此法亦称单向停车或两路停车法。

3. 让路法

在次要路口或车辆较少的引道入口处设让路标志，使驾驶员放慢车速，看清相交道路有无来车，估计有适当间隙可以通过再加速通过。

4. 自行调节法

即采用中央岛，让各路进入车辆按逆时针方向统一、连续行驶通过环形交叉。

5. 不设管制

交通量很小的交叉口一般均不设管制，如居民区内部的交叉口等。

三、交通管制方式选择

1. 影响方式选择的因素

交叉口控制方式的选择是一个涉及多因素的问题，如设施、营运的经济性，相交道路的性质、等级，车流量大小、组成、方向分布，设计车速，安全保障，行人、自行车多少以及环境与当地自然条件等，但主要影响因素是设计小时交通量、相交道路性质、安全保障与不同控制方式可能提供的通行能力，可能取得的最小延误。

我国目前对这些问题的研究还很不深入，只能借鉴国外的成果与国内局部地区的经验。

2. 按相交道路性质、类型选择

根据快速路、主干路、次干路及支路四类相互交叉情况进行选择，不同类型交叉口的管制方式可参考表 8-4 进行。

按相交道路性质选择管制方式 表 8-4

序　号	交叉口类型	可能的管制方式
1	快速干道与次干道	信号*
2	快速干道与支路	二路停车或信号
3	主干道与主干道	信号
4	主干道与次干道	信号或二路停车
5	主干道与支路	二路停车
6	次干道与次干道	信号、多路停车、二路停车或让路
7	次干道与支路	二路停车或让路
8	多于四条道路交叉口或畸形交叉口	环形交叉或信号
9	支路与支路	二路停车、让路或不设管制

注：* 对于信号灯设置的具体依据将在下一节中介绍。

3. 按交通量和事故情况选择

按交叉口交通量的大小和事故情况进行选择，参数见表 8-5。交通量以小汽车计，若为其他车型，则需换算为小汽车。

按交通量和事故情况选择管制类型 表 8-5

项　目			管　制　类　型				
			不设管制	让路	二路停车	多路停车	交通信号
交通量	主要道路(辆/h)					300	600
	次要道路(辆/h)					200	200
	合计	(辆/h)	100	100 ~ 300	300	500	800
		(辆/d)	≤1 000	<3 000	≥3 000	5 000	8 000
每年直角碰撞(或人身伤害)事故次数			<3	≥3	≥3	≥5	≥5

4. 其他因素

自行车在行人流量特别大,有需要时可以安装行人过街定时信号灯。倘若主次干道车流量高峰小时特别集中、间隙特别小时,则应安装车辆感应式自动控制信号灯,以便在高峰时能自动调整主次道路红绿灯间隙,使次要道路来车有可能进入或通过交叉路口。

四、车辆行驶管理

机动车行驶管理是指对运动中的机动车进行管理,主要包括:

(1)行驶中的分道管理。行驶中的分道管理就是对同方向行驶的车辆按车种类型的不同或行驶速度的不同,实施交通流分离管理。一是分离非机动车与机动车,严格控制非机动车驶入机动车道;二是在有条件的道路上分离公交车辆与其他机动车、保证公交车辆优先通行;三是在划分快、慢机动车道的道路上分离低速机动车与快速机动车,提高车道的通行效率和车辆的行驶速度;四是机动车在进入划有路口转向指示符号的道路上分离左转、右转、直行车辆,要求通过道路交叉路口的车辆应在转向符号的标示起点,根据行驶方向、目的,及时变换车道。

(2)行驶中的操作管理。行驶中的操作管理就是对车辆的操作规程、实施规范或约束的管理。一是在狭窄的双向道路上,要求驾驶员礼让通行;二是在道路上超车,必须符合交通规则规定的条件,严禁强行违章超车;三是同一车流中的车辆必须保持前后车距,以避免紧急制动所引起的碰撞。前后车距的大小由车流速度、路面状况及驾驶员的反应时间等因素决定。

车辆管理的目的是使车辆经常保持良好的行驶性能,保证交通安全。我国的车辆管理主要依据国家标准《中华人民共和国道路交通安全法》执行。

五、行人管理

1. 行人管理的必要性

(1)减少交通事故,提高安全性。减少交通事故数、降低严重程度是行人管理的首要任务。与机动车比较,行人的步行速度慢而且容易受伤害,车与行人相撞几乎不可避免地要造成行人受伤,甚至导致死亡。

(2)减少行人对交通流的干扰,提高道路通行能力。在有大量人流的路段和交叉口,会降低其通行能力,因此需要对行人重点管理。在非信号灯管理路口有稳定的人流占用人行横道就会大大降低车辆的通过量。在信号灯管理路口缺少专用的行人信号时,车辆转弯易与行人发生冲突,可能造成交通拥挤或事故。

2. 对行人实施的技术管理与设施

(1)人行横道。为了使行人集中在交叉口步行区通过,通常需要用专门的标线画出人行横道。或在不规则的交叉口行人要穿行道路的地方规定步行区。

(2)人行信号灯。在信号交叉口设置人行信号灯,使行人在规定的时间内通过交叉口,以减少由于行人横穿交叉口所引起的交通事故。

(3)行人过街地道与天桥。设置过街地道与天桥能从根本上消除行人与机动车的冲突。但建设费用昂贵,因此仅用在重点地段,如学校、商业中心的交叉路口。

行人通过路口或者横过道路,应当走人行横道或者过街设施;通过有交通信号灯的人行横道，应当按照交通信号灯指示通行；通过没有交通信号灯、人行横道的路口，或者在没有过街设施的路段横过道路，应当在确认安全后通过。

第五节　信 号 管 制

一、交通信号管制的含义、作用与方式

1. 交通信号管制的作用

解决交叉口的交通冲突，就理论方面分析有两种方法，一是空间分离，如渠化、立交等，另一为时间分离，如信号控制法、多路停车法及让路法等。本章只讨论时间分离法，主要讨论信号控制法。交通信号的作用是从时间上将相互冲突的交通流予以分离，使其在不同时间通过以保证行车安全，同时交通信号对于组织、指挥和控制交通流的流向、流量、流速以及维护交通秩序等均有重要的作用。

2. 信号灯的种类

在道路上用来传送具有法定意义指挥交通流通行或停止的光、声、手势等，都是交通信号。

道路上常用的交通信号有灯光信号和手势信号。灯光信号通过交通信号灯的灯色来指挥交通；手势信号则由交通管理人员通过法定的手臂动作姿势或指挥棒的指向来指挥交通。手势信号现在仅在信号灯出现故障时或无交通信号灯的地方使用。

从设置地点来看，除交叉口交通信号灯外，还有人行横道信号灯和车道信号灯等灯光信号。车道信号灯，悬挂在多车道道路的上空，有绿色箭头灯，箭头指向所对的车道，此灯亮时，表示该车道可通行；还有红色信号灯，此灯亮时，指示该车道前方不能通行，在该车道上行驶的车辆必须立即更换车道。车道信号灯一般多用在高速道路、大桥、隧道及有可逆方向车道的道路上。本章主要探讨交叉口交通信号灯。

交通信号灯及其控制技术随交通的发展而发展。初期的信号灯仅红、绿两色，绿灯表示允许通行，红灯表示不准通行，十分简单。用在交叉口中，由人工操作，哪条路上先来车就给亮绿灯，指挥来车通过；同时给相交的横向路亮红灯，指挥该路上的来车暂停，等候绿灯通行，以维持车辆通过交叉口秩序。

到 1918 年在美国纽约街头出现了红、黄、绿三色信号灯，后来这种信号灯被普遍采用。随着交通的发展，在交叉口上，各方向的车—车冲突，车—人冲突越来越复杂，对车流、人流需要更为严密的时间分离。为适应这种发展的要求，信号配时技术的研究不断进步，相继出现了各种时间分离的方法；同时，由于电子技术的发展也设计出了适应需要的信号控制机与交通检测器，相应的就产生了符合多种时间分离方法的多样化的现代化信号灯。

现代信号灯，除了原来红、黄、绿三色基本信号灯外 ，又增加了以下两种信号灯。

(1)箭头信号灯

箭头信号灯是在灯头上加一个指示方向的箭头，可有左、直、右三个方向。它是专门为分离各种不同方向交通流，并对其提供专用通行时间的信号灯。这种信号，当然只在设有专用转弯车道的交叉口上使用才能有效。在一组灯具上，具备左、直、右三个箭头信号灯时，就可取代普通的绿色信号灯。

(2)闪烁灯

普通红、黄、绿或绿色箭头灯，在启亮时，按一定的频率闪烁，以补充其他灯色所不能表达

的交通指挥意义。

我国有些城市,安装了一种附有随灯色显示时间倒计时间显示的一种信号灯,可以告诉驾驶员,正在显示的灯色所余留的时间,随时掌握自己的驾车动作。

3. 交通信号的含义与基本规定

随着信号灯种类的发展,各国使用这些信号灯的方法差别也越来越大,各自给各种信号灯赋予不同的含义,使国际间的交通往来发生很多混乱,特别是在欧洲,这种情况较严重。在各方呼吁下,1968 年,联合国综合各国对交通信号灯含义的规定,曾讨论颁发过《道路交通标志和交通信号协定》,对各种信号的含义,做过一个基本统一的规定。1974 年,欧洲各国交通部长联席会议又协议商订了《欧洲道路交通标志和信号的协定》,会议有欧洲十八个国家参加,美国、加拿大、澳大利亚、日本也派员参加。会议要求各国在协议生效后十年内,逐步统一使用信号规定。

《欧洲道路交通标志和信号的协定》对信号灯含义规定摘要如下。

(1)非闪灯

①绿灯:表示车辆可以通行,在平面交叉口中,面对绿灯的车辆可以直行、左转或右转,左右转弯车辆必须让合法通行的其他车辆和人行横道线内的行人先行。但是如果在该绿灯所允许通行的方向上,交通非常拥挤,以致进路口车辆,在灯色改变之后,还是通不过,这时,即使亮绿灯,车辆也不得通行。

②红灯:表示不允许车辆通行,面对红灯的车辆不能超过停车线。

③黄灯:表示即将亮红灯,车辆应该停止。除非黄灯刚亮时,已经接近停车线,无法安全制动的车辆,可以开出停车线。

(2)闪灯

①红闪灯:警告车辆不准通行。

②黄闪灯或两个黄灯交替闪亮:表示车辆可以通行,但必须特别小心。

(3)箭头灯

①绿色箭头灯:表示车辆只允许沿箭头所指的方向通行。

②红色或黄色箭头灯:表示仅对箭头所指的方向起红灯或黄灯的作用。

(4)专用于自行车的信号灯

应在信号灯上加有自行车的图形。

除此以外,各国的交通信号灯的含义基本上是在上述协定的基础上进行统一规定,再加些独特的补充规定而形成的。

我国对信号灯的含义做了详细的规定,基本上与国际规定一致,另有一条规定:右转弯车辆和 T 形交叉口右边无人行横道的直行车辆,遇黄灯或红灯时,在不妨碍被放行的车辆和行人通行的情况下,可以通行。这条规定,当然只在不用箭头灯时才适用。

4. 交通信号控制装置的基本方式

目前我国使用的交通控制装置主要有下列几种:

(1)手动单点信号装置,从 100 多年前在伦敦开始使用,直到目前为止,还有不少城市仍然使用,且为数不少。

(2)定时(周期)自动信号装置,自 1916 年在美国正式开始使用之后,现在已为各国普遍采用,我国许多城市也正在使用这种装置。

(3)车辆感应式控制装置,又分为全感应式或半感应式两种,自 1928 年在巴尔的摩使用之后,现已为各国争相采用。

(4)线控联动信号装置,亦称为绿波系统,自1917年美国盐湖城开始使用,现已受普遍重视和采用。

二、设置信号灯的依据

合理设计信号控制的交叉口,其通行能力比设有停车或让路标志的交叉口大。设有停车或让路标志的交叉口的交通量接近其通行能力时,车流就会不畅通而大大增加车辆的停车与延误,特别是次要道路上的车辆,停车、延误更加严重。这时,把设有停车或让路标志的交叉口改为信号控制的交叉口可能就恰到好处,可改善次要道路上的通车,减少其停车与延误。如果交通量没有达到需要设置信号灯的时候,不合理地将停车标志交叉口改为信号控制交叉口,则结果就可能适得其反。以下从正反两方面来说明不合理的设置信号控制的弊端。

将停车、让路标志交叉口改为信号控制交叉口,消除了原停车或让路标志交叉口的优点。在设有停车或让路标志的交叉口上,对主要道路车辆是保证畅通无阻的,可以看成没有这个交叉口一样,因此,主要道路车辆延误很少。改为信号控制交叉口之后,就要为少量次要道路的车辆放绿灯,势必给主要道路车辆增加许多不必要的红灯时间,从而使主要道路上的车辆产生大量的停车与延误。而在次要道路上,因车少,有些时候却亮着绿灯无车通行。这在我国各地是屡见不鲜的事实。这些被迫产生的停车与延误,导致显著而又是无谓的能耗与运行费用的浪费。

交通控制信号的主要功能已如前述,是在道路车辆相交处分配车辆通行权。但不幸的是,交通信号控制往往被看成是能治道路交叉百病的灵丹妙药。最普遍的是把交通控制信号看成是主要的安全设施。虽然交通安全公认是交通管理的一个重要方面,但它不是信号控制的主要目标。实际上,能正确设计、合理设置和运行交通控制信号,是可以兼有改善交通安全的效果的,但这只是交通控制信号主要目标的一个副产品。交通控制信号的主要目标是使各类、各向交通有秩序、高效率的通行。

如果交通控制信号被看成是种交通安全设施,仅为交通安全而在交叉口盲目设置,那么,大量的交通事故恰恰增加在不合理设置信号灯的地方又说明了什么呢?由于主要道路上驾驶员遇红灯而停车,但他在相当长的时间内并未看到次要道路上有车通行,就往往会引起故意或无意的闯红灯。因此,信号控制交叉口的交通事故,往往多发生在交通量较低的交叉口上,或是交通量较低的时段内。不少事故记录表明,最惊人和最危险的事故往往就发生在这种交叉口上。因此,研究制定合理设置交通信号灯的依据是十分必要的。在技术上,使设置信号灯有据可依,避免乱设信号灯现象;在经济上,可避免无谓的投资浪费;在交通上,可避免不必要的损失和浪费。

信号灯设置虽有理论计算或实际观测方面的依据,但由于各个国家或地区的交通条件的差异,经济与交通习惯的不同,各个国家依据的内容、指标、数据,甚至理念上均不完全一致,下面简述如下:

1. 日本的规定

(1)以机动车流量为依据

交叉口机动车白天12h(7~19h)的总交通量在9 000辆以上,高峰小时总交通量在1 000辆以上。

(2)以行人流量为依据

在白天12h路段上交通量在6 000辆以上，高峰小时在650辆以上，主要道路人行横道线高峰小时行人大于200人/h。

(3)如需同时考虑车辆与行人时，则应根据车流量、行人流量与事故记录综合考虑。

2. 我国的规定

国家技术监督局2006年12月发布《道路交通信号灯设置与安装规范》(GB 14886—2006)，规定的主要内容如下。

(1)信号灯设置条件总则

①信号灯设置时应考虑路口、路段和道口三种情况。

②应该根据路口形状、交通流量和交通事故状况等条件，确定路口信号灯的设置。可设置专用于指导公共交通车辆通行的信号灯及相应配套设施。

③应根据路段交通量和交通事故状况等条件，确定路段信号灯的设置。

④在道口处，应设置道口信号灯。

⑤在设置信号灯时，应配置相应的道路交通标志、道路交通标志线和交通技术监控设备。

(2)路口信号灯设置

路口形状主要分为：十字形、斜交、T形、Y形、错位T形、错位Y形、多路、环形路口。下面是十字形、斜交、T形、Y形路口信号灯设置的规定。

①当相交的两条道路均为干路时，应设置信号灯。

②当相交的两条道路中有一条为支路时，应根据交通流量(见表8-6、表8-7)和交通事故状况等条件，确定是否设置信号灯。

(3)用于路口指导机动车通行的信号灯设置的交通流量条件

①路口机动车高峰小时流量超过表8-6所列数值时，应设置信号灯。

路口机动车高峰小时流量 表8-6

主要道路单向车道数(条)	次要道路单向车道数(条)	主要道路双向高峰小时流量(pcu/h)	流量较大次要道路单向高峰小时流量(pcu/h)
1	1	750	300
		900	230
		1 200	140
1	≥2	750	400
		900	340
		1 200	220
≥2	1	900	340
		1 050	280
		1 400	160
≥2	≥2	900	420
		1 050	350
		1 400	200

注：主要道路指两条相交道路中流量较大的道路。次要道路指两条相交道路中流量较小的道路。车道数以路口50m以上的渠化段或路段数计。在无专用非机动车道的进口，应将该进口进入路口非机动车流量折算成当量小汽车流量并统一考虑。在统计次要道路单向流量时应取每一个流量统计时间段内两个进口的较大值累计。

②任意连续8h的机动车小时流量条件

任意连续 8h 的机动车平均小时流量超过表 8-7 所列数值时,应设置信号灯。

路口任意连续 8h 的机动车小时流量 表 8-7

主要道路单向车道数(条)	次要道路单向车道数(条)	主要道路双向高峰小时流量(pcu/h)	流量较大次要道路单向高峰小时流量(pcu/h)
1	1	750	75
		500	150
1	≥2	750	100
		500	200
≥2	1	900	75
		600	150
≥2	≥2	900	100
		600	200

(4)路口非机动车信号设置

对于机动车单行线上的交叉口,在与机动车交通流相对的进口应设置非机动车信号灯。非机动车驾驶员在路口距停车线 25m 范围内不能清晰视认用于指导机动车通行的信号灯的显示状态时,应设置非机动车信号灯。

(5)在采用信号控制的路口,已施画人行道标线的,应设置人行道信号灯。

不同国家规定的指标不完全相同,但总的理论基础与主要指标,还是相同的或相近的,主要为流量大小、行人多少与交通事故数。

从具体指标来看,机动车设灯的标准,彼此相差不是太大,而人行方面相差却很大,如我国为 500 人/h,而其他国家多为 200 人/h,我国是发展中的国家,经济上不富裕加上行人众多,设灯的门槛高一点也是可以理解的。但对于我国各城市普遍存在的比重还相当大的自行车流,特别是还有些道路是机动车与非机动车混行,彼此干扰,对路口通行能力、行车安全与交通秩序、及设灯标准等的影响似乎还值得进一步商榷。

当然,在交叉路口信号灯配时设计时应以国标为依据,同时也要尽可能考虑交通组成、交通安全、发展趋势、经济效益、行车方便等各有关因素,做到依据标准,从实际出发,实事求是,科学合理。

三、交通信号基本参数的确定

单点定时交通信号的主要参数为相位、周期长度、绿信比,一般称为三要素,其他还有最小绿灯时间,考虑行人过街,黄灯时间等,分别说明如下。

1. 相位(或称信号相)

信号机在一个周期内有若干个控制状态,每一种控制状态即称为相,也就是在一个周期时间内,对一条或几条车流按顺序发出同步同色信号显示顺序,并按此顺序循环开放信号灯,每一种不同组合信号称为相。

一般多用二相定时信号,东西通行,南北不通为一相,南北通行,东西不通又是一相,此即二相位(如图 8-11),在某些情况下有三相位、四相位(如图 8-12),一直到八相位。

对于行车而言,相位越多越安全,但相位越多,周期越长,延迟的时间也就越长,效率也就越低。相反,相位少,交叉口车流虽然较乱,但通行效率反而高。

2. 周期长度

周期长度是信号机设计的基本项目，在计算中首先将进入交叉口的各种车辆换算成标准小汽车，并将左转车折合成等效直行车。

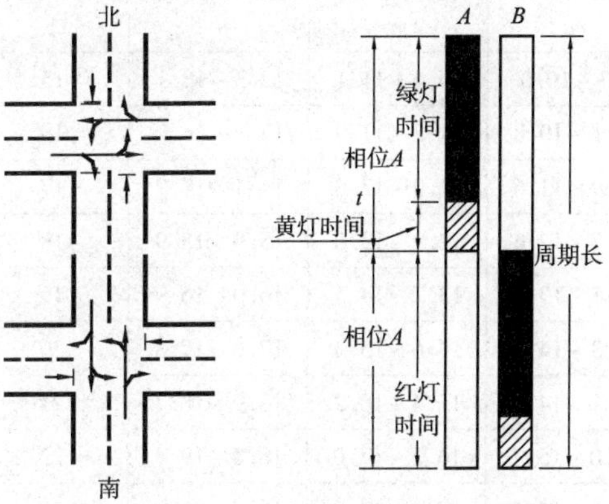

图 8-11　二相位示意图

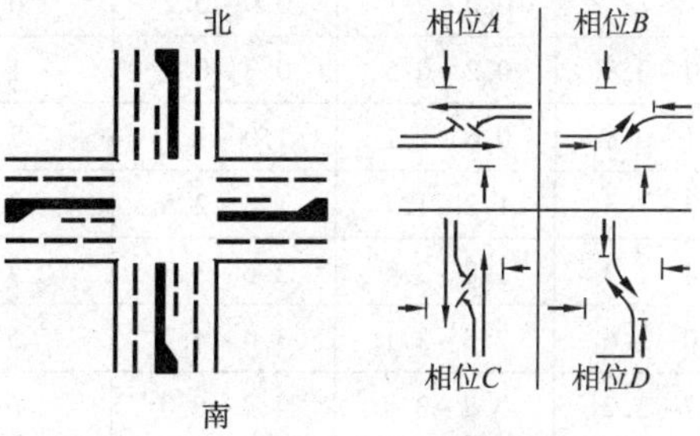

图 8-12　四相位示意图

(1)车辆换算

等效车流量：

$$V_b = \frac{V + 0.6L + 0.5H}{N} \tag{8-1}$$

式中：V_b——进入交叉口车换算成标准直行小汽车(辆/h)；

V——实际进口总车流量(辆/h)；

L——左转车辆数；

H——公共汽车和货车数量(辆)；

N——有效车道条数。

(2)周期长度、相位和交通量的关系

交通量大就要增加相位，而相位增加则要延长周期，它们之间的关系可查有关的图表求出。

3. 绿信比

绿信比是一个相位的绿灯显示时长同周期时长之比，以百分数(%)表示，亦即一个周期内可用于车辆通行的时间比例，根据美国得克萨斯州交通研究所的报告，对于分道行驶的交叉口，可以通过式(8-2)来确定绿灯时间长短。

$$n_E = \frac{G - t_{前}}{t_i} + 2 \tag{8-2}$$

式中：n_E——为绿灯时间内从某个车道进入交叉口的车辆数；

$t_{前}$——车队中前两辆车进入交叉口所需时间(s)；

t_i——前两辆车之后各车的平均车头时间间隙(s)；

G——绿灯时间(s)。

或采用式(8-3)：

$$G = 2.1x + 3.7(s) \tag{8-3}$$

式中：x——周期内来车数，可查表 8-8(泊松公式制成的 m—x 表)。

m—x 数 值 用 表 表 8-8

置信度 85%	置信度 90%	置信度 75%	周期内来车数	置信度 85%	置信度 90%	置信度 75%	周期内来车数
m	m	m	x	m	m	m	x
	0.0~0.1	0.0~0.2	0	9.3~10.0	10.4~11.1	12.3~13.1	15
0.0~0.3	0.2~0.5	0.3~0.9	1	10.1~10.8	11.2~11.9	13.2~14.0	16
0.4~0.8	0.6~1.1	1.0~1.7	2	10.9~11.6	12.0~12.8	14.1~14.9	17
0.9~1.3	1.2~1.7	1.8~2.5	3	11.7~12.4	12.9~13.6	15.0~15.9	18
1.4~1.9	1.8~2.4	2.6~3.3	4	12.5~13.2	13.7~14.5	16.0~16.9	19
2.0~2.6	2.5~3.1	3.4~4.2	5	13.3~14.0	14.6~15.3	17.0~17.8	20
2.7~3.2	3.2~3.8	4.3~5.0	6	14.1~14.9	15.4~16.2	17.9~18.7	21
3.3~3.9	3.9~4.6	5.1~5.9	7	15.0~15.7	16.3~17.0	18.8~19.6	22
4.0~4.6	4.7~5.4	6.0~6.8	8	15.8~16.5	17.1~17.9	19.7~20.5	23
4.7~5.4	5.5~6.2	6.9~7.7	9	16.6~17.4	18.0~18.8	20.6~21.5	24
5.5~6.1	6.3~7.0	7.8~8.6	10	17.5~18.2	18.9~19.7	21.6~22.4	25
6.2~6.9	7.1~7.8	8.7~9.5	11	18.3~19.0	19.8~20.6	22.5~23.3	26
7.0~7.7	7.9~8.6	9.6~10.4	12	19.1~19.9	20.7~21.5	23.4~24.3	27
7.8~8.4	8.7~9.4	10.5~11.3	13	20.0~20.7	21.6~22.3	24.4~25.2	28
8.5~9.2	9.5~10.3	11.4~12.2	14				

4. 绿灯间隔时间(s)

一个信号相结束放行,到另一个信号相开始放行之间的间隔时间,即一个信号相上绿灯结束到下一个信号相上绿灯开始之间的间隔时间,称为绿灯间隔时间,新式控制定为 3~5s。由于在绿灯间隔时间内变换信号灯色的两条进口道都产生了一段通车时间的损失,因此绿灯间隔时间,在符合安全的前提下应取最小值。

5. 黄灯时间($T_{黄}$)

黄灯时间是为了将已经进入交叉口并正在前进的车辆,从交叉口内予以清除所需的时间,亦可看成一种安全措施,由车速和交叉口的宽度确定,而与交通量的大小无关。一般定为 3~5s。或利用下式计算:

$$T_{黄} = t + \frac{v}{2d} \tag{8-4}$$

式中:$T_{黄}$——黄灯间隙持续时间(s);

v——进口车速(m/s);

d——减速度比例(m/s^2);

t——反应时间(s)。

有些国家,还应用全红灯,其全红时间约占周期长 2%,在车辆感应式自动信号机中可定为 1.5s。在驾驶员看到黄灯后,如车速很高而无法将车安全制动时,则可以继续开车通过交叉口,否则就必须将车制动停止。若黄灯时间太长则可将 2s 改为全红灯时间。

6. 行人过街定时信号设计

行人过街绿灯信号时间,一般可按式(8-5)计算:

$$G = R + (W) + 2(N - 1) \tag{8-5}$$

式中：R——行人反应时间，采用 2 ~ 3s；

G——行人过街绿灯信号时间(s)；

N——行人过街的排数；

W——人行横道的长度(即街口宽度)(m)。

按一般行人步行速度为 1.2m/s，通过人行横道长度 W，所需时间为 $W/1.2$s，为了安全起见，对走得慢的老人小孩，乘以 1.2 的安全系数，故式中用 W。

四、单点控制信号

交叉口单点信号控制，简称点控制，以单个交叉口作为控制目标，是交通信号控制的最基本形式。点控制有两种，即定周期自动信号控制与感应式信号控制。

1. 定周期(时)自动信号机

定周期自动信号机，又称定时式自动信号机，发明于 20 世纪 20 年代，应用至今。这是一种经济、可靠，而且准确的交通控制定时信号装置，它特别适应于各个方向车流量相差不大的市内各交叉口上，亦可用于将两个交叉口的信号机协调起来，使用联动装置，以减少交叉口的阻车时间。车辆少时可改用闪光灯的方法。

(1)信号机构造

定周期信号机的构造，其基本组成部分为：电动机、控制周期长的齿轮、定时刻度盘、定时键、转鼓、凸轮轴凸轮、凸轮启动装置和信号显示(灯)等。

(2)信号时间设计

把计算好的信号时间在信号机上调整好，具体操作是通过定时键来控制。

①行人过街信号时间。允许行人过街的信号灯颜色，在国外一般都是纯白色的。有时也用标示有行人侧面形象的圆形标志(有的可示意“走”和“停”的动作)。此信号大致与允许交叉口车辆通行的绿灯信号同时开放，延续时间为 7 ~ 8s，视道路宽度而定。

②多转盘式的定周期自动信号灯。当运用不同周期长度(或称不同时段)时需换用不同的转盘。如在上午高峰时段、非高峰时段和下行高峰时段等，一般要运用不同的转盘，给交叉口提供定时变化的灵活性，根据不同时段周期长度之差的大小，确定用转盘的数量。但最多一般用 3 个转盘。

2. 车辆感应式自动信号机

这种自动信号机的使用，已有 50 多年的历史。从电动机械定时，发展到目前的数字显示的固体电路定时。1977 年起又开始使用微型计算机，并组成联动信号系统。

(1)车辆感应式信号机工作过程

路面车辆检测器系统的的工作顺序为：检测器—感应器—换灯。

如图 8-13 所示，一般主干道常为绿灯，如次干道上来车，而此时主干道又无车，则主干道的绿灯马上变成黄灯并迅速转为红灯，同时次干道上信号灯变成绿灯，让次干道上车辆通过，随后又恢复主干道绿灯。这种装置在独立的交叉口具有较

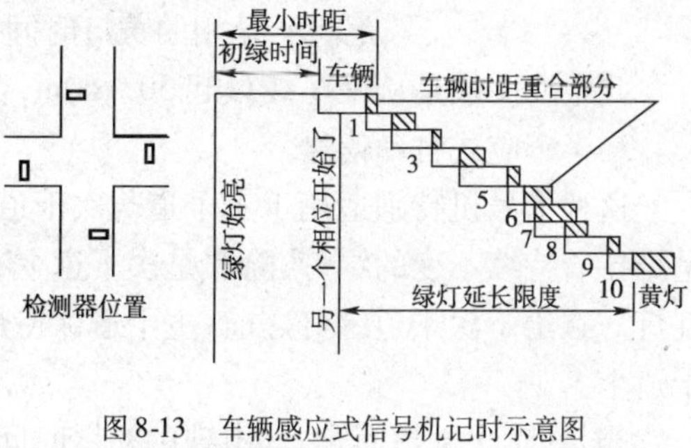

图 8-13　车辆感应式信号机记时示意图

高的灵活性,但是造价很高,且没有固定的周期和时段。

(2)关于计时的组成和功能

在图8-13左侧为交叉口平面示意图,表示四个方向上检测器(感应圈)安装的位置,一般距离路口为30m左右。计时一般包括下列内容。

①初绿灯时间间隔应使每一相均能保证车队中最后一辆车通过(在起动后能通过检测器)。

②车辆的时距(即车辆通过所需时间)如下:

$$车辆间的时距=\frac{距离(m)}{进口速度(m/s)} \tag{8-6}$$

③最短绿灯时间是给任一信号相放行通车的最短时间,这段时间,汽车停在检测器测板与停车线之间的待行车辆完全驶出为依据。

$$最短绿灯时间=初绿灯时间+车间时距(即通过时间) \tag{8-7}$$

初绿灯时间最近提出为7~13s,至多8~68s,个别为2min。

④绿灯延长限度(即最大值)。最大极限时间,应能允许初绿时间以后所到达的车辆通过。可以依靠定时时钟的控制,安排两个不同的最大时间极限值,以适应不同的交通状况。通常是在8~60s之间。

⑤感应式自动信号机功能,在最大极限时间的范围内,后续的来车能利用前车余下的车间时距,同时产生了一个新的车间时距,这个情况将一直重复到最大极限时间用完为止。

$$绿灯时间近似值=最小时距+最大极限时间 \tag{8-8}$$

⑥行人计时。必要时,由行人按动此装置中的规定按钮,让行人通过道路。此时,车辆计时无效。

⑦相位的改变。

绿灯按原相位延续直至需要有一个相反的相位才变换。即当另一条干线来车时,则原绿灯可因车间时距内无车到达或最大极限时间已用完而变灯。当另一条干线无车时,则哪条干线最后为绿灯的,继续维持绿灯不变。为了保证绿灯总是保持在主干线上,在有些信号机里安装有转换机构。使次干线的车辆放行完毕后,绿灯自动返回到主干线上。

⑧一般常用定时范围:

初　绿	2~60s	全红	0~80s
车间时距	2~20s	最大极限时间	20~120s
黄　灯	2~5s	行人过街时间	5~30s

⑨检测器安装位置。检测器离交叉口的距离,一般采用下列原则确定:车辆通过检测器时信号为红灯,而使车辆到交叉口时信号变为绿灯。

$$距离=异相的黄灯时间(s)\times 接近路口的车速(m/s) \tag{8-9}$$

此距离一般是从停车线算起30~60m,在该处安装检测器。

3. 半感应式自动信号

这种信号机特别适用于主干道与次干道相交的交叉口上,在主干道上无检测器,主干道总是维持着持续不变的绿灯,除非是次干道上有车辆和行人要通过而提出要求时才变换灯色为红灯。在给予次干道绿灯之前,主干道保持最小绿灯时间。这种信号机的检测器反安装在次干道上。

当然,对次干道而言,其出现的初绿时间和车辆时距比较短。

第六节　高速公路的交通控制

高速公路的管理、控制,以及附属交通设施是保证高速公路上的车辆能高速安全运行的必要条件。高速公路由于具有投资多,通行能力大和车速高等特点,其管理的好坏对于运输效益有很大的影响。若管理控制设施与此不能相适应,则即使按高速公路的标准进行建设,也无法达到预期的效果,甚至使交通事故层出不穷,生命财产受到重大损失。如美国洛杉矶的市区高速公路经常保持250万辆小客车的日交通量,由于交通管理问题未能妥善解决,估计有50万辆车须降速到80km/h以下,如平均每日每车误2min,根据各项数字推算,则每年因误时的损失可达200万美元。所以高速公路的控制与管理特别重要。

一、高速公路控制的特点

高速公路的交通控制,一般采取下列措施:

(1)平时为了预防自然阻塞,如当交通量超过道路通行能力时,就实行控制,禁止车辆驶入高速公路。

(2)万一发生交通事故等紧急情况,为迅速解除由此产生的阻塞,实行控制驶出,禁止驶入的措施,以上两项措施是为了维持高速公路行车的顺利。

(3)随着高速公路的使用,常对其周围环境造成影响和损害。为了保护环境,应在道路交通对人类将会造成危害时,实施交通控制。

高速公路交通控制的性质在正常情况和紧急情况下是不同的,在正常情况下是为了预防自然阻塞,而在紧急情况时则以解除事故阻塞为目标。

二、高速公路控制的重点和方法

高速公路应以匝道处的控制为中心,即出入口处的控制。经验表明,高速公路的交通应该有一个最佳的密度和车速,高于此密度就容易造成时停时开的不稳定车流,大大的浪费运行时间,并容易导致交通事故。控制出入口可以保持车速—密度—间距的最佳组合,当然这首先取决于路上的交通量。

控制高速公路立体交叉匝道上交通流的方法,主要是在高峰期间使用设置在匝道上和邻近系统上的车辆传感器,将整个立体交叉系统的车辆运行情况,传送到交通管理情报中心,由电子计算机决定不同方向的路口中,哪些开放,哪些关闭,同时对整个系统的出入口发出信号,指示车辆按指定的方向运行,这样整个立体交叉系统就能获得车速—密度—间距的最佳组合。

三、高速公路控制系统的组成

高速公路现代化管理系统按功能划分,可分为通信系统、监控系统、收费系统和电源系统四大部分。每个系统又包括若干个功能单元,每个功能单元完成一些特定的功能,系统组成如图8-14。

(1)通信系统包括干线通信(微波、光纤等)、移动通信、程控交换、紧急指令等系统设备,完成的主要任务是:根据规定的技术要求确保全系统数据、命令、图像及语言传输的及时性和准确性。

(2)监控系统包括数据采集(主干线和匝道)、中心控制、情报显示、电视监视等系统设备。主要完成实时采集、记录和显示交通流数据、事故信息、气象信息,并据此判断各路段的交通状况,发布交通控制信息,对全线交通状况进行控制和调度。

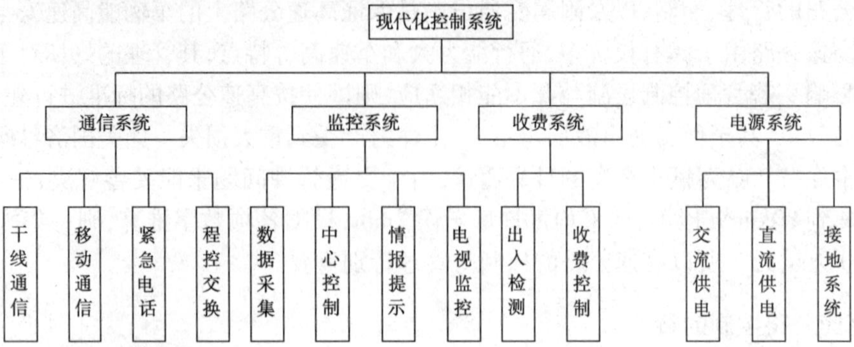

图 8-14 现代化管理系统功能划分框图

(3)收费系统包括出口、入口检测和收费控制等系统设备。实现的主要功能:收费口交通量统计和车辆分类,按标准收取通行费并发放收据,汇总、整理收费的有关数据和交通流数据,传送到上一级计算机和监控中心进行处理,并根据监控中心发布的命令,对出入高速公路的车辆进行控制和调节。

(4)电源系统包括交流供电、直流供电、接地系统及路面供电系统等设备,主要功能:按照规定的技术要求,不间断地对机房内部设备和外部终端安全供电。

四、监控系统

监控系统是利用电子技术和电子计算机系统,从事高速公路管理业务,对道路安全、交通状况等进行实时的监视和控制,从而达到"安全、高速、舒适、方便"的目的。这里所谓的监视,就是利用路面、路旁的数据采集、监测设备和人工观察,对道路交通状况、路面、天气状况和设备工作状况等参数进行实时观察和测量,并通过传输系统送至中心控制室。所谓控制就是指利用监控中心控制计算机或监控员实时处理系统的各种数据,按照一定的模式进行分析、判断和决策,并将最终决策结果和控制命令通过传输系统送至路上驾驶员信息系统、收费口控制设备或匝道控制设备,将路况及各种控制信息提供给驾驶员,使驾驶员能采取相应的措施和做好心理准备,以促进行车安全,提高行车效率;对于引起延误的事件,迅速响应,提供紧急服务,快速排除事件,把事件引起的延误控制到最小值,从而达到调节和控制道路交通状况的目的。

由上述可知,高速公路监控系统是为了解决高速公路运营中存在的两个主要问题——拥挤与安全而建立起来的。通过建立完善的监控系统,可以减少高速公路常发和偶发性拥挤的影响,获得最大的运行安全,并提供必要的信息,帮助使用者有效地利用高速公路的各种设施,减小他们在脑力和体力方面的紧张程序。同时,如果在高速公路上遇到困难,还可以向道路使用者提供及时的援助。

1. 监控系统的组成

为完成系统的监视控制功能,高速公路监控系统由交通信息采集子系统、中央控制设施子系统、监控输出子系统和通信传输子系统组成一个闭环控制系统,如图 8-15 所示。

1)交通信息采集子系统

高速公路监控系统的信息采集的方式有人工的,也有自动的,主要有下面几种。

(1)车辆检测装置

在高速公路主线上以及入口匝道和出口匝道等处设置车辆检测装置，用以检测高速公路不同地段、时段车辆密度、类型、车流量等，由这些参数就可以计算出在某时间间隔处交通参数以及堵塞程度，作为控制中心分析判断、做出控制方案的主要依据。常用的车辆检测器有电感环式、超声波式、电光式等。一般在主线上每隔一定距离设置一只或一对，或者根据需要在指定的区域设置。通过适当的组织和配置，还可以测出车型、车高等参数。

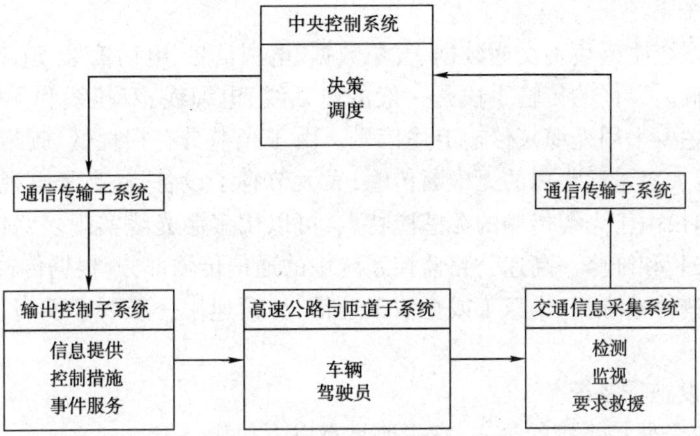

图 8-15　高速公路监控系统组成以及各子系统关系

(2)气象检测装置

高速公路的高速、安全舒适等功能与气候条件密切相关，而其中最重要的是风力、降雪、降雨、冰冻和雾。因此，作为控制方案制定的依据必须考虑公路沿线的气候条件和有关参数。

气象检测装置由 DM31 道路气象站和 FD12 能见度检测器组成，其检测到的数据通过远端站送到监控中心。监控中心收到气象信息后，可通过 CMS、CWS 显示出来提醒驾驶员。气象检测系统主要由气象检测器、气象站及中心的前端计算机组成，数据以 1 200bps 的速率，在点对点的同步串行线上传至最近的远端站，远端站再通过环路载波通信系统传送到中心，中心可有规律地对气象站及能见度检测器进行查询。

(3)测速雷达

在高速公路上一些主要路段，或在人口匝道和出口匝道附近，可以装备若干部测速雷达，专门用于检测不符合规定行车速度的违章车辆。一旦发现车辆违章，要及时发出警告信号，同时要拍摄违章车辆的车号和车型，以便事后处理和统计。

(4)闭路电视(CCTV)

CCTV 系统用于监视交通状况、收费广场和其他相关情况，摄像机与监控中心的视频/控制信号通过光纤传输。在车流量比较大，车辆密度比较高的区域，或者出口、入口附近以及事故易发区安装一些电视摄像机，以通过视觉的方法掌握有关区段的交通情况。一旦出现故障或发生交通事故，控制中心可以及时地掌握事故发生地点、时间和严重程度，以便迅速地作出反应，采取相应措施，排除故障或妥善地处理事故。

(5)紧急电话

在高速公路上下行线上每隔一定距离(一般为 500m ~ 2 000m)安装一部紧急电话，当车辆发生故障或出现交通事故时，驾驶员可及时向控制中心通报，同时在控制中心的图形显示板上可显示出发出信号电话所在地点和编号，以便采取相应的应急措施。中心与路边的紧急电话进行双工式免提通话，即中心和路边的紧急电话均可进行呼叫。当某个紧急电话发出呼叫时，中心计算机会显示发出呼叫的该电话的信息，操作员即可通过控制台与之通话，并可进入数据库提供诸如医院、警察、加油站等信息以援助呼叫者，通话内容将被自动录音。

(6)无线电设计

在高速公路上日夜有巡逻车巡视，车上载有无线电台，供巡逻车与控制中心联络，无线电台通过设置在沿线的无线基地站转发。

2)通信传输子系统

通信传输子系统主要负责交通数据、气象数据、电视信号、电话信号、道路信息板和摄像机的控制等信号传输。以往的传输手段是一般的电话线、电缆线、双扭线和无线等方式。20世纪80年代以后，主要采用光缆来传输上述信号。由于光缆具有损耗低、频带宽、无感应、高绝缘等优点，可实现大容量远距离的无中断传输，大大节省了设备，提高了电视信号及其他信号的传输质量。同时，由于光缆传输的无感应特点，可以用多芯光缆实现多路信号同时传输，简化了设备，便于安装和维修。高速公路监控系统中的通信传输部分，根据传输距离远近可以采用基带传输或载波传输方式，半双工或全双工通信，传输速率一般要求不高，而传输的误码率要求较严格。

3)中央控制设施子系统

(1)中央系统是监控系统的核心，它主要具有以下功能：

①由中心计算机对外场终端设备送来的各种数据进行实时的运算、处理和分析，并根据要求进行显示、打印、记录或制表；

②根据测得的数据进行事件判断，决定控制方案，由控制台发出指令，控制道路信息板，指挥事件处理；

③通过闭路电视摄像机监视公路沿线和隧道内的交通流状况；

④负责管辖区域内的通信联络，包括紧急电话、无线电话和业务电话的接收和转送；

⑤隧道内火灾、公路上交通事故的监视、记录和警报；

⑥沿线电力系统发电、配电、照明等，有关设备的控制和调度；全系统组成设备工作状态的监测。

(2)中央控制设施子系统的主要组成设备有：

①计算机及其外部设备。主要负责各种数据的运算处理、分析判断，并根据预定的方案做出控制决策。同时具有显示、打印或记录等功能。通常以微型机或小型机按功能分散原则进行配置，关键部分双机备份，以提高工作可靠性。

②大屏幕图形显示板。通常采用三种图形显示板。

模拟式图形显示板。以地图为背景，图上用各种符号、标记字母等表明沿线各设施，如立交点、停车场、服务区、隧道以及各种终端设备(如车辆检测器、紧急电话、道路信息板、摄像机等)的位置，并用各色指示灯标出上述设备的工作状态是正常还是故障等，使操作人员可通过模拟图形显示板了解公路全线上的交通情况，也可用计算机与大屏幕投影屏组成电子地图板。

交通参数显示屏。用表格显示格式，列出规定时间间隔内主要地段的交通参数、气象参数，用以判断交通情况，堵塞和检测事件。

交通限制监视屏。当发生交通事故或由于某种气象原因，或路面施工情况下，要对有关区段实施交通限制，中心控制室就要通过相应的监视屏显示限制区间、限制原因、限制时间、限制内容等,以便掌握限制区间的全貌,统调限制区间上下游的交通情况。

③中心控制台。主要功能是实施系统的手动指令,并进行操作人员与系统之间的信息交换。

监控内容包括:公路上的各种道路信息板显示内容的变更,闭路电视摄像机遥控,闭路电视监控器的切换和编辑,图形显示板的显示和操作,交通限制的实施操作,隧道防灾设备的控制与操作,对外场终端设备的统一启动信号。

④电话总机口。接收紧急电话、无线电话、业务电话等并在地图板上显示出发信电话的地址编号。

⑤不间断电源(UPS)设备。在电源发生故障情况下,能及时切换到其他电源(电池、油机、其他备用电源),以保证系统能不间断地正常工作。

4)监控输出子系统

为了向高速公路使用者提供信息,对交通实施指挥调度,在入口匝道附近及主线上设置道路信息板。信息板上显示有阻塞的发生地、长度、原因,入口的封闭或收费口开放数的限制和原因,主线及出口的禁止通行和原因,工程施工、车辆故障等的注意事项;另外还有显示主要地点间行驶时间的"行驶时间显示板",提供语言信息的交通广播,路侧广播系统,实施匝道控制、主线控制的交通信号灯、可变标志等。

可变情报板(CMS)是由高强度的发光二极管组成,亮度可自动调节,能见度约270m,与远端站的通信采用RS-422接口。通过此系统可向驾驶员提供天气情况、道路交通状况及新发生的事故等。CMS按模块化设计,可显示已有内容,也可显示实时编辑的内容,其信息由监控中心发送出来。

在高速公路上事故发生时,可变警告标志(CWS)可向驾驶员提供交通运行状况及相应的推荐速度。CWS采用了光纤TRANBBS技术,其优点是高亮度、低功耗、无眩光、易维护、可视性好。CWS也是通过远端站与监控中心通信。

2. 监控系统的管理

目前,无论监控系统的建设和管理都还处于探索阶段,特别是系统的管理,国内尚未见到完善的范例,而国外的经验不完全符合我国的实际情况。然而,这又确实是高速公路管理部门不可回避的现实问题。

(1)监控系统管理的目的

监控系统管理的目的就是要发挥现有设备的作用,在此基础上改进和提高系统的功能。要发挥现有设备的作用,就必须保证系统的正常运行,努力排除故障隐患,因此必须做好系统的日常维护和故障排除;要改进和提高系统的功能,必须首先理解原设计的指导思想,找到技术手段上的薄弱环节,再根据系统运行的实际情况进行改进和提高。

(2)监控系统管理的任务

由于监控系统的设备通常在线运行,因此,做好系统设备的日常维护是保证系统正常运行的重要措施。可以通过以下工作对设备进行日常维护:保持控制中心良好的工作环境;定期保养设备;定期检查、测试设备的运行状况;妥善管理技术资料;建立设备档案;做好设备维修记录及外场设备的保护。

在系统人员的管理方面,应设置专门机构,配备专人负责监控系统的维修与管理。还要建立健全岗位责任制,严格各项规章制度。对于技术人员,要求应多钻研业务,遇到问题尽量自己解决。同时还要培训操作人员,逐步培养他们发现问题和解决问题的能力。

思考题

1. 交通管理与交通控制的概念、目的和作用各是什么?
2. 交通管理与控制的原则是什么?
3. 交通管制包括哪些内容?
4. 什么是交通法规? 有何特性?
5. 什么是交通标志? 可分为哪几种?
6. 交通标志的三要素是什么?
7. 什么是交通标志的视认距离?
8. 交通标志设计的原则有哪些?
9. 什么是路面标线? 可分为哪几种?
10. 平面交叉口的管制方式有哪些? 具体的一个平面交叉口如何选择其管制方式?
11. 机动车行驶管理包括哪些?
12. 如何对行人交通实施管理?
13. 交叉口交通信号灯各种灯色的含义是什么?
14. 在什么情况下,一个平面交叉口需要采用信号灯管制?
15. 交通信号的主要参数有哪些? 如何确定其取值?
16. 高速公路监控系统各子系统是如何关联、工作的?

第九章　停车设施的规划与设计

车辆停放设施规划是综合交通规划的组成部分之一。当今世界上,许多大、中城市的停车难已经成为一个突出的交通问题,我国也不例外,停车设施也已经成为制约我国汽车和城市发展的重要因素。停车设施的合理规划设计,对解决道路拥挤、减少交通事故、提高道路通行能力都有很大的意义。

第一节　停车设施分类和停车调查

一、停车设施分类

1. 按停车用地性质划分

(1)路边停车场地

在道路的用地控制线(红线)以内划定的供车辆停放场地,包括公路路肩、城市道路路边、较宽的绿化带内、人行道外绿地圈划的临时停车车位或利用高架路、立交桥下的空间停放车辆。路边停车在世界许多大城市仍占相当大的比重,其特点是:设置简单、使用方便、用地紧凑、投资少,最适宜车辆临时停放。其缺点是减少了道路的有效宽度,减少了道路的容量,干扰车流,易发生事故。

(2)路外停车场地

在道路用地控制线外专门开辟兴建停车场,包括社会停车场、停车库(包括立体停车)、各类建筑附近的停车空间等,如商场、宾馆、码头、车站、生活区等。这类停车场由停车位、出入口、通道、主体结构和其他附属设施(如通风、防火、通信、给排水等)组成。其特点是功能明确、设施齐全、使用安全,但投资大。

路外停车场,特别是社会性公共停车场由于投资回收率低、投资回收期长,加上存车、取车不如路边停车方便且步行距离长等原因,制约了我国路外停车场地发展的原因。

2. 按使用类型划分

(1)机动车停车场,主要为各类汽车、摩托车停放服务,除专业车辆以外,大部分停车场均以小型汽车为标准车进行规划设计。

(2)自行车停车场,包括各类型自行车停放处。在我国城市里,自行车停放场地比机动车要分散得多,设施简陋得多。

二、停车调查

1. 停车设施供应调查

停车设施包括路内和路外停车场地的位置、容量和其他相应的特征资料。

(1)容量是指停车车位数或面积。其中停车车位是指一个停车空间,其单位一般为标准小汽车的车位面积。

路边停车容量应指法定的车位容量，在我国指公安交通管理部门画线或标志指定允许停车车位数。路外停车场(库)容量则指能实际使用的车位数。

(2)地点与位置：路边停车场应注明道路的具体分段名(路段地名)、部位(车行道、人行道)和路侧(东、南、西、北、中)；路外设施应具体编号和用示意图表示停车车位的分布区域、数量。

(3)停车设施的耐久程度、设备情况。

(4)停车时间限制或营业时间。

(5)管理经营，包括归属、管理情况。

(6)收费标准。

2. 停放车实况调查

(1)调查方案拟定

停车调查方法往往因调查目的不同有所区别。国内外的实践说明，不能指望用一张调查表包含停车调查全部目的，一般采用实地观测和询问相结合的方法较为理想；而观测时间一天不得少于8h，对一个区域的停车调查应安排一定数量的控制点。

(2)调查方法分类

机动车停放连续调查，是采用记车号方法在停车场出入口记录每辆机动车到达与离去的时间，并询问停放目的、距出行目的地的步行距离、起讫点等特征。这种调查工作较细，数据精度高，特别适合于公共建筑与专用停车场(库)的调查，缺点是数据整理工作量大。

机动车停放间隔调查，指调查员在一规定间隔时间段(10min、15min或30min)对指定停放场地上的车辆观测记录，间隔调查可分记车号与不记车号两种。记车号调查是在每次巡回间隔调查时对车号，只要间隔时间选得合理，其精度仍然很高，此法与连续调查方法一样，可获得丰富的信息，整理分析也较简便；不记车号的间隔调查，主要记录停放车辆数量。

询问调查是采用抽样访问方法对存车人停放目的、步行距离、停放时间、管理意见等进行征询问答。此法可以和间隔调查结合进行。

第二节　停车场的规划

停车场的规划主要包括路外停车场(库)、路边停车用地的布置，不同地点停车需求预测以及停车设施容量的估算。

一、停车设施布置原则

1. 路边停车场

总体来说，路边停车是弊大于利，因此原则上应逐步禁止路边停车以增加道路容量，但在许多大城市路外停车设施严重短缺的情况下，人们又传统地认为路边停车步行距离短、方便，故在不严重影响交通的情况下，允许开放路边停车。规划时应考虑交通流量、路口特性、车道数、道路宽度、单双向车道、公共设施以及两侧土地使用情况等因素。

(1)满足路边停车最小道路宽度。若小于行车道最小宽度，见表9-1，则不得在路边设置停车位。

(2)满足路边停车的道路服务水平。路边停车场的设置应将原道路交通量换算成标准小汽车单位(V),然后按车道布置,计算每条车道的基本容量以及不同条件下路边障碍物对车道容量的修正系数,获得路段交通容量(C),最后根据 V/C 比,当其小于0.8时,容许设置停车场,具体见表9-2。

设置路边停车场与道路宽度的关系 表9-1

<table>
<tr><th colspan="2">道路类别</th><th>道路宽度</th><th>停车状况</th></tr>
<tr><td rowspan="6">街道、路</td><td rowspan="3">双向</td><td>12m以上</td><td>容许双侧停车</td></tr>
<tr><td>8~12m</td><td>容许单侧停车</td></tr>
<tr><td>不足8m</td><td>禁止停车</td></tr>
<tr><td rowspan="3">单向</td><td>9m以上</td><td>容许双侧停车</td></tr>
<tr><td>6~9m</td><td>容许单侧停车</td></tr>
<tr><td>不足6m</td><td>禁止停车</td></tr>
<tr><td colspan="2" rowspan="3">巷弄</td><td>9m以上</td><td>容许双侧停车</td></tr>
<tr><td>6~9m</td><td>容许单侧停车</td></tr>
<tr><td>不足6m</td><td>禁止停车</td></tr>
</table>

设置路边停车场与道路服务水平的关系 表9-2

<table>
<tr><th rowspan="2">服务水平</th><th colspan="3">交通流动情形</th><th rowspan="2">交通流量/容量(V/C)</th><th rowspan="2">说明</th></tr>
<tr><th>交通状况</th><th>平均行驶速度(km/h)</th><th>高峰小时系数</th></tr>
<tr><td>A</td><td>自由流动</td><td>≥50</td><td>PHF≤0.7</td><td>$V/C\leq0.6$</td><td>容许路边停车</td></tr>
<tr><td>B</td><td>稳定流动(轻度延误)</td><td>≥40</td><td>0.7<PHF≤0.8</td><td>$0.6<V/C\leq0.7$</td><td>容许路边停车</td></tr>
<tr><td>C</td><td>稳定流动(可接受的延误)</td><td>≥30</td><td>0.8<PHF≤0.85</td><td>$0.7<V/C\leq0.8$</td><td>容许路边停车</td></tr>
<tr><td>D</td><td>接近不稳定流动(可容忍的延误)</td><td>≥25</td><td>0.85<PHF≤0.9</td><td>$0.8<V/C\leq0.9$</td><td>视情况考虑是否设置路边停车场</td></tr>
<tr><td>E</td><td>不稳定流动(拥挤、不能忍受的延误)</td><td>约为25</td><td>0.9<PHF≤0.95</td><td>$0.9<V/C\leq1.0$</td><td>禁止路边停车</td></tr>
<tr><td>F</td><td>强迫流动(堵塞)</td><td><25</td><td>无意义</td><td>无意义</td><td>禁止路边临时停车</td></tr>
</table>

2. 路外停车场

(1)停车特性足以反映停车者的行为意愿,在规划前应有停车延时与停车目的、停车吸引量等基本调查。

(2)进出应方便,应将停车者进出停车场的方便程度以及到达目的地的步行距离长短作为主要考虑因素,此外,还要考虑邻近道路交通系统的交通负荷。

(3)建筑面积是决定路外停车容量与形式选择的主要因素之一。

(4)要考虑地价的影响,由于都市中心地带价格昂贵,与市区以外相比较,前者常采用立体停车方式、后者采用平面式。前者也可以与其他公用设施共用土地使用权,这也是取得土地的有效途径。

(5)在城市尽可能采用分散式布置,这样有利于交通疏散,对于市区外围或过境地区,应结合道路外环干线与交通枢纽设置。

(6)停车场设置后应对交通的影响进行评估。

二、停车设施容量估算

首先,停车设施需求量与城市规模、性质、土地开发利用、人口、经济活动、交通特征等因素有关,排除路边法定的允许停放车位,其余部分则由建筑附属设施或社会停车场分担,由此获得一个大致规模和选址位置。第二是按照供需平衡关系应用排队论讨论停车场的最佳容量,在高峰存放车时刻,将车辆到达不能存放的概率(拒绝概率)控制在一个容许的限度以内。如果将停车场(容量为 M)抽象为一个多通道排队服务系统,当单位时间的停放率(需求)和车位服务周转率(供应)分别为 λ 与 μ,则定义服务强度(停车负荷)A 为:

$$A = \lambda / \mu \tag{9-1}$$

服务强度是一个重要的理论概念,当 A 达到一定大时,停车场就逐步积累、排队至饱和。而驾驶员就要徘徊寻找别的停车场停放。如果通过计算“拒绝概率”来确定合理的容量 M,则拒绝概率 P_t 为:

$$P_t = \frac{A^M/M!}{1 + A + A^2/2 + A^3/3! + \cdots + A^M/M!} \tag{9-2}$$

对于一些选定的 A、M 值,按上式 P_t 的结果见表 9-3。

拒绝概率表 表 9-3

停车负荷 A	停车车位数				
	$M=1$	$M=5$	$M=10$	$M=50$	$M=100$
1	0.5	0.00	0	0	0
2	0.67	0.04	0	0	0
3	0.75	0.10	0	0	0
4	0.80	0.20	0	0	0
5	0.83	—	0.02	0	0
10	0.91	—	0.21	0	0
50	0.98	0.90	0.80	0.10	0
100	0.99	0.95	0.90	0.51	0.08

由上表可见,M 个停车位相当于 M 通道的随机服务系统。拒绝概率随着停车负荷增大而增大,而选择一个合理容量的停车场,仍然可以在停车负荷较大时,满足较小的拒绝概率。

三、停车场形式的选择

1. 路边停车场

为提高路边停车场停车数量,应在路面上标线画定车位,布置方式有三种:垂直存放式、平行存放式与斜角存放式。

(1)平行式:车辆平行于行车道方向停放,如图 9-1,这种方式的特点是所需停车带较窄,驶出车辆方便、迅速,但占地最长,单位长度内停放车辆最少。

(2)垂直式:车辆垂直于行车道方向停放,如图 9-2,这种方式的特点是单位长度内停放车辆最多,用地比较紧凑,但停车带占地较宽(需要按较大型车的车身长度为准),且在进出停车位时，需要倒车一次，因此要求通道至少有两个车道宽。

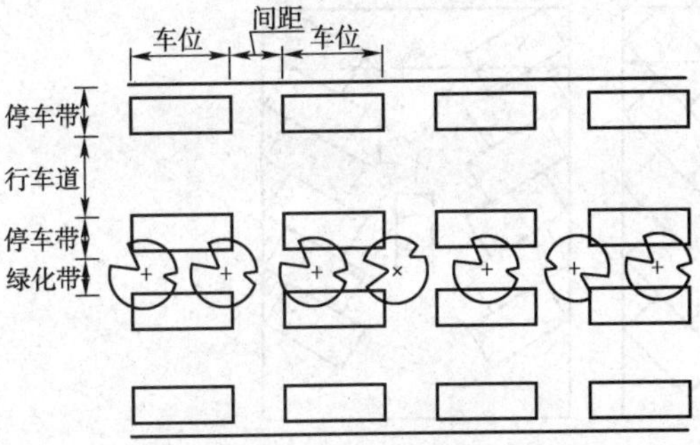

图 9-1　平行停车方式

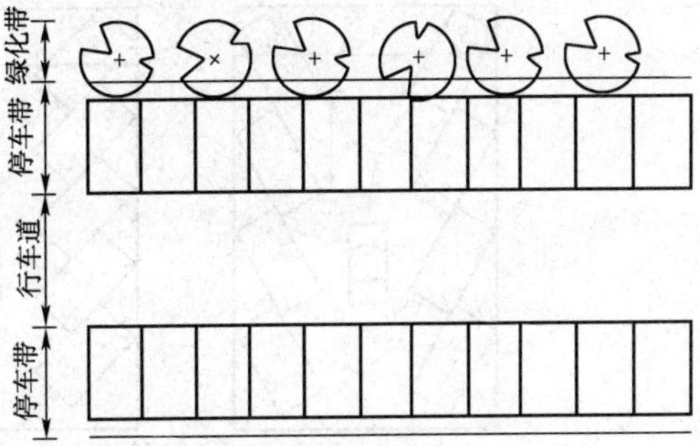

图 9-2　垂直停车方式

(3)斜放式：车辆与车道成角度停放，如图 9-3，这种方式一般按 30°、45°、60°三种角度停放。其特点是停车带的宽度随车身长度和停放角度不同而异，适宜于场地受限制时采用。这种方式车辆出入及停车均比较方便，有利于迅速停放和疏散。缺点是单位停车面积因部分三角块用地利用率不高而比垂直式要多，特别是 30°停放，用地最费，故很少采用。

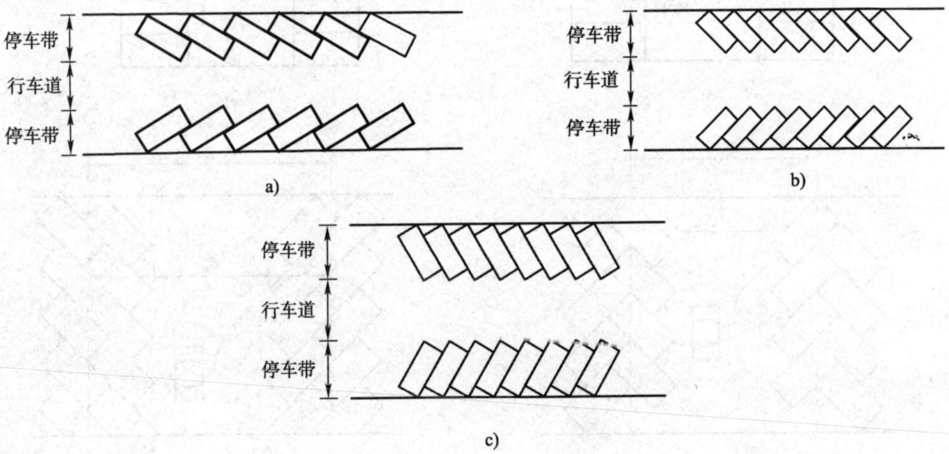

图 9-3　斜放式停车方式
a)30°停车方式；b)45°停车方式；c)60°停车方式

2. 路外停车场

按空间设置形态，分为地面停车场和立体停车场，立体停车场又可分为匝道式和机械式两种。

(1)地面停车场。图 9-4 为一般平面停车场的车位布置形式，为提高泊位容量，角度分为 30°、45°、60°、90°四种。按照车辆操作不同分为前进停车和后退停车。

(2)匝道式立体停车场。匝道是衔接各层楼面间的斜面坡道。匝道可分为直线式、曲折式和圆形式三大类(图 9-5)，匝道设计应以单项行驶为原则，以减少延误与事故。

(3)机械式立体停车场。车辆停放不必自行行驶而直接由机械操作停放于指定空间。机械式停车场可省匝道面积，只要提供机械升降、运转设备。因此可以增加车位及土地利用率。

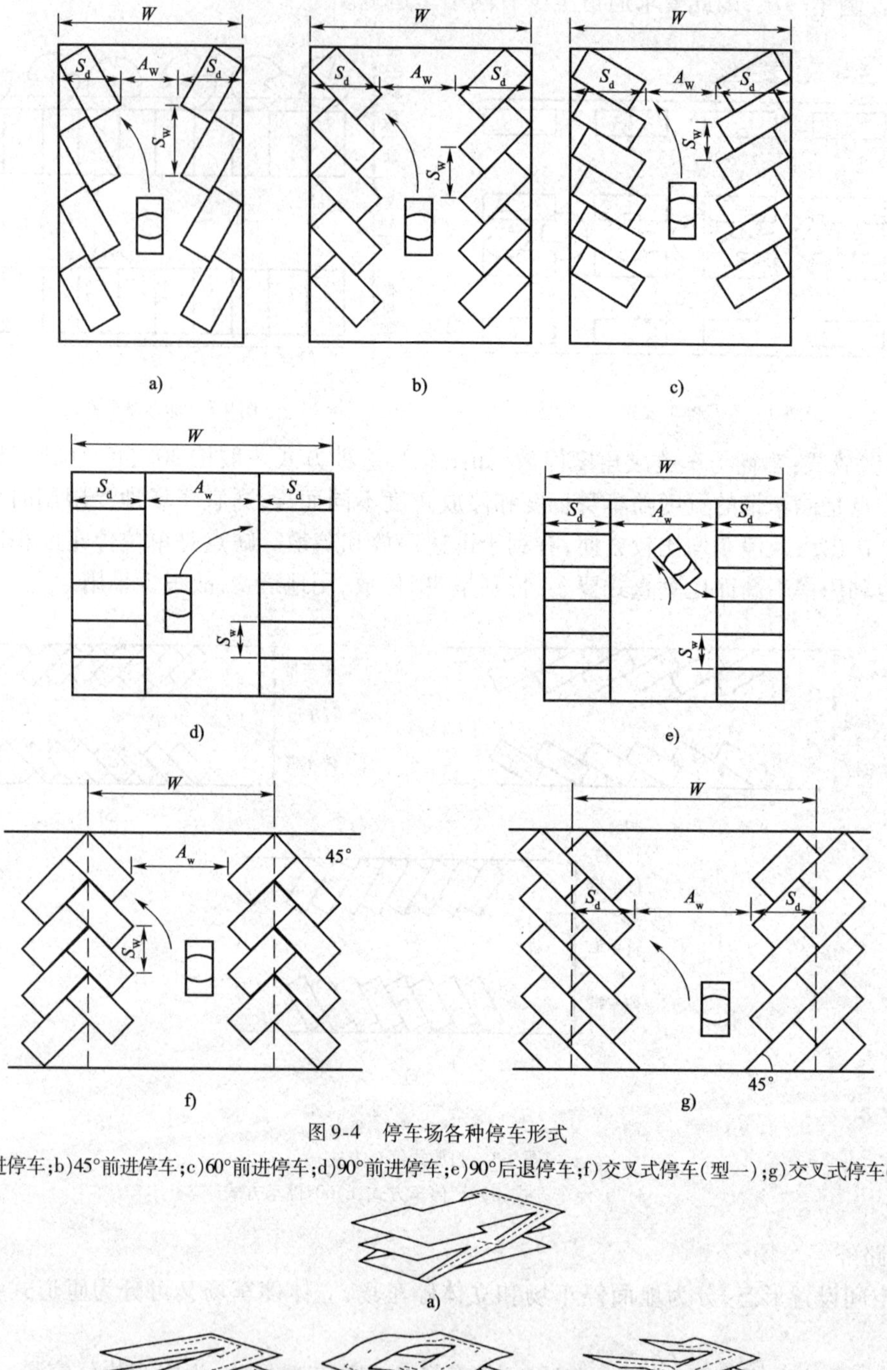

图 9-4　停车场各种停车形式

a)30°前进停车；b)45°前进停车；c)60°前进停车；d)90°前进停车；e)90°后退停车；f)交叉式停车(型一)；g)交叉式停车(型二)

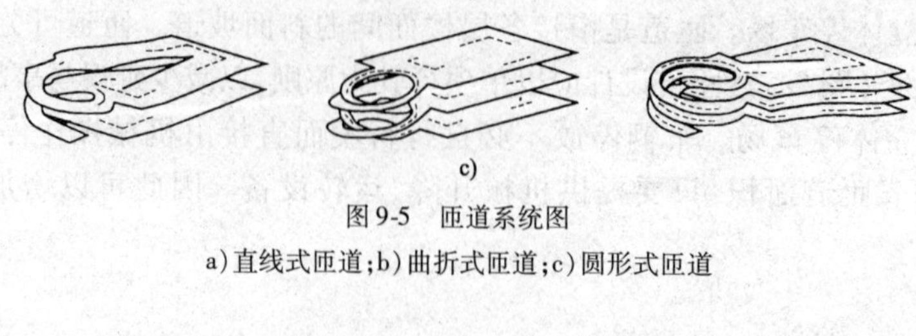

图 9-5　匝道系统图

a)直线式匝道；b)曲折式匝道；c)圆形式匝道

第三节　机动车停车场设计

一、拟定设计车型

我国目前有几百种车型，根据公安部、建设部组织制定的《公用与专用停车场设计暂行规定》，将设计车型分为小型汽车，以它作为换算标准，将其他各类型车型按几何尺寸归并为微型、小型、中型、大型和铰接车五类。具体尺寸和换算关系如表9-4。

停车场（库）设计车型外廓尺寸和换算系数　　表9-4

车辆类型 \ 尺寸(m) \ 项目		各类车型外廓尺寸(m) 总长	总宽	总高	车辆换算系数
机动车	微型汽车	3.20	1.60	1.80	0.70
	小型汽车	5.00	2.00	2.20	1.00
	中型汽车	8.70	2.50	4.00	2.00
	大型汽车	12.00	2.50	4.00	2.50
	铰接车	18.00	2.50	4.00	3.50
自行车		1.93	0.60	1.15	

二、单位停车面积（A_0）

单位停车面积是指设计车型一辆停车位的计算面积，应包括停车车位面积和均摊的通道面积及其他辅助设施面积之和。单位停车面积应根据车型、停车方式以及车辆停放所需的纵向与横向跨距的要求来确定。我国拟订的机动车单位停车面积及相关设计参数见表9-5。对于城市中心的路边停车，其单位停车面积要小于标准，主要原因是路边停车的进出通道可借用道路通行。另外，中心地区用地紧张，促使单位停车面积减少。

我国机动车停车场设计参数　　表9-5

停车方式 \ 车型 \ 项目		垂直通道方向的停车带宽(m)					平行通道方向的停车带长(m)					通道宽(m)					单位停车面积 $A_0(m^2)$				
		I	II	III	IV	V	I	II	III	IV	V	I	II	III	IV	V	I	II	III	IV	V
平行式	前进停车	2.6	2.8	3.5	3.5	3.5	5.2	7.0	12.7	16.0	22.0	3.0	4.0	4.5	4.5	5.0	21.3	33.6	73.0	92.0	132.0
斜列式 30°	前进停车	3.2	4.2	6.4	8.0	11.0	5.2	5.6	7.0	7.0	7.0	3.0	4.0	5.0	5.8	6.0	24.4	34.7	62.3	76.1	78.0
斜列式 45°	前进停车	3.9	5.2	8.1	10.4	14.7	3.7	4.0	4.9	4.9	4.9	3.0	4.0	6.0	6.8	7.0	20.0	28.8	54.4	67.5	89.2
斜列式 60°	前进停车	4.3	5.9	9.3	12.1	17.3	3.0	3.2	4.0	4.0	4.0	4.0	5.0	8.0	9.5	10.0	18.9	26.9	53.2	67.4	89.2
斜列式 60°	后退停车	4.3	5.9	9.3	12.1	17.3	3.0	3.2	4.0	4.0	4.0	3.5	4.5	6.5	7.3	8.0	18.2	26.1	50.2	62.9	85.2
垂直式	前进停车	4.2	6.0	9.7	13.0	19.0	2.6	2.8	3.5	3.5	3.5	6.0	9.5	10.0	13.0	19.0	18.7	30.1	51.5	68.3	99.8
垂直式	后退停车	4.2	6.0	9.7	13.0	19.0	2.6	2.8	3.5	3.5	3.5	4.2	6.0	9.7	13.0	19.0	16.4	25.2	50.8	68.3	99.8

注：表中I类指微型汽车，II类指小型汽车，III类指中型汽车，IV类指大型汽车，V类指铰接车。

三、停发方式的确定

停发方式通常有三种：①前进式停车、后退式离开；②后退式停车、前进式离开；③前进式停车、前进式离开。后退式停车、前进式离开这种形式发车迅速方便，占地也不多，多被采用。具体见图9-6。

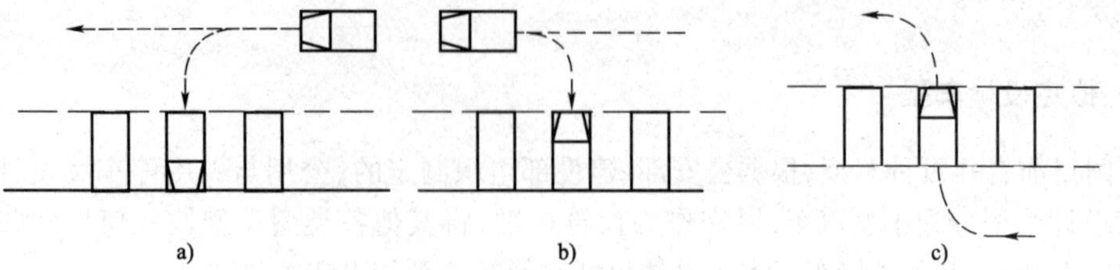

图9-6　车辆停发方式

a)前进式停车、后退式离开；b)后退式停车、前进式离开；c)前进式停车、前进式离开

四、通道出入口设计

1. 通道设计与配置

车辆进入车位时，必须有其行驶的通道以提供车辆进入车位前所需要的操作空间。由于进入车位是曲线运动，所需通道宽度可由前进停车或后退停车的运行轨迹计算。通道宽度除了车辆本身的尺寸外，尚应包括转弯前后车辆角端涵盖的空间，最小宽度应保证驾驶员正常操作不致发生碰撞。除上述因素外，还与车辆的机械性能、驾驶员的技术水平有关。按图9-7所示小轿车的尺寸，以垂直方式（后退停车）为例，进行验算。

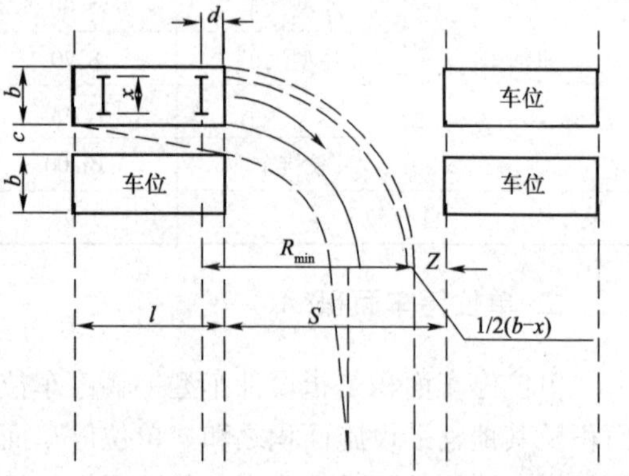

图9-7　通道宽度计算图

b-车身全宽1.775m；l-车身全长4.78m；x-轮距1.445m；c-车辆间距1.0m；R_{min}-车辆最小转弯半径5.6m；Z-安全距离（依据调查总结资料）≥0.2m；d-前悬距离0.8m；S-通道宽（m）

试验时，按车辆右转弯的最不利方式缓慢行驶，其结果为：

$$\begin{aligned} S &= (R_{min} - d) + 1/2(b - x) + Z \\ &= (5.6 - 0.8) + 1/2(1.775 - 1.445) + Z \\ &\approx 5.0 + Z \geqslant 5.2 \end{aligned}$$

根据上述车辆形式轨迹的试验及几何尺寸的计算，小轿车所需最小通道宽度为5.2m。此值为车辆转弯时的极限值，在实际使用过程中，由于驾驶员的驾驶技能和熟练程度不同，稍有不慎易擦坏车身，一般不宜采用上述极限值，而应增加一定的安全系数。具体见表9-5。

2. 出入口设计

(1)出入口设置主要目的要有利于分散道路上的交通量，减少因停车场出入导致道路上服务水平降低，按美国通行能力手册规定，必须维持道路服务水平D级以上。我国相关规定，停车车位数在50辆以上时，应设置两个出口，500辆以上时，应设置3～4个。出入口之间的距离必须大于10m。一般停车场的出入口设在次要道路或巷道上，应尽量远离道路交叉口，以便减少对主干道路及交叉口的交通影响。经验证明，当出入口分别设置在不同行车方向的单行道上时，将使车辆在各个方向以最短的时间及距离进出停车场。

(2)车辆双向行驶时出入口宽度不得小于7m，单向行驶出入口不得小于5m，且有良好通视条件。停车场出入口还应后退道路红线10m。出入口视距保证如图9-8。

(3)进出口一般需有停车缴费作业。故停车场出入口还要设置能使两辆车同时通行缴费的收费亭。由于停车场的进出高峰极少发生在同一时间,因此,靠中间的车道可作为变向车道使用,如图9-9所示。

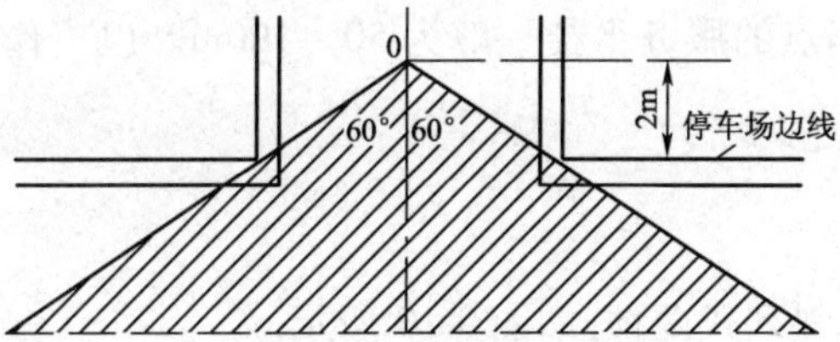

图9-8　出入口视距

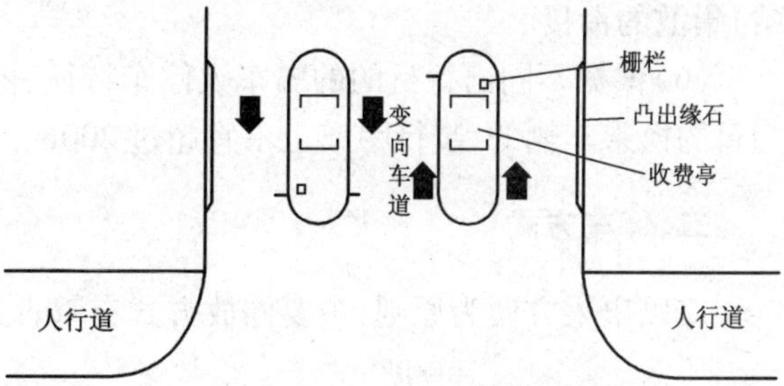

图9-9　停车场进出口变向车道

五、其他相关设施

1. 照明与电气设施

(1)照明设施。以满足行车安全需要考虑为主。其标准各国相差不大,一般车道路面照度应达10lx(勒),停车空间地面照度大于2lx(勒),其他必须设置紧急照明的空间,包括管理室、楼梯间、通道、坡道等空间的平时照度应达30lx(勒)。

(2)电气设备。电气设备有照明用电、平时换气泵、升降机动力、紧急消防、排烟动力。

(3)中央监视设施。包括主控中心的照明、电力、停车管制、火灾报警等集中监视以及分布建筑物各处的感应装置。

(4)电话设备、对讲设备、扩音设备。

2. 防灾与通风设施

(1)火灾报警设备、灭火设备、排烟消防设备。

(2)通风换气设备。室内停车场应设置与户外相通的窗户与开口,其有效通风面积不得小于该层面积的5%或依据规定设置机械通风设备。汽车库采用机械通风的通风量不得小于$35m^3/(m^2 \cdot h)$。

3. 交通标志标线与管制设备

(1)按我国规定,应标明出入口、通道、路线走向、停车位等交通标志、标线和安全设施。特别是进入停车场的高度限制、速度限制标志和有关停车计费、收费等标志。

(2)管制设备。停车收费管制设备,包括全自动收费系统、半自动收费系统、人工收费系统。场内管制设备:如停车辆数限制、车道会车处信号变换装置等。

(3)停车场给水、排水、洗车以及生活管理设施。

第四节　自行车停车场设计

一、自行车停车场场地规划原则

自行车占地小,机动灵活,使用方便,在我国目前仍是主要的交通工具之一。

(1)停车场地应尽可能分散多处布置,充分利用人流稀少的支路、街巷空地。

(2)应避免停放出入口对着交通干线。

(3)停车场内交通组织应明确,尽可能单向行驶。

(4)固定式停车场应有车棚、地面铺砌，半永久或临时停车场也应树立标志或画线。

(5)自行车停车场和路边停放点布置应符合停车需求分布强度和交通枢纽(地铁、火车站)集散的衔接。

(6)根据不同出行目的的骑车人停车特征，停车点的服务半径一般为50～100m。以工作为目的换乘车辆的，步行距离也不宜超过200m。

二、停车方式

应以出入方便为原则，主要停放方式有垂直式、斜列式两种，如图9-10所示。

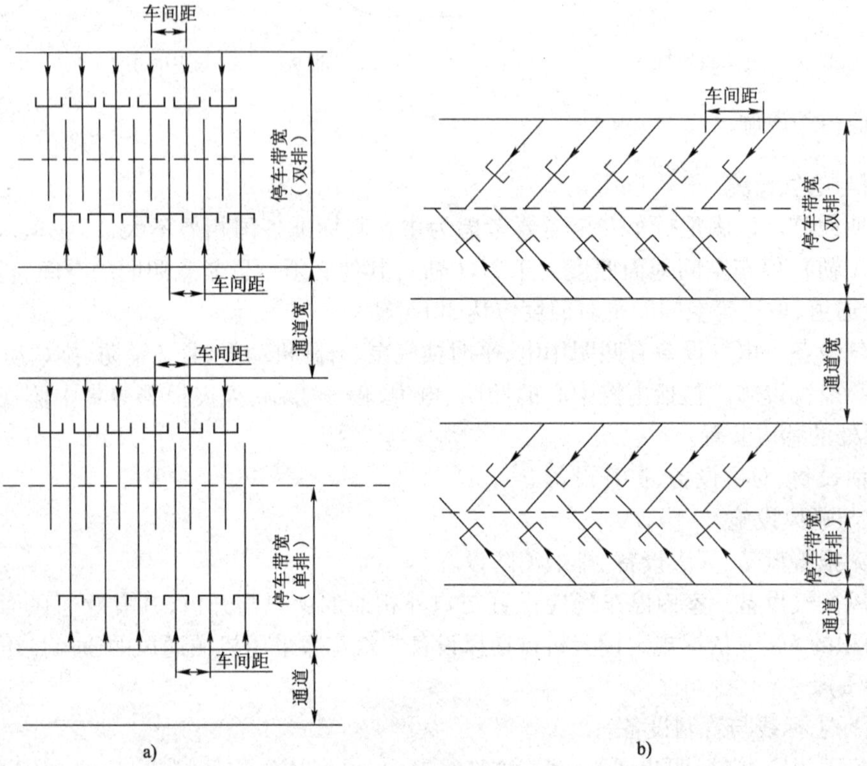

图9-10 自行车停车场

a)垂直式；b)斜列式

三、停车场选址

(1)路边停放点应根据道路网规划与交通管理、组织要求，在保证道路服务水平(*D*级以上)的前提下，由公安部门采用标志线设立临时停放站(点)。

(2)固定停车场一律设在道路红线以外(避开交叉口50～100m)，当车位数达到200辆以上时，其出入口不少于2个，出入净宽不小于2.5m。多层停车库应设置供自行车推行的斜坡，其宽度不应小于2.0m。

四、单位停车面积、停车带、通道设计

根据公安部、建设部组织的调查，自行车场的有关设计参数应不小于表9-6所列数据规定。

自行车停车场主要设计指标 表 9-6

停车方式		停车带宽(m)		车辆横向间距(m)	过道宽度(m)		单位停车面积(m^2)			
		单排	双排		单排	双排	单排一侧停车	单排两侧停车	双排一侧停车	双排两侧停车
斜列式	30°	1.00	1.60	0.50	1.20	2.0	2.20	2.00	2.00	1.80
	45°	1.40	2.26	0.50	1.20	2.0	1.84	1.70	1.65	1.51
	60°	1.70	2.77	0.50	1.50	2.0	1.85	1.73	1.67	1.55
垂直式		2.00	3.20	0.60	1.50	2.6	2.10	1.98	1.86	1.74

思考题

1. 路外停车场规划时应考虑哪些方面的因素?
2. 路边停车场有几种形式?
3. 自行车停车场规划原则与布置方式?

第十章　道路交通环境保护

第一节　概　　述

环境是指人类和生物生存的空间。《中华人民共和国环境保护法》对环境的定义是:环境是指影响人类生存和发展的各种天然的和经过人工改造的自然因素的总体,包括大气、水、土地、矿藏、森林、草原、野生动物、野生植物、水生生物、名胜古迹、风景游览区、温泉、疗养区、自然保护区、生活居住区等。按照环境的自然和社会属性分类,环境包括自然环境和社会环境。道路交通环境就是人们依托道路进行交通运输的客观条件。

环境保护是指人类有意识地保护自然资源并使其得到合理的利用,防止自然环境受到污染和破坏;对受到污染和破坏的环境必须做好综合治理,以创造出适合于人类生活、工作的环境。1989 年 5 月,联合国环境署第 15 届理事会通过了《关于可持续发展的声明》,明确地提出了可持续发展与环境保护的关系,认为要实现可持续发展就必须维护和改善人类赖以生存和发展的自然环境。

1769 年,法国军事工程师兼陆军炮兵大尉古诺(N. J. CUGNOT)制造出世界上第一辆蒸汽机汽车,此车以每小时 3.5km 的速度行驶时,冒着浓浓的黑烟,发出隆隆的噪声,由此,便产生了道路交通环境问题。20 世纪 50 年代以后,世界范围内的工农业生产和科学技术得到了迅速的发展,城市道路和公路的里程、车辆的保有量也得到了迅速增长,于是道路交通环境问题便成为当今主要的环境问题之一。

从 20 世纪 80 年代中期起,我国道路交通进入高速发展时期。至 2007 底,全国公路总里程为 358.37 万公里,其中高速公路 5.39 万公里,公路密度约为 $37.33km/100km^2$。根据交通部编制的"中国公路网发展战略规划",在全国路网中优先建设和发展以高速公路和一级公路为主的国道主干线系统,该系统包括"五纵七横"十二条干线,总里程约为 3.5 万公里。2004 年国务院审议通过"7918"高速公路网规划,我国将在 2034 年以前,建成 8.5 万公里国家高速公路网。到 2010 年,全国公路总里程将达到 145 万公里,公路密度达 $15km/100km^2$。如此大规模的公路建设,必将给公路沿线地区的自然环境、生态环境、生活环境及景观环境带来影响,并产生一系列环境问题。据统计,2000 年底全国机动车拥有量约为 2 429.83 万辆,从 1985 年至 2000 年每年按 11.1% 递增(见表 10-1)。由于城市机动车辆剧增,对城市环境的污染日趋严重。以交通噪声为例,1995 年全国城市道路交通噪声级(等效连续 A 声级 L_{Aeq})为 67.7 ~ 74.6dB,1996 年增至 68.0 ~ 76.3 dB。1995 年城市道路中交通噪声超过国家标准的占 72.3%,1996 年增至 75.0%。

2006 年中国环境状况公报中公布全国开展道路交通噪声监测 398 个市(镇)中,道路交通噪声平均等效声级≤68.0dB(A)的城市 229 个(占 57.5%)、68.0 ~ 70.0dB(A)的城市 124 个(占 31.2%)、70.0 ~ 72.0dB(A)的城市 34 个(占 8.5%)、72.0 ~ 74.0dB(A) 的城市 7 个(占

1.8%)、>74.0dB(A)的城市4个(占1.0%)。

全国民用车辆拥有量统计　　表10-1

年份	汽车数量(万辆)	轮胎式拖拉机(万辆)	年份	汽车数量(万辆)	轮胎式拖拉机(万辆)
1985年	321.12	178.35	1993年	817.58	564.68
1986年	361.95	223.53	1994年	941.95	584.76
1987年	408.07	374.74	1995年	1 040.00	591.91
1988年	464.39	391.61	1996年	1 100.08	693.34
1989年	511.32	410.41	1997年	1 219.09	732.81
1990年	551.36	462.58	1998年	1 319.30	772.00
1991年	606.11	494.53	1999年	1 452.94	764.47
1992年	691.74	537.08	2000年	1 608.91	820.92

下面分城市道路和公路两种情况简单地介绍一下道路交通给环境带来的危害。

1.城市道路

城市道路交通环境问题主要是空气污染和噪声污染。

(1)空气污染

车辆排放的空气污染物主要有一氧化碳(CO),氮氧化物(NO_x),碳氢化合物(HC)、悬浮颗粒物(TSP)、铅化合物悬浮颗粒物(TSP)、铅化合物等,给城市环境空气造成污染,危及人们的身体健康。从美国20世纪70年代城市空气污染物来源和分类(见表10-2)可以看出,城市空气污染物主要来自车辆排气。据1998年资料,北京市因汽车排气及燃煤排放等原因已成为世界上空气污染严重的十大城市之一。

美国城市空气污染物来源分类　　表10-2

来源	污染物(10^6t/yr)						
	CO	SO	NO_x	HC	TSP	共计	百分数(%)
道路交通(主要是车辆排气)	71.2	0.4	8.0	13.8	1.2	94.6	55
燃料燃烧(火力发电厂、工厂等)	1.9	22.0	7.5	0.7	6.0	38.1	22
工业生产(化工等)	7.8	7.2	0.2	3.5	5.9	24.6	14
其他(固体废弃物燃烧等)	5.7	0.7	0.9	5.6	1.6	14.5	9
共计	86.6	30.3	16.6	23.6	14.7	171.8	100

(2)噪声污染

根据调查统计,1979年到1988年10年间,我国城市环境噪声增加约10dB,平均每年增加1dB,20世纪90年代以来,城市噪声增加的幅度更大。道路交通噪声是城市环境噪声的主要来源,根据浙江省1996年的公众环境意识问卷调查结果显示,影响居民日常生活的主要环境问题是噪声干扰,其中交通噪声是主要污染源。

城市道路交通环境问题除了空气污染和噪声污染外,还有振动带来的危害。

2.公路

(1)施工期

公路施工期的环境问题主要表现为非污染型生态环境。与公路施工有关的生态环境影响一般为:植被破坏、局部地貌破坏(如高填、深挖、大切坡等)、土壤侵蚀、自然资源(土地、水、草场、森林、野生动物等)影响、景观影响及生态敏感区(著名历史遗产、自然保护区、风景名胜区和水源保护区)影响等。每条公路涉及的具体生态问题各不相同,主要取决于所经地域的自然环境、生态环境及地貌状况等。对环境的影响程度取决于公路的等级,因高速公路及一级公路的工程技术标准较高,他们对生态环境的影响也最大,普通道路的影响较小。

土地,尤其是耕地,是极其宝贵的自然资源。目前,我国各种开发区的建设、城市的不断扩大、交通运输网的建设、农村乡镇经济的发展及各种自然因素的破坏等,使耕地面积不断的减少。我国现有耕地15亿亩(1亩≈666.6m^2),仅为世界总耕地的7%,而人口是世界的25%,因此,土地问题已成为我国经济发展的严重制约因素。据统计,四车道高速公路及一级公路建设,每公里占用土地75亩左右,一般耕地约占70%~90%,六车道高速公路则占地更多,由此,仅"五纵七横"国道主干线建设将占用土地约263万亩,其中耕地约为210万亩。因此,在公路设计、施工等各个环节中,必须珍惜每一寸土地,合理地利用每一寸土地。

(2)营运期

公路营运期的环境问题,主要是对沿线的地区民众的生活环境造成影响,如噪声扰民、汽车排气污染空气,服务区污水及路面径流对水环境的污染等,其中噪声影响最为突出。

随着我国公路交通事业的突飞猛进,尤其高速公路建设的迅猛发展,公路交通发展中的生态环境问题日显突出,成为一个需要高度重视的问题。在公路发展与环境保护领域方面,我国起步较晚,1997年才试行了《公路建设项目环境影响评价规范》,2006年颁布了《公路建设项目环境影响评价技术规范》(JTG B03—2006)。因此,无论是公路环保制度建设还是实际操作,无论是公路环保科技的创新和运用,还是环保投资力度、生态意识的树立都需要进行研究和探索,尽快形成比较规范、完善和科学的公路环保体系,保护生态自然环境和社会环境,实现公路交通的可持续发展。

我国近年来已经开始重视交通环境的保护,出台了相应的法规。从国外经验来看,我国目前不能只着眼如何应对公害,而是要从如何创造更好的交通环境入手来规划、建设交通环境,从保护地球环境的观点出发,从交通与能源消耗或整个社会系统的某一方面出发,多角度的进行研究。

第二节　汽车污染物的危害与防治

道路交通对大气的污染是指交通运输中,车辆排出的烟、尘和有害气体,其数量、浓度和持续时间都超过大气的自然净化能力和允许标准,达到有害程度,以致破坏生态系统和人类正常生存和发展的条件,对人或物造成危害的现象。

交通污染,与车流量、车型、燃料、运行状态、道路条件及地理气象等有着密切的关系。在不同的季节与时间里都在随机变化着。在我国不同地区的监测中,已发现环境空气的污染物中,车辆排放量占有较严重的分担率,CO:65%;NO_x:50%~60%;THC:80%~90%。随着我国车辆保有量近年来以15%以上的年增长率递增,上述各项污染物的排放量亦将上升。显然车辆排放物将成为我国环境空气的主要污染源之一。

在公路附近上空,往往会形成浓度较高且持续时间较长的排放污物区域,对人体健康形成危害,同时亦将对动、植物和水、土环境造成严重影响。

我国道路和车辆正处于发展的初期,抓住这一关键问题,控制好交通排放污染物,使道路交通发展要合乎生态环境的要求,与环境相协调,无疑是可持续发展战略的必要条件之一。

一、汽车废气的主要成分、形成及其危害性

汽车污染按其形态可分为固体物(粉尘、烟尘)、液体(水滴)及气体(废气)。而汽车废气即是一种排放部位低,不易扩散的流动源,是大气被污染的重要源头,其影响面最宽,危害最大,是本节着重介绍内容。

汽车废气主要从排气管、曲柄箱及燃料系统中排放出来,所排放废气中危害大的主要有一氧化碳(CO)、碳氢化合物(HC)、氮氧化合物(NO_x)、和铅化合物及3,4-苯并芘等,现分述于下。

(1) 一氧化碳,一种无色、无味、无臭的窒息性气体。主要是由汽车发动机的燃料燃烧不完全而产生。常在空挡行驶、经常制动、起动、减速和加速时,排出量较大,如表10-3、表10-4。这种废气成分易与血液中的血红素结合,成为一氧化碳血红素,当这种血红素在人体达10%时,会影响正常的工作和学习,占20%时,会感到头痛、头晕,出现中毒现象,占50%~60%时,会致人死亡。

汽车废气组成成分同车速关系　　表10-3

污染物的组成成分	空　挡	满　　载	
		低速	高速
NO_x	0~50ppm	1 000ppm	4 000ppm
CO_2	6.5%~8%	7%~11%	12%~13%
H_2O	7%~10%	9%~11%	10%~11%
O_2	1%~1.5%	0.5%~2%	0.1%~0.4%
CO	3%~10%	3%~8%	1%~5%
H_2	0.5%~4%	0.2%~1%	0.1%~0.2%
HC	300~8 000ppm	200~500ppm	100~300ppm

(2)碳氢化合物(HC)(简称烃,包括烷烃、烯烃和芳烃),产生于燃烧完全的汽油及汽油燃烧时的裂化,在汽车减速时产生的量最多。是形成光化学烟雾时的主要成分,对人眼、鼻、呼吸道有强烈刺激作用。

(3)氮氧化合物(NO_x),汽油在高温燃烧的过程中产生,到大气中后,部分一氧化氮与空气中的氧结合,生存二氧化氮,这是一种红棕色、有毒的恶臭气体。被汽车废气污染的大气同时存在着一氧化氮和二氧化氮。主要产生于汽车发动机高速运转时,速度越高,氧气越充足,则产生量越多,污染越严重。对人的眼、鼻、呼吸道有刺激作用。在50ppm以上时,产生咽喉剧痛和剧烈地咳嗽。在500ppm以上时,几分钟内可严重侵害肺部,甚至导致死亡。

三种主要污染物排出量同车速关系　　表10-4

车速(km/h) 排气量(g/km) 污染物	16	32	48	64	80	96
CO	59.6	30.3	21.3	17.3	14.4	12.6
HC	7.1	4.7	3.7	3.0	2.5	2.3
NO_x	3.2	3.6	4.0	4.4	4.8	5.2

(4)二氧化硫(SO_2),在某些柴油发动机排出气体中含有,其排放量虽不大,但当其浓度达

8ppm 时，人就开始感受难受，且 SO_2 经氧化成为 SO_3 烟雾时（还不到 0.8ppm）人就无法忍受，可引起支气管炎和哮喘等病，并能腐蚀桥梁等金属构件。

(5)铅化合物，作为汽油抗爆剂的四烷基铅，在燃烧过程中分解成氧化铅，被排放于大气，是一种剧毒物，对人的肝、肾都会产生有害影响，并对消化系统、神经系统有损害。

(6)3,4－苯并(a)芘，是一种碳氢化合物（$C_{20}H_{12}$），强致癌物质。

(7)光化学烟雾，一种次生物，是汽车排出废气中的碳氢化合物和氮氧化合物，在空气中经阳光紫外线照射发生一系列光化学反应生存的一种淡蓝色烟雾，同时生成气溶胶，形成新的污染物。美国洛杉矶市从 1943 年第一次发生光化学烟雾后又陆续发生过 7 次比较严重的光化学烟雾事件，故称之为洛杉矶型光化学烟雾污染。日本的光化学烟雾污染也很严重，东京地区曾发生过多次，且已扩展到其他地区，受害人数达 4～5 万人，近年来欧洲、加拿大南部、墨西哥北部等地许多大城市如意大利的热那亚、澳大利亚的悉尼、印度孟买等城市都发生过严重的光化学烟雾污染。

汽车排气中的碳氢化合物与氮氧化合物经光化学反应形成光化学烟雾，其机理非常复杂。其基本原理为二氧化氮（NO_2）在强烈的太阳紫外线照射下发生分解，产生一氧化氮（NO）和原子氧（O）；原子氧迅速与空气中的氧（O_2）反应生成臭氧（O_3）；臭氧再与碳氢化合物（HC）作用，经过一系列反应，结果产生了臭氧、过氧乙酰硝酸酯（PAN）、醛类和其他许多复杂的化合物，统称为光化学氧化剂，这些光化学氧化剂形成的烟雾叫光化学烟雾。

光化学烟雾的形成及其浓度，除直接决定于汽车排气中污染物的数量和浓度以外，还受太阳辐射强度、气象以及地理条件的影响。

光化学烟雾可刺激人的眼睛，引起红眼病，对人的鼻、咽、喉、气管和肺部都有刺激作用，可促使哮喘病人哮喘发作、引起慢性呼吸系统疾病进一步恶化，还可能诱发肺癌，以及加速人的衰老。光化学烟雾对植物的损害也十分严重，可使农作物减产、树木落叶或枯死。加速橡胶制品的老化，腐蚀建筑设备和衣物，使染料褪色等。此外，因光化学烟雾生成的气溶胶，常在 0.1～1.0μm 之间，不易沉降，易于散射太阳光线，以致显著降低大气的能见度，缩短视距，造成交通事故等危害。气溶胶还能吸附、浓缩大气中的其他污染物，带入人的呼吸道内，加剧污染物的毒害作用。

二、控制汽车废气污染的措施

(1)制定严格的排放标准和环境法

控制汽车排污必须有法可据，有标准可依，同时还应建立对大气的监测和与交通流参数观测相协调的汽车废气污染监测系统，才能保证控制工作的贯彻。

(2)改进机动车设备

改进内燃机结构，发展转子发动机，使汽油在免爆中燃烧完全。研究改进汽车的废气净化装置，改进曲柄箱、汽化器和燃料箱等，使之能避免或减少气体的遗漏。减少或改变排污的成分与数量。安装漏气回流管和补燃器，使排气管排出物再次燃烧而变为无害的气化物。

(3)改进能源

可研究采用电动汽车和采用液化天然气、氢气、液化煤气与柴油的混合燃料；用无铅汽油来代替有铅汽油作燃料，是减少汽车排污的有效措施。对城市交通，可积极发展无轨电车。从发展看，要研究无公害汽车和高效交通系统。

(4)合理地布置路网与调整交通流，综合治理交通在城市路网的布设中,应把减少或避免对大气的污染放在重要位置来考虑。还应注意加强交通管理,调整交通流,使道路上的车流有适当的流量和速度,尽可能地匀速、畅通,从而减少因高速、减速、制动、起动等带来的污染。

(5)绿化

考虑到实际的地形与气象条件,在道路两侧适当范围内进行绿化,是净化道路交通环境的既经济又有效的措施,可与降噪声措施一并考虑。

第三节 噪声污染

一、噪声的含义及有关指标

(一)声学的基本知识

1. 噪声与噪声源

人们生活在充满各种声音的世界里,生活离不开声音。判断一种声音是否属于噪声,很大程度上取决于接受者的主观因素。什么是噪声?概括起来,凡是使人烦恼不安,对人体有害,人们所不需要的声音统称为噪声。

声音来源于物体的振动。通常把正在发出声音的振动物体称为声源,发出噪声的振动物体称为噪声源。

声源振动辐射的声波在媒质中传播时,在某一时刻声波到达的各点所形成的包迹面称为波阵面。根据波阵面的形状,可以将声波分为平面波、球面波和柱面波。由点声源辐射的声波为球面波,如当一辆车尺寸远小于其到观察点的距离时,可视为点声源。线声源辐射的声波为柱面波,如一列火车或公路上的车流,可看成线声源。

媒质中有声波传播的区域叫做声场,声波传播无边界影响或边界可以忽略的区域称为自由声场。

声波在媒质中传播的速度称为声速,声速与声源的性质无关,而与媒质的弹性、密度及温度有关。在常温时空气中的声速为340m/s。声波传播路径上,两相邻同相位质点之间的距离称为波长,声波传播一个波长所需的时间称为周期,周期的倒数称为声波的频率。

人耳能感觉到的声波频率范围在20~20 000Hz之间,其对应的波长范围为17.0~0.017m之间。低于20Hz的声波称为次声,高于20 000Hz的称为超声,次声和超声不能使人产生听觉。

2. 噪声在空气中传播

噪声在空气中传播时,由于声波的作用,使空气中质点获得声能量。所以,声波的传播过程实质上是声源辐射能量的过程。噪声的强度随着传播距离的增加而衰减,其原因,主要是声能量随着声波波阵面的扩张而衰减,其次是空气对声能量的吸收及近地面传播时的附加吸收衰减。气象条件如风速、温度、雨、雾等对噪声传播也有相当大的影响。

3. 声波的绕射、反射、吸收和透射

当声波遇到有孔洞(或缝隙)的障板时,由于声波的绕射性,可以通过孔洞传到障板的背后。如果孔洞的直径比入射声波的波长小得多时,小孔可近似看作一新波源,它的子波是以小孔为中心的球面波。在噪声控制工程中,应防止障板(如声屏障)上有孔洞(或缝隙),避免漏声而造成“声短路”现象。

当声波入射到墙、板等表面时，声能量除一部分被反射外，其余部分将透过构件和被构件材料吸收。我们将反射系数小的材料称为吸声材料，把透射系数小的材料称为隔声材料。在噪声控制工程中设计时，必须了解各种材料或构件的吸声、隔声性能，从而合理的选用材料。

常用的吸声材料和吸声结构及其吸声特性列于表 10-5。

主要吸声材料、结构及其吸声特性 表 10-5

名　称	例　子	主要吸声特性
多孔材料	矿棉、玻璃棉、泡沫、塑料、毛毡	本身具有良好的中高频吸收性能，背后留有空气层时还能吸收低频
板状材料	胶合板、石棉水泥板、石膏板、硬质板	吸收低频比较有效(吸声系数 0.2 ~ 0.5)
穿孔板	穿孔胶合板、穿孔石棉水泥板、穿孔石膏板、穿孔金属板、微穿孔板	一般吸收中频，与多孔材料结合使用吸收中高频，背后留有大空腔还能吸收低频。微穿孔板吸声频率向低频偏移，吸声系数显著提高
空腔共振吸声结构	石膏、黏土等制成的单个空腔	在共振频率处吸声系数大，吸收频率较低，且范围较窄
膜状材料	塑料薄膜、帆布、人造革	视空气层的厚薄而吸收低中频
柔性材料	海绵、乳胶块	内部气泡不连通，与多孔材料不同，主要靠共振有选择的吸收中频

（二）噪声的计量

1. 声源的声功率

声功率是声源单位时间内向外辐射的声能，记作 W，单位为瓦(W)、微瓦(μW)。声源的声功率与频率有关，在计量时应指明其频率范围。

声源辐射的声功率一般与环境条件无关，纯属于声源本身的一种特性。表 10-6 列出了几种声源的声功率。一般人讲话的声功率是很弱的，提高嗓音讲话(如讲课)时约为50 ~ 100μW。

几种声源的声功率 表 10-6

声源种类	声功率	声源种类	声功率	声源种类	声功率
喷气飞机	10W	汽车	0.1W	女高音	1 000 ~ 7 200μW
气锤	1W	钢琴	2mW	对话	20μW

2. 声压与声压级

声压表示声音强弱的物理量，常用单位为帕(Pa)。

声压级(L_p)：是声音强度相对大小的指标，其定义为 2 倍待测声压的有效值 P_e 与用作比较的标准声压 P_0 的比值的常用对数。

$$L_p = 20\lg\frac{P_e}{P_0} \tag{10-1}$$

式中：L_p——声压级(dB)；

P_e——声压(Pa)；

P_0——标准声压，为 2×10^{-5}(Pa)。

因标准声压常为 20(μPa)，故：

$$L_p = 20\lg\frac{P_e}{20} \tag{10-2}$$

20μPa 是可听阈的最低限，其对应的声压级 $L_p = 0$(dB)。痛阈的声压级 $L_p = 120$(dB)。界于可听阈与痛阈之间的声音是人的可听声。

3. 声压级的叠加

当几个不同的声源同时作用时，它们在某处产生的总声压并不是各个声压的代数和，应按照能量法则进行叠加。它们的总声压为：

$$P_t = \sqrt{p_1^2 + p_2^2 + \cdots + p_n^2} \tag{10-3}$$

叠加后的总声压级为：

$$L_{P_t} = 20\lg\frac{p_t}{p_0} = 20\lg\frac{\sqrt{p_1^2 + p_2^2 + \cdots + p_n^2}}{p_0} \tag{10-4}$$

如果 $p_1 = p_2 = \cdots = p_n$ 时，总声压级为：

$$L_{P_t} = 20\lg\frac{\sqrt{np^2}}{p_0} = 20\lg\frac{p}{p_0} + 10\lg n = L_p + 10\lg n \tag{10-5}$$

由上式可知，两个数值相同的声压级的叠加，只比单个声压级增加了 3dB。

两个声压级 L_1，L_2($L_1 > L_2$)叠加，叠加后的声压级为：

$$L_{P_t} = L_1 + \Delta L \tag{10-6}$$

式中 ΔL 为叠加修正量(增值)。如果 L_1 与 L_2 的差值越小，修正量 ΔL 越大，如果 L_1 与 L_2 的差值越大，修正量 ΔL 越小，修正量 ΔL 的数值可由下表 10-7 查得。

声压级的差值与增值的关系 表 10-7

$L_1 - L_2$	0	0.1	0.2	0.3	0.4	0.5	0.6	0.7	0.8	0.9
0	3.0	3.0	2.9	2.9	2.8	2.8	2.7	2.7	2.6	2.6
1	2.5	2.5	2.5	2.4	2.4	2.3	2.3	2.3	2.2	2.2
2	2.1	2.1	2.1	2.0	2.0	1.9	1.9	1.9	1.8	1.8
3	1.8	1.7	1.7	1.7	1.6	1.6	1.6	1.5	1.5	1.5
4	1.5	1.4	1.4	1.4	1.4	1.3	1.3	1.3	1.2	1.2
5	1.2	1.2	1.2	1.1	1.1	1.1	1.1	1.0	1.0	1.0
6	1.0	1.0	0.9	0.9	0.9	0.9	0.9	0.8	0.8	0.8
7	0.8	0.8	0.8	0.7	0.7	0.7	0.7	0.7	0.7	0.7
8	0.6	0.6	0.6	0.6	0.6	0.6	0.6	0.6	0.5	0.5
9	0.5	0.5	0.5	0.5	0.5	0.5	0.5	0.4	0.4	0.4
10	0.4	—	—	—	—	—	—	—	—	—
11	0.3	—	—	—	—	—	—	—	—	—
12	0.3	—	—	—	—	—	—	—	—	—
13	0.2	—	—	—	—	—	—	—	—	—
14	0.2	—	—	—	—	—	—	—	—	—
15	0.1	—	—	—	—	—	—	—	—	—

4. 频率与频谱

对于噪声控制，不仅需要知道噪声的声压级大小，还必须了解噪声的频谱，只有首先降低或消除那些主要的频率成分，才能有效的降低噪声。噪声的频谱往往是连续的，测量其频谱时不可能一个一个频率的测量，而是通过带通滤波器测得相应频带的声级，将频率为横坐标，声级为纵坐标作图，即可得被测噪声的频谱图。

噪声测量中，常用的频带（或频程）是1倍频程或1/3倍频程。倍频程是对频率作相对比较的单位，两个频率之间的相距频程倍数 n 由下式决定：

$$\frac{f_2}{f_1} = 2^n \text{ 或 } \quad n = \log_2 \frac{f_2}{f_1} \tag{10-7}$$

式中：f_1——频带的下限频率（Hz）；

f_2——频带的上限频率（Hz）；

n——频带的倍数。

当 $n=1$ 时，$f_2=2f_1$，f_2 与 f_1 之间称为1倍频程（简称倍频程）。当 $n=1/3$ 时，$f_2=2^{1/3}f_1$，f_2 与 f_1 之间称为1/3倍频程。1个倍频程可分为3个1/3倍频程。1倍频程或1/3倍频程通常用频带的中心频率来表示，频带的中心频率 f_c 是上下频率的几何均值，即：

$$f_c = \sqrt{f_2 \cdot f_1} \tag{10-8}$$

二、道路交通噪声的来源、特性及其危害

1. 道路交通噪声的来源

道路交通噪声主要来自汽车噪声源，其影响范围广，持续时间长，影响的人数最多。汽车噪声源大致可分为喇叭声和与发动机转速有关的声源及与车速有关的噪声源。如图10-1所示，与发动机转速有关的声源主要有进气噪声、排气噪声、冷却及风扇噪声、发动机表面辐射噪声、用发动机带动旋转的各种发动机附件（如空气压缩机、发电机等）的噪声。与车速有关的噪声包括传动噪声（变速器、传动轴等）、轮胎噪声、车体产生的空气动力噪声等。

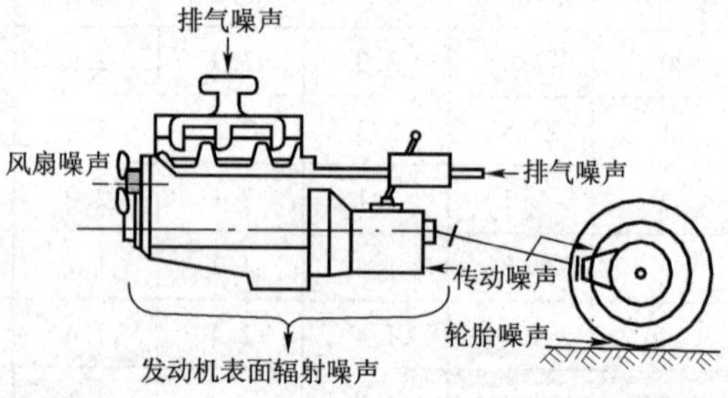

图10-1　汽车主要噪声源示意图

我国城市道路交通噪声主要来源于汽车喇叭声，据上海市曾对几条公共交通路线做过的一次调查表明：按喇叭次数平均50次/km以上，行驶条件差的路线按喇叭次数为163次/km，平均40次/min。北京曾做过喇叭噪声与车辆行驶噪声对比试验，结果表明：当行车道宽度小于15m/s时，喇叭的平均噪声级较车辆行驶的平均噪声级大10~15dB，道路行驶条件越好，喇叭声越小。

2. 道路交通噪声的特性

道路交通噪声的源头具有流动性，是一种随机非稳态噪声，它受到道路与交通条件的密切影响，有以下特点。

（1）道路交通噪声的分布与道路网的分布一致，其影响范围主要是道路两侧一定范围内的居民及建筑物等。

（2）道路交通噪声与道路的坡度、路面粗糙度、路段位置等有关。道路坡度越大、发动机负荷越增加，噪声越高（如表 10-8 ），越接近交叉口处噪声越高（如表 10-9），路面粗糙度越大噪声越大，如图 10-2。

路面坡度对等效声级的影响 表 10-8

路面坡度	5%								7%							
车流量（辆/h）	1 000				4 000				1 000				4 000			
载货汽车所占比例（%）	0	25	50	100	0	25	50	100	0	25	50	100	0	25	50	100
等效声级（dB）	67	68.8	70	72	72.5	74.5	75.6	76.7	67.3	72.7	75	77.5	73.3	78.8	81	83.5

一个交叉路口附近的噪声 表 10-9

噪声统计参数	交叉路口处	交叉路口后 50m 处	交叉路口前 80m 处
L_{10} dB（A）	77.6～76.5	76.3～76.5	68.8～68.2
L_0 dB（A）	73.1～72.7	72.2～71.3	65.7～65.3

（3）道路交通噪声与道路交通状况有着密切的关系。车流量与噪声的关系总的趋势是噪声随车流量的增加而增大。但车流量的增加对本底噪声和平均噪声影响虽较大，而对噪声峰值的影响却很小，当车流量增加到 2 000 辆/h 以后，噪声峰值基本不再增加。噪声峰值主要取决于载重车的数量，如图 10-3 所示。交通噪声的时间分布规律与交通流量的时间分布规律很接近（如图 10-4 所示）。

从图 10-3 还可看出重型车所占的比例越大，噪声越高。此外，加速行驶频繁的地段比均速行驶的地段噪声高。而车辆加速产生的噪声与其加速挡位和加速度的大小有关。

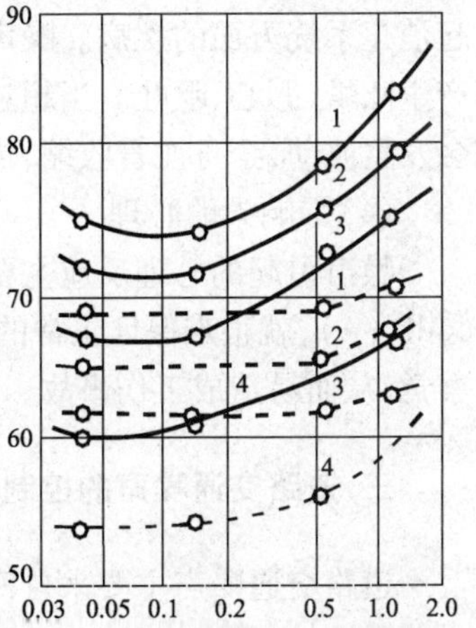

图 10-2 路面粗糙度对噪声的影响

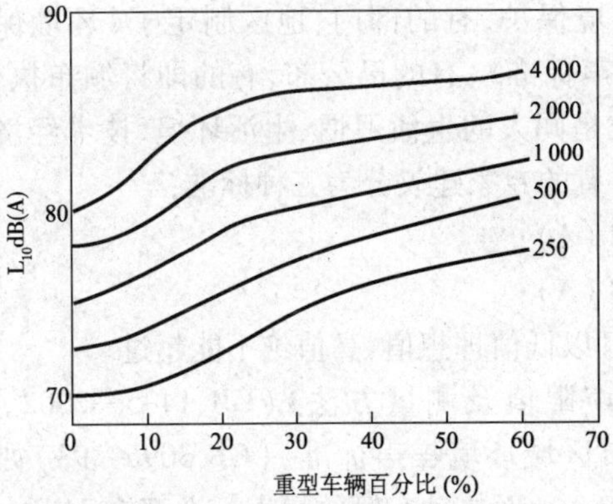

图 10-3 噪声峰值与重型车辆所占比例数之间的关系

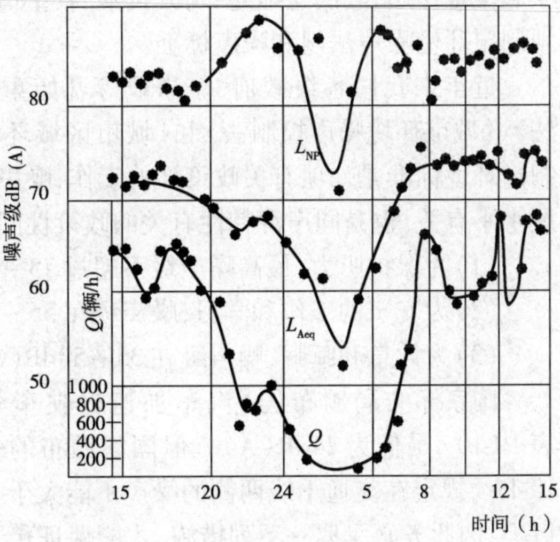

图 10-4 一条街道的 L_{NP}、L_{Aeq} 和交通量的变化曲线

3. 道路交通噪声的危害

（1）听觉疲劳或听力损伤

当人的听觉受到噪声刺激，听觉敏感性发生显著的降低，甚至造成暂时或永久性的听觉损伤。50dB（A）时开始影响脑力劳动，80dB（A）以下只能保证长期工作不致耳聋。在90dB（A）条件下，只能保护80%的人不会耳聋，即使是85dB（A），还会有10%的人产生噪声性耳聋。人耳听力损失的频率从4 000Hz开始。有时虽没有达到噪声性耳聋的程度，但很可能已有听力损失。

（2）严重干扰人们的生活

噪声会影响人们的睡眠质量和时间，当睡眠受到噪声干扰后，工作效率和健康都会受到影响，40dB的连续噪声可使10%的人睡眠受到影响，70dB影响50%，而突发的噪声在40dB时可使10%的人惊醒，到60dB时可使70%的人惊醒。

（3）影响人体生理

许多调查统计资料表明，大量的心脏病的发展和恶化与噪声有着密切的联系。目前，不少人认为，20世纪工业生产噪声和交通声的提高，是造成心脏病的重要原因之一。噪声还会引起消化系统方面的疾病。噪声能引起神经衰弱，失眠、疲劳、头晕、头痛、记忆力衰退，还可使人产生眩晕、恶心、呕吐。当超过140dB时，甚至会引起眼球振动，视觉模糊、呼吸、脉搏、血压都会发生波动，全身血管收缩，供血减少，说话能力受到影响等。

（4）影响人的心理

噪声引起的心理反应主要是烦恼或烦躁，首先是对交谈和休息产生干扰，环境噪声如超过66dB（A），就很难保证正常的交谈。还由于噪声的掩蔽效应，往往使人对一些危险信息不易察觉，从而易造成工伤事故。

三、道路交通噪声的控制措施

道路交通噪声主要来自汽车，而汽车噪声强度与汽车类型、车速、行车速度，发动机功率，道路纵坡、交叉口间的距离，路面等级与状况、标志的设置有关，其中发动机功率、车流量的大小起决定作用，其次与地形、驾驶技术、载重情况也有关。为使道路交通噪声受到控制，首先必须制定环境噪声法规和噪声标准。

近年来我国各级政府、企事业等开始重视环境保护，有的部门、地区制定了《环境保护法》、《城市环境噪声控制法》和《城市区域环境噪声标准》，有的已公布，有的即将颁布执行。制定环境标准是一项有关政策性的工作，噪声标准是同人的生活习惯、生活环境、技术经济发展水平有关，也是同声源特性有关的政策性问题。有的专家建议分为三种标准：

（1）为保护听力，最高噪声级不超过75～90dB（A）；

（2）为安宁的工作和学习，噪声级在55～70dB（A）；

（3）为休息和睡眠，噪声级在35～50dB(A)，且以低值理想值，高值绝不能超过。

国家标准局颁布的《汽车加速行驶车外噪声限值及测量方法》（GB 1495—2002）如表10-10，最低为74dB(A)。但国家颁布的《城市区域环境噪声标准》（GB 3096—93）如表10-11，规定在交通干线两侧的噪声不能大于70dB(A)，而机动车辆的噪声标准都在74dB(A)以上，因此务必采取一系列措施，才能保证街道两侧环境符合国家《城市区域环境噪声标准》的要求。

汽车加速行驶车外噪声限制(GB 1495—2002) 表 10-10

汽车分类 GVM——最大总质量(t) P——发动机额定功率(kW) N_1、N_2、N_3 为货车分类名称 M_1、M_2、M_3 为客车分类名称		噪声限值 dB(A)	
		第一阶段	第二阶段
		2002.10.1~2004.12.30 期间生产的汽车	2006.1.1 以后生产的汽车
M_1		77	74
M_1(GVM≤3.5t), 或 N_1(GVM≤3.5t)	GVM≤2t	78	76
	2<GVM≤3.5t	79	77
M_2(3.5t<GVM≤5t), 或 M_3(GVM>5t)	P<150kW	82	80
	P≥150kW	85	83
N_2(3.5t<GVM≤12t), 或 M_3(GVM>12t)	P<75kW	83	81
	75kW≤P<150kW	86	83
	P≥150kW	88	84

注:M_1 类车辆——至少有 4 个车轮,或有 3 个车轮,且厂定最大总质量超过 1t,除驾驶员座位外,乘客座位不超过 8 个的载客车辆。

M_2 类车辆——至少有 4 个车轮,或有 3 个车轮,且厂定最大总质量不超过 5t,除驾驶员座位外,乘客座位超过 8 个的载客车辆。

M_3 类车辆——至少有 4 个车轮,或有 3 个车轮,且厂定最大总质量>5t 的载客车。

N_1 类车辆——至少有 4 个车轮,或有 3 个车轮,且厂定最大总质量不超过 3.5t 的载货车辆。

N_2 类车辆——至少有 4 个车轮,或有 3 个车轮,且厂定最大总质量超过 3.5t,但不超过 12t 的载货车辆。

N_3 类车辆——至少有 4 个车轮,或有 3 个车轮,且厂定最大总质量>12t 的载货车。

城市各类区域环境噪声标准(等效声级 dB(A))(GB 3096—93) 表 10-11

类别	昼间	夜间	类别	昼间	夜间
0	50	40	3	65	55
1	55	45	4	70	55
2	60	50			

注:1.0 类标准适用于疗养区、高级别墅区、高级宾馆区等特别需要安静的区域,位于城郊和乡村的这一类区域分别按严于 0 类标准 5dB 执行。

2.1 类标准适用于以居住、文教机关为主的区域。乡村居住环境可参照执行该类标准。

3.2 类标准适用于居住、商业、工业混杂区。

4.3 类标准适用于工业区。

5.4 类标准适用于城市中的道路交通干线道路两侧区域,穿越城区的内河航道两侧区域。穿越城区的铁路主、次干线两侧区域的背景噪声(指不通过列车时的噪声水平)限值也执行该类标准。

控制噪声的措施应包括声源、传递途径和接受者三个方面,简述如下。

(1)控制噪声源

针对我国车辆状况,首先是改善机动车辆的构造,对进气排气采用高效率消声器;对发动机用附加隔声罩。还可采用电气车辆来降低噪声;开发其他类型的车辆如磁浮式、气垫式等高效低噪声型的车辆或某些新型热机车辆。

(2)改善运行状况

采用合理的交通管制与自动控制系统,使交通畅通。合理地控制交通流量,特别是限制货车的流量,可有效地降低交通噪声。在限制车流量的同时,还应限制车速,尽可能地减少加速、减速、按喇叭、制动的噪声。改善路况，提高路面平整度，以减低振动与摩擦噪声。

(3)调整路网规划与城市规划，合理布置路网

在进行路网规划时，应注意不同功能的道路之间的配合，应避免主要干道穿越市中心和文教、住宅区。对噪声特别严重的载重车宜开辟专用道，以使集中采取隔间措施，对于住宅区、居民文教区等特别要求区域，应与交通干线保持一定距离，利用环境自然衰减来降低噪声，必要时还可采用路堑或高架路以减少噪声。对于流量大的一些地区，采用立体交叉和自动信号控制，以保持车辆匀速行驶，降低噪声。在路幅的布置上，三块板较两块板或一块板更有利于降低噪声。利用城市建设合理的规划布置控制交通噪声污染的实际效果如表 10-12。

几种噪声控制方法的效果 表 10-12

控制噪声方法	实际效果
要求安静的建筑物远离交通干线和重型车辆通行道路	距离增加一倍，噪声减少 4 ~ 6dB (A)
按照建筑物用途和需要安静的程序进行合理区域规划	5 ~ 10dB (A)
利用要求噪声标准不同的商店、公共活动场所作为临街建筑以隔离噪声	7 ~ 25dB (A)
利用道路两侧的绿化行道隔离噪声	2 ~ 5dB (A)
路两侧采用专门设计的防声屏障	5 ~ 30dB (A)
减少需要安静街道的交通量	交通量减少一倍，噪声减少 3 ~ 5dB (A)
降低车辆行驶速度	每降低 10km/h，噪声减少 2 ~ 3dB (A)
减少需要安静街道的交通流量中重型车辆比例	每减少 10%，噪声减少 1 ~ 2dB (A)
加强临街建筑的窗户隔声效果	5 ~ 20dB (A)
临街建筑的房间合理规划	10 ~ 20dB (A)

(4)设置防声屏障以限制噪声的传播

噪声在传播途中，若遇到障碍物尺寸远大于声波波长时，则大部分声能被反射，一部分被衍射，于是在障碍物前后一定距离内形成“声影区”其区域的大小与声音频率有关，声音频率越高声影区范围越大，如果被保护点处于声影区，等效声级可降低 8 ~ 15dB，如果处于非声影区，仅可降低 3dB，如果一条双车道上采用 4m 高防声屏障，其减噪效果的空间分布如图 10-5 所示，道路防声屏障可利用路旁绿化带，专门设计的防声屏障，利用不要求安静环境的临街建筑，利用路堑等如图 10-6 所示。在道路设计时，采用何种防声屏障形式应据噪声特性，周围环境与对噪声的要求而定。为了提高屏障的降噪效果，应尽量使其靠近道路，对于高速公路而言，屏障距路边线 1.5 ~ 2m 较合适，如果道路较宽，且为双向行驶时，也可于路中隔离带增设吸声材料的屏障。为了增强防声屏障的效果，可于防声屏上铺设一些吸声材料，以避免其和附近建筑物之间形成反映。防声屏障的效果与其结构物本身的隔声值(即它的单位面积量)有关，而所设计的最小单位面积量与屏障高度、屏障与声源的位置有关。

(5)道路绿化

利用树林的散射、吸声作用以及地面吸声，可达到降低噪声的目的，尤其是绿化在人们对噪声的心理感觉上有良好的效果。一般认为矮的乔木比高的乔木防噪效果好，阔叶树比针叶树好，几条窄林带比一层稠密林带效果好，但林带很窄或为灌木时，效果就很差。不同林带厚度的降噪效果可参见表 10-13。

不同林带厚度降低噪声的数值 表 10-13

林带厚(m)	30	60	90	105
噪声降低值(dB)	4	7	9	10

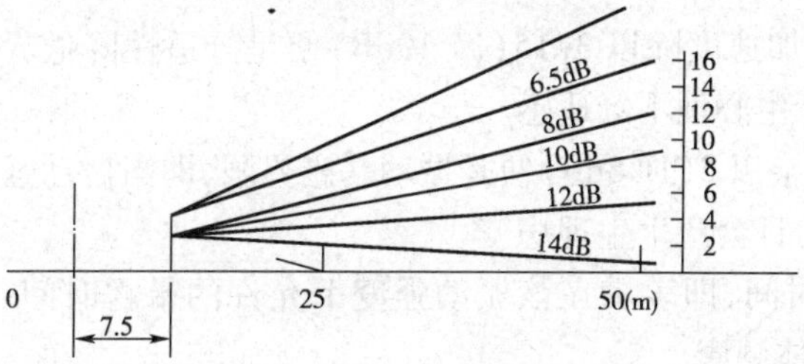

图 10-5 4m 高声屏障减噪效果

图 10-6 北京某高架道路隔声屏

第四节 道路交通振动的危害和防治

一、振动的含义及有关指标

振动是指描述系统状态的参量(如位移、电压)在其基准值上下交替变化的过程。狭义的指机械振动,即力学系统中的振动。

振动容许标准有两类:一类是关乎人的健康所建立的标准,另一类是关乎机器设备、房屋建筑及特殊要求(如天文台、文物古迹等)所制定的标准。下面介绍前一类标准,关于后一类标准请查阅有关资料。

1. 城市区域环境振动标准

我国于 1988 年颁布了《城市区域环境振动标准》(GB 10070—88),目的是控制城市环境振动污染。标准规定的振级值见表 10-14,表中给出的是铅垂向 Z 振动容许值,即各个区域的 Z 振级不得超过表中的限值。

各类区域铅垂向 Z 振级标准值(dB) 表 10-14

适用地带范围	昼间	夜间
特殊住宅区:特别需要安静的地区	65	65
居民、文教区:纯居民区和文教、机关区	70	67
混合区、商业中心区:一般商业与居民混合区;工业、商业、少量交通与居民混合区	75	72
工业集中区:城市或区域内规划明确确定的工业区	75	72
交通干线道路两侧:车流量每小时 100 辆以上的道路两侧	75	72
铁路干线两侧:距每日车流量不少于 20 列的铁道外轨 30m 外两侧的住宅区	80	80

2. 对人体影响的评价标准

国际标准 ISO2631 关于人体全身铅垂向振动暴露评价标准见图 10-7。该标准给出了三个振动容许界限和暴露时间。

(1)疲劳、效率降低界限。图中给出的曲线是疲劳和效率降低振动标准,即当振动强度超过该疲劳阈时,人体不能保持正常工作效率。

(2)舒适性降低界限。将图中每条曲线的加速度除以 3.15(减 10dB)便是舒适性降低界限,即当振动强度超过该界限时,人体对振动产生心理不舒适感。

(3)暴露界限。将图中每条曲线的加速度乘以 2(加 6dB)便是振动暴露界限,即当振动强度超过该极限阈时,人体不仅产生心理反应,而且会产生生理病变。

(4)暴露时间。图 10-7 中每条曲线上的时间,即表示在该振动强度下允许的暴露时间。用以控制人的工作时间,以保持正常工作和身体健康。

从图 10-7 中还可看出,人体对频率 4 ~ 8Hz 范围内振动的反应最敏感。

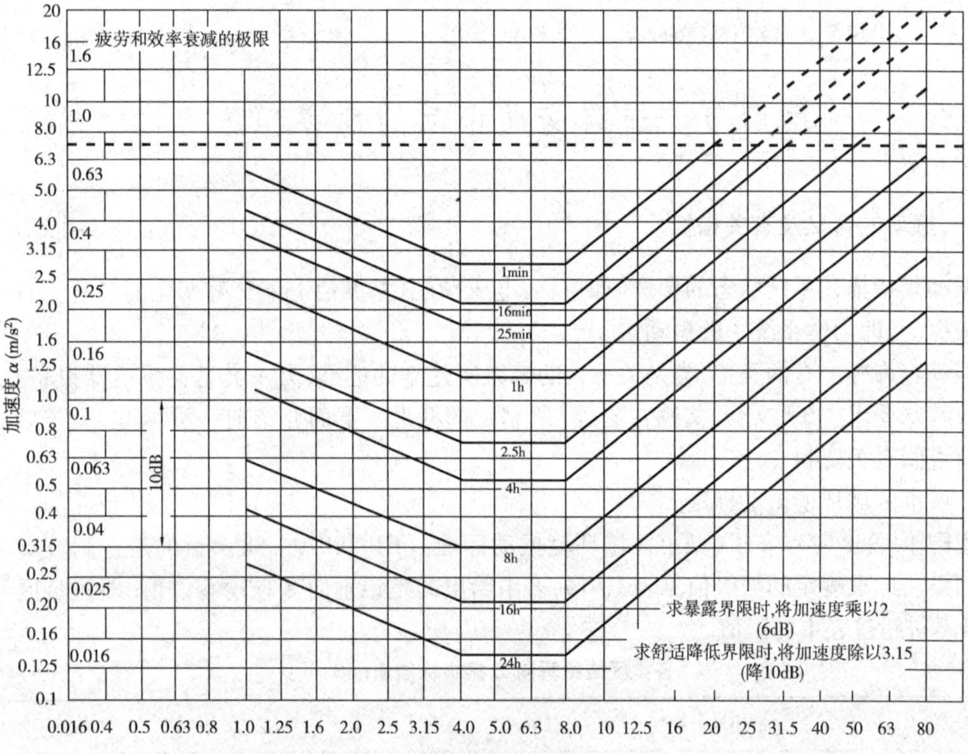

图 10-7 铅垂向的振动暴露标准(ISO2631)

二、道路交通振动的产生及其危害

由于机动车运行而使地面发生振动,称为道路交通振动。

道路交通振动是由于地面不平,机动车冲击地面而发生,沿地面有衰减地传递。对于人主要是通过支撑面而传递的。

振动通过人体各部位与其接触而产生作用,根据振动作用范围的不同,对人体的影响可分为全身振动和局部振动两种。全身振动是指人体直接站(或坐)在振动体上所受的振动,局部振动是指人体只有部分部位(如手)与振动体接触所受的振动。由于道路交通振动激起的是地面振动,所以对人体的影响是全身的,车内的乘客振动亦是全身的。

人体对振动的反应相当于一个复杂的弹性系统，当振动的频率与人体的某些固有频率一致（或接近）时，因产生共振而对人体的影响特别大。试验表明，人体对频率 2 ~ 12Hz 的振动感觉最敏感，对低于 2 Hz 或高于 12Hz 的振动，敏感性逐渐减弱。

人体全身垂直振动时，在频率 4 ~ 8Hz 范围内有一个最大的共振峰，称第一共振频率，它要由胸腔共振产生，对心脏、肺脏的影响最大。在频率 10Hz 附近存在第二个共振频率，主要由腹腔共振产生，对肠、胃、肝脏等的影响较大。人体其他器官的共振频率头部为 25Hz，手为 30 ~ 40Hz，上下颌为 6 ~ 8Hz，中枢神经系统为 250Hz。

频率给定时，振动对人体的影响主要决定于振动的强度。其次与振动的暴露时间也有很大关系，短暂时间可以容忍的振动，在长时间就可能不能容忍。

当振动增强到某一程度，人就感到不舒适，这是人对振动的心理反应。当振动继续增强，人对振动产生心理反应的同时产生生理反应，与此相应的振动强度叫做疲劳阈。当振动强度超过疲劳阈时，人的神经系统及其功能会受到不良影响。如果振动进一步增强，达到极限阈强度时，对人不仅有心理及生理影响，还会产生病理性损伤。长期在超极限阈的强烈振动下工作，使感受器官和神经系统产生永久性病变，这种由振动引起的病变叫做振动病，它的全身症状是头晕、头痛、烦躁、失眠、食欲不振和疲乏无力等，局部症状是承受强烈振动的部位，如手、肘、肩关节等发生损伤，手指肿胀僵硬，手臂无力等。

三、道路交通振动防治

道路交通激振引起道路两侧地面振动，会给人体、建筑、精密设计和文物等产生影响。道路交通振动的防治较为困难，根据国际、国内经验，道路交通振动防治可以采取下列措施：

1. 控制振动源

（1）对车辆行驶速度和交通量，特别是对大型车辆的通行进行限制，严格控制车辆超载现象。

（2）确保路面完好和道路与桥梁等结构物的顺接不出现跳车现象，经常对道路进行修缮。

2. 控制道路与敏感点的距离

振动在地面传播时，其振动强度随传播距离衰减较快。一般情况，道路交通振动传到距路边 30m 左右便不会有太大的影响，传至 50m 便可安全。对于有特殊要求的敏感点如天文台、文物古迹等，可根据相应的振动标准控制路线距这些地点的距离，这是唯一可行的措施。

3. 降低道路交通振动强度

（1）提高和改善路面平整度。由于路面的不平整是道路交通振动的主要激振因素，因而提高和改善路面的平整度是降低道路交通振动的主要措施。

（2）研究采用有橡胶树脂的沥青混凝土防振路面。

4. 防振沟

一般的隔振系统用质量块、弹簧和阻尼器构成（见图 10-8），以减弱振动源向基础（地基）传递振动。对于道路交通振动，一般的隔振措施显然是不可行的。

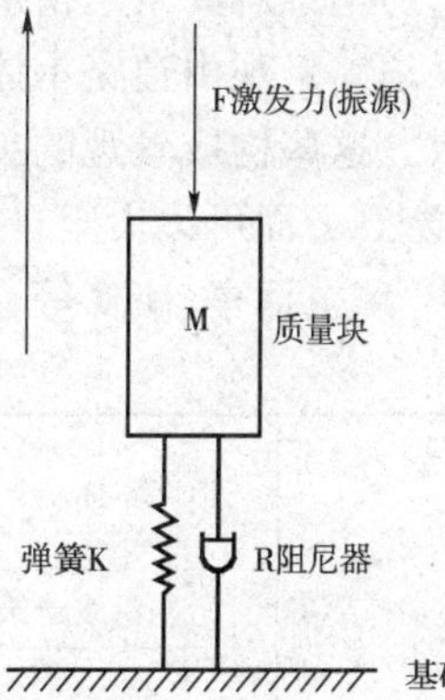

图 10-8　隔振系统示意图

防振沟是在振动源与保护目标之间挖一道沟，以隔离地面振动的传播，所以又叫隔振沟。一般防振沟的宽度应大于 60cm，沟深应为地面波波长的 1/4（在低频时其波长较长，如 $f = 10$Hz 时，波长可达数百米），因此防振沟深度应在被保护建筑物基础深度的两倍以上。为了有效地隔离道路交通振动，防振沟的长度应大于保护目标沿道路方向的长度，有时需在保护目标的周围挖一圈防振沟。防振沟内最好不填充物体而保持空气层，但实际中较难实现，通常是填充砂砾、矿渣或其他松散的材料。需注意，防振沟内如被填充坚实，或者被灌满水将会失去隔振作用。

由上述可见，防振沟本身是一项比较艰巨的工程，因此，只有在特别需要时才采用，一般情况不宜采用。

无论采取什么措施，都应从经济性、施工的难易程度、耐久性和易维修等方面考虑。

第五节　道路结构物景观与绿化设计

随着人们生活水平的提高，人们对精神文化生活及生活环境有了更高层次的要求。人们的出行不再满足于位置快速转移，而且要求旅行环境舒适，要求道路景观美化。一方面要体现水平与竖向组合而成的空间线形连续协调，令人视觉舒适，更好地满足动态中人和车的需要；另一方面要体现道路沿线风景呈现在人们眼前的是一幅幅图像式的动态画面，这些动态画面与道路结构本身、沿线自然环境融为一体。为此，道路建设要在注意其安全性、舒适性、耐久性的同时，还要把道路景观美化作为一项内容来考虑。

一、道路景观概述

1. 道路景观的含义

景观为多义性名词，一般概念泛指地表的自然景色。特定的概念则专指自然地理区划中起始或基本区域单位，是发生上相对一致的和形态结构相同的区域即自然地理区域。类型概念为互相隔离的地段。按其外部特征的相似性、归并为同一类型单位，如草原景观、森林景观、城市景观等。

作为道路景观系指在道路上以一定速度运动时，视野中的道路及视线所及的空间四维景象。如静止时视野所及为道路与环境的三维空间景象。前者为动态，后者为静态。道路景观的内容含公路与城市道路本体、沿线地形、地貌、山脉、河、湖、田野、绿化、森林、植被、建筑物、附属设施与建筑小品等所组成的自然物理形态与社会历史文物。也包括沿线招牌、广告、雕塑等所组成的线形空间与动态景物。

2. 景观的要素

所谓景观要素是指形成景观的各个组成部分。

道路景观由道路本体、桥梁、沿线建筑物、绿化、附属建筑物，以及两边广告牌等各种物体构成。这些构成景观的单个物体（象），我们称之为道路景观的要素。道路景观要素包罗很广，宏观方面可以大至自然地形、地貌、山、水、田野、森林的开阔空间，微观方面可小至邮筒、建筑小品、电话亭、座椅等，景观构成要素列于表10-15。

道路景观构成要素类别　　表10-15

景观主体要素	道路本体	各级公路、城市道路的路线、路基、路面、专用公路、高架路、桥梁、隧道、平交、立交桥、排水构造物、行人天桥、地道、停车场等
	道路沿线建筑物	车站、饭店、办公楼、寺庙、道观、宫殿、陵墓、宝塔、图书馆、影剧院、宾馆、商场等
	道路绿化公园广场	公园林阴道、街心花园、休闲广场、纪念广场、名胜古迹、花园、植物园、名树园林、行道树等

续上表

景观辅助要素	道路附属设施	交通安全、管理、服务、防护与照明设施、沿线广告、宣传画、围墙、沟渠、隔离栏
	景观背景	江、海、河流、湖泊、山脉、森林、农庄、风车等自然景色，包括天空、云彩、喷泉、瀑布
	景观动态要素	车辆行人的活动（步行人群、自行车队等） 季节天气变化（雨、雾、雪、阴影、倒影等） 信息标志动态显示（交通与商业广告）

3. 景观的类型

从属性上说来景观可分为自然景观、人文景观与社会景观，它们都是道路景观的构成要素。常因人的年龄、文化教育、兴趣、习惯、心情和知识状况的差异和鉴赏观点、时间、地点、角度的不同，对景观的认识与评价等亦会有所不同。

(1)自然景观，范围很广，包括山、水、田野、森林、一丘一壑、云雨、雾雪、阳光、月亮等所有可以成景的自然物体。设计者利用得巧妙、得当，都可以成为难得的风景和自然景观资源：山水田林作为景观背景、骨架或衬托的轮廓。而雨、云、风、雪及日、月的光线则可因时间、季节气候的变化而成为动态景观，溶洞、奇山、怪石、温泉、瀑布等也可成为美丽的自然景观。

自然景观是自然的造化，是长期宇宙演进的结果，人类自身无法创造，更不宜人为破坏或任意改造。图 10-9 所示为选线时利用当地特有的自然景色，给驾驶员展示了一幅优美的画卷，图 10-10 所示为选线时利用中央绿化带引导驾驶员的视线。我们今天的任务是尽量保护自然与自然景观并充分予以利用。

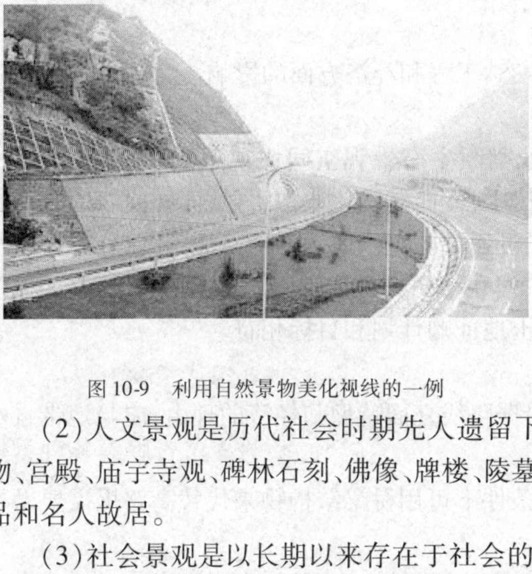

图 10-9　利用自然景物美化视线的一例

图 10-10　利用人工建筑物美化视线的一例

(2)人文景观是历代社会时期先人遗留下来的历史文物，包括各种历史的、现代的建筑物、宫殿、庙宇寺观、碑林石刻、佛像、牌楼、陵墓、有代表性的民居、宅院以及文物古迹等艺术作品和名人故居。

(3)社会景观是以长期以来存在于社会的人们生活习惯与行为特征为内容的景观，如社会习俗、风土人情、村落、宗教信仰、民族服饰、饮食文化等均可形成一种特色，社会景观反映了一个地区或一个地域人民社会生活的一个侧面，社会景观涉及面广、包含内容十分丰富，同民族特点、宗教派别、社会制度、信仰风俗习惯等有关。

从结构层次上说来景观可分为内部景观和外部景观。

道路内部景观是指行驶在道路上的驾驶员和乘客所见到的景观以及在停车场、服务区等场所所见到的景观，是动景观。内部景观设计包括道路空间线形本身的协调性设计，与视觉诱导分析、周围地形及沿线环境融合等。可见，线形设计是内部景观设计的主体，它的成败将直接影响景观设计的好坏。此外，沿线绿化、标志标线、边坡处理、沿线景点的造型、公路的色彩等，对内部景观同样会有很大的影响。

道路外部景观是指从沿线居住地及其他道路上看到的公路及沿线设施景观，是静景观。它强调的是公路的整体印象。作为一种人工的构造物，公路建设无疑会改变原有的地形、环境。外部景观设计就是于公路以外审视公路与环境之间的统一性，通过弥补措施，力求使公路成为环境的一部分，利用和开发，保护持续的、稳定的、发展的态势，这样才能既有利于当代，又造福于后代。

二、道路结构物景观设计

人们把道路工程的景观造型看作美化道路与协调平衡道路对自然和景观的影响，并把道路和景观融合在一起的一种有效措施。

1. 一般造型原则

道路的新建和改造，根据运输要求、运输政策、设计方针和空间布局目标确定。路线设计必须尽量减少对自然和景观的负面影响。

道路对自然和风景的影响是由所选择的设计要素综合造成的，因此，在确定设计速度时，除了要考虑交通技术和经济观点外，还必须结合地形条件和自然经济情况，适当考虑维护景观的观点。

在自然保护和维护景观方面，在选择平面与立面设计线形时，同样也必须作大量调整，并尽量避开对有特殊意义的自然区域和景观的影响。

为了避免自然和景观的损失，路线应尽可能按原有地带坡度设置，使总的土方调配数量最小，工程造价低。

在选择景观造型措施时，必须考虑它们在生态、工程和经济方面的影响。

2. 平面造型

在路线的平面设计中，必须尽量避免错误地割断生态景观空间或视觉景观空间的做法。种植树木是补充景观的措施。在曲线外侧种植树木，使曲线变化非常明显，而在曲线内侧则必须保证所要求的视野，从路堤到结构物的过渡段可通过植树以增强识别特征，并使造型与景观恰当地配合。由路堤到路堑的变化段，在土方工程和植树方面的选型设计应特别细致。种树要求的面积应考虑与维护景观协同设计提出的土地征购计划和目标相符。

3. 立面造型

只要控制点和自然条件许可，道路的坡度根据路线立面造型和经济的理由，应与地带自然坡度接近。

跨越山谷时，根据视距和生态的要求，什么条件下可用桥梁结构物来代替高路堤需要做专门的调查分析。

有中央分隔带的双幅公路，在斜坡上来去两幅公路设计高程不同时，通常对造型和经济均显得较为有利。

在凸型竖曲线范围内种植树木应着重强调视野，要使驾驶员能及时了解路线的变化。

只要不违背安全和交通工程的观点，在平原地区，对道路景观造型比较有利的做法是，采用与地带相协调的坡度，并采用较大的竖曲线半径，可使线路获得较为平顺的变坡点。

4. 横断面造型

除了平面和立面设计中的线形外，横断面造型对道路与景观的恰当配合有特殊意义。

因此,除了工程技术和经济观点外,景观造型对路堤或路堑边坡的坡度,以及它们与现有自然地带的适应情况是有意义的。

横断面造型的目的是使边坡造型和现有景观与绿化相适应。

对于单一的交通方式,如自行车和行人交通,应规定自己的交通空间,有可能时不仅应有足够尺寸的分隔带,而且应有一个明显的横断面净空。分隔带中的绿化、保护作用和造型功能应得到足够的重视(见图 10-11)。

图 10-11　用绿化带分隔的行人交通

横断面造型可借助种树改善。应注意调整从车行道到侧向种树的规定距离。通常也适当地注意树木到道路用地边界的距离(见图 10-12)。征购土地面积的横向宽度由植树带的宽度和侧向间距共同决定。

对双幅公路根据地区条件可以考虑下列特殊解决形式。

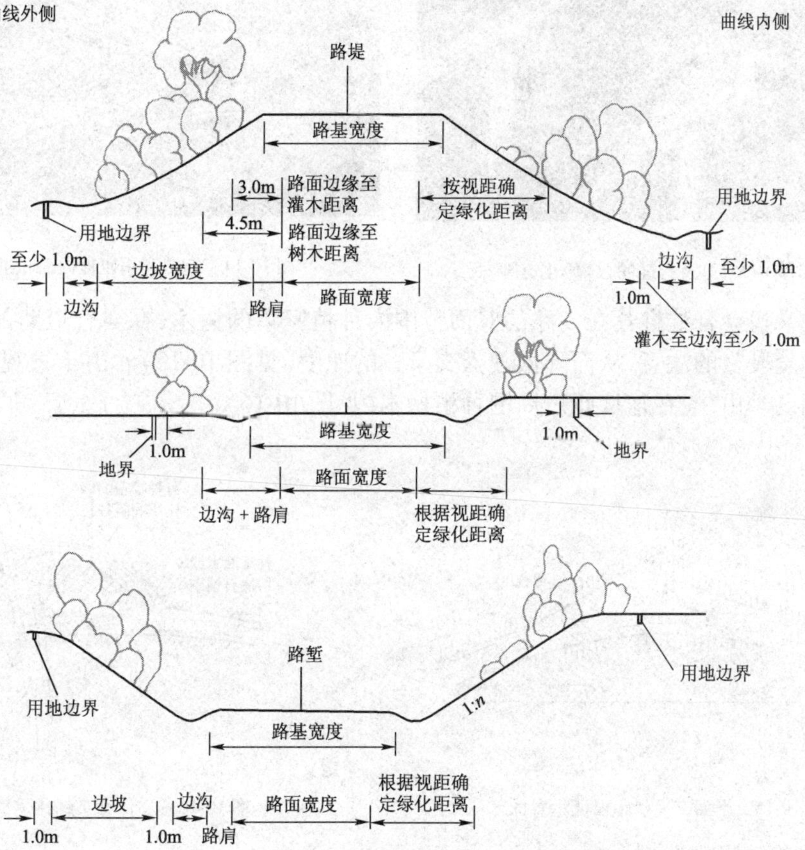

图 10-12　横断面上的种树要求

(1)扩大中央分隔带

由于造型的需要和为了保护珍贵的地物,可以把中央分隔带扩大成分开两幅道路的形式。

(2)斜坡上的高低双幅公路

由于地带形态、造型、交通工程和经济原因,同时也为了尽量减少对自然和景观的影响,常在斜坡上布置两幅高低不同，分道行驶的双幅公路(见图10-13)。

5. 交叉口的景观设计

对于非主要道路车流量不大，行人较多的交叉口，可以仿照西欧做法，常在交叉口设置纪念碑、喷泉广场，成为具有观赏吸引力的景点，转角处的建筑物的艺术造型往往使路口具有明显特色，更多的情况让交叉口四角建筑后退，创造较为开阔的空间。在不妨碍转弯交通与驾驶员视线的前提下，布置一些雕塑、树木、报亭，以加强路口的景观印象。有时还借助于合理的布置和适当的绿化造型，来突出交叉口，并促使人们加深对交叉口的印象。为了在任何情况下都不影响交叉口的行车视线，只允许在要求的视距范围之外种植小丛林。

交叉口造型的目的是为了节省用地面积和获得良好的地面景观。对于立体交叉口升坡匝道和升坡匝道内的面积也要充分利用，以美化环境、改善景观(见图10-14)。

图10-13　分道行驶的双幅公路

图10-14　充分利用匝道内面积进行绿化

丁字交叉口会合处推荐在支路的对面范围内种植密集的树木，在会合道路的右侧延伸的树木会引起驾驶员的注意，从而降低驶入交叉口的速度(见图10-15)。由于景观要求，同时也有经济方面的理由，应在连接匝道周围种植树木(见图10-16)。

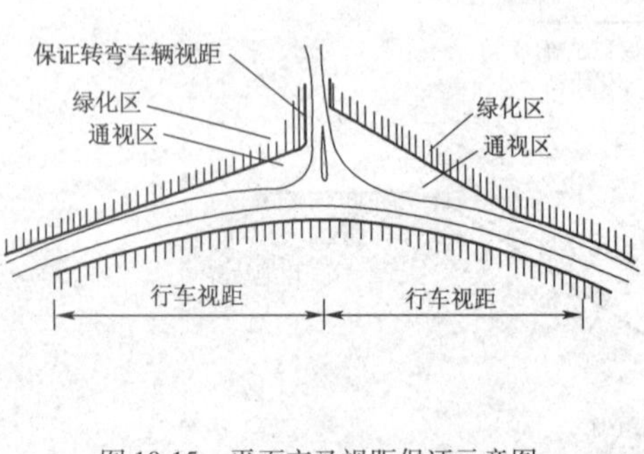

图10-15　平面交叉视距保证示意图

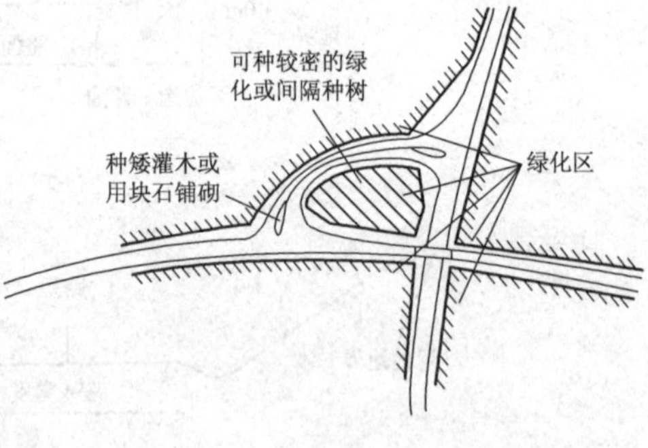

图10-16　立体交叉绿化示意图

6. 构造物的景观造型

构造物造型必须特别细致。按照景观特征和构造物的类型，往往可侧重于上部、中部或下部。构造物可以是桥梁、挡土墙、防噪声墙或其他显而易见的结构设施。在造型时，注意力不仅要放在有关工程技术和经济问题上，而且同时要满足优美的结构形式和色彩的要求，考虑塑造的景观特点，以及本地区的结构形式和建筑材料。

预制构件形式的特殊结构物和较小的结构物，如涵洞和农村道路上的小桥，需要认真细致地造型,并注意与景观的配合。

挡土墙和护面墙的高程须约束在绝对必要的尺寸内,有可能时应尽量采取植物绿化遮盖措施,既可保护墙体,又能美化环境。

7. 取土坑和废料堆的处置

为了确定取土坑和废料堆的位置和进行工程施工,必须有一个合理的设计。在确定位置时,特别要注意保护自然和景观。保护景观的设计需考虑土地的充分利用、新的景观造型和将来的发展。

对于取土坑和废料堆的布置,有两种可能:重新耕种或用于水产养殖,对此应认真研究做出切实可行的规划设计。

8. 噪声防护结构物的处置

应特别注意噪声防护结构物的材料、形式和色彩,借助于它们,便于使噪声防护与景观相协调。墙与墙的组合形式常常可以改善防噪声墙的外观(见图 10-17)。

图 10-17　防噪声墙与周围景观有机协调

应优先考虑广泛应用本地的小丛林作为噪声防护措施。

防噪声墙的结构状态除符合规范要求,还应尽可能美化与通俗化。

三、道路绿化设计

1. 交通方面要求

合理安排种植树木能满足或加强交通的视线要求。这在技术设计或防护景观协调规划中都应加以说明。

(1) 视觉引导

驾驶员借助道路的空间造型,尤其是种植的树木,了解前方道路变化的趋向。首先是在夜间黑暗时,或在有雾和下雪时,能识别道路线形和侧向界限,而在白天则能看到比较远的距离。这会产生运行心理学的效果,防止驾驶员疲劳,提高交通安全(见图10-18)。

(2) 运行速度的影响

通过种植灌木林来构成运行空间的轮廓,对运行状态会产生影响,并使运行速度与路段特征相适应。

(3) 交叉口的识别性

恰当地安排小灌木林的种植,通常能提高入口处和交叉口的识别性或易辨性。

(4) 防眩光

中央分隔带的小丛林带优先担负起遮挡眩光的作用,即使平行运行的两条道路,也要尽量用植树遮隔。

(5) 遮拦保护与防风

道路侧面,如果有足够的宽度和深度的密集灌木林,那么就有遮拦与保护道路的作用。灌木林会减小侧向强风对道路的威胁(见图 10-19)。

(6) 防雪影响

合理结构和间隔的灌木林带,能起到阻拦吹雪的作用,可使吹雪从林带上空吹过道路,而不影响道路的使用。

图 10-18 道路两侧的树木起到视线诱导的作用

图 10-19 道路两侧的防护林

2. 工程技术要求

挡土墙、铺砌块石与边沟加固等，在很多情况下可以用植物覆盖措施全部或部分地代替。植物覆盖措施应在技术设计中或在景观协调设计中予以说明。

植物的生长条件，尤其是边坡坡度、位置、朝向和植物的特性，使植物覆盖的作用和有效性受到限制。植物覆盖措施对工程排水设施有积极作用，它可代替其中部分设施的功能。

(1)防止土壤浸蚀

为了阻止地表水和强风对土的浸蚀，对于未加固的路肩、边坡、护坡台阶，以及其他由于土方作业产生的新界面、停车场和停车带等，均应借助种植树木、铺草皮或其他防护措施加以保护。

(2)防止土体滑塌

对于有滑塌危险的边坡和斜坡，应借助深根灌木和植物覆盖措施予以防护，对于不同状况，应采取不同的措施与施工方法，以防止滑塌。

植物体通过根系对土壤的固着作用，以及植物枝叶和地被植物的有关作用达到涵养水源的目的，并能阻止或减少地表径流，降低和防止雨水冲刷边沟、边坡，避免水土流失。

(3)防止落石和雪崩

在边坡和斜面上密集生长的植物，对落石和雪崩形成一定的防护作用，必要时可以附加技术措施。

(4)降低路面温度

有关试验表明：夏季沥青混凝土路面，温度高达 40℃ ~50℃，比草地和林阴处高出 1℃ ~14℃，绿地气温较非绿地气温一般低 3℃ ~5℃。通过景观绿化美化，可以改善地温和气温，改善小气候，减轻路面老化，延长公路使用寿命。

3. 景观保护要求

通过种植树木以代替或部分代替工程技术措施，同时又达到美化自然和景观的目的。此外，维护景观的措施还能实现一系列环境保护的任务。这些都应在技术设计中或维护景观协同措施中予以说明。

(1)景观的组成和多样性

树木、灌木、路边草皮和绿篱是景观的重要组成部分，而且能发挥各种各样植物的作用。道路空间以外的森林、草皮和灌木丛等能对现有的景观作补充。它们能调整工程中难以避免的景观影响，并能保持动植物界有价值的生态平衡。一定的景观结构，如山谷、高地、静止和流动的水域,以及其他景观特征要素,一般应尽量保持它们原有的景象,并包括在景观设计中。

(2)保护有价值的区域和物体

有价值的区域和物体原则上应保留,要尽量调整路线,以避免损害,或使之减小到最低限度。

(3)防止噪声、灰尘和废气

栽种密集的尽可能高的阶梯形灌木,能防止一定范围的交通噪声。种植灌木还可减少尘埃和废气的扩散范围,降低风速,而且气体中的部分有害成分能被灌木树叶吸收。

绿色植物体可以通过光合作用过程吸收二氧化碳、放出氧气,使高速公路沿线的空气保持清新。同时植物的叶片还能吸收和阻滞在高速公路上行驶的车辆排放的尾气中所含的各种有害气体(如 CO、NO_x 等)、烟尘、飘尘以及产生的交通噪声,减轻并防治污染,净化和改善大气的环境质量。

(4)遮挡视线

住宅区和疗养区通过种树可以遮住道路,同样,树木可以遮隔杂乱的施工区和工业区对道路的干扰。

(5)适应环境的结构物

结构物应通过合理的景观造型,并借助树木的作用与周围环境相协调。

(6)取土坑和废料堆的造型

取土坑和废料堆应通过重新整理与有计划地造型,以达到景观的合理利用(作疗养区、林业区和农业区)。

(7)储水池的造型

汇集地表水储水池的景观造型要合理,并应尽量促进潮湿地带和水体的生态平衡。

(8)改善地带气候

种植灌木并合理地进行景观布局,使景观空间地带的气候受到有利的影响,另一方面,必须避免灌木产生不利于地带气候的作用。

(9)保护动物

尽量不要损害受保护动物的生活场所,对于可能阻隔动物移动的路段,应设动物过道。增辟新的水面和适宜植物生长的地点,以改善森林动物的生活条件。

思考题

1. 道路交通对环境的危害有哪些方面?
2. 汽车污染物的有害成分有哪些?有何控制措施?
3. 道路交通噪声对人的危害表现在哪些方面?有哪些控制措施?
4. 道路交通振动有哪些危害?
5. 如何防治道路交通振动?
6. 什么是道路景观?它有哪些部分构成?
7. 道路景观是如何分类的?
8. 道路工程景观造型应遵循什么原则?它包含那些方面?
9. 道路绿化设计中对交通运行、工程技术、景观保护方面的要求有哪些?

参考教学大纲

一、课程性质

本课程是一门既有系统理论又有一定实践性的专业课程。它介绍了交通流、交通调查与数据分析、道路通行能力和交通规划的基本理论与方法,以及交通事故分析、交通管理与控制、交通与环境、停车场设计等内容。

二、课程的目的和要求

知识目标:掌握交通调查、交通特性分析、道路通行能力分析、交通事故分析和交通管理与控制的基本理论;了解有关交通流、交通规划、道路交通环境保护等基本理论和知识。

技能目标:具备交通调查、交通分析的基本能力。

能力目标:利用所学知识,建立道路交通规划的基本概念,具有交通调查、分析和评价的能力,为道路建设项目的决策服务。

三、课时分配(见课时分配表)

课时分配表

序号	课程内容	课时分配			
		小计	课程教学	习题	实训
1	第一章　绪论	2	2		
2	第二章　交通特性分析	8	6	2	
3	第三章　交通调查与分析	16	12		4
4	第四章　交通流理论	4	4		
5	第五章　道路通行能力	8	6	2	
6	第六章　交通规划	12	8	2	2
7	交通管理 第七章　交通事故分析与安全措施 第八章　交通管理与控制	12	8	2	2
8	交通附属设施与环境 第九章　停车设施的规划与设计 第十章　道路交通环境保护	8	6		2
	机动	2			
	合计	72	52	8	10

注:周4学时,共计18周。

四、课程内容、大作业说明

1. 第一章　绪论

内容:(1)交通工程学的定义

(2)交通工程学的起源与发展

(3)交通工程学在我国的发展

(4)本课程的内容、目的、任务及与其他学科的关系

重点:交通工程学的定义,本课程的内容。

2. 第二章　交通特性分析

内容:(1)驾驶员的交通特性

(2)乘客和行人的交通特性

(3)车辆的交通特性

(4)道路的交通特性

(5)交通量的基本特性

(6)行车速度特性

(7)交通流的基本特性及其相互关系

重点:驾驶员的交通特性,车辆的交通特性,道路的交通特性,交通量的基本特性。

3. 第三章　交通调查与分析

内容:(1)交通调查与分析概述

(2)交通量调查

(3)行车速度调查

(4)交通流密度调查

(5)交通延误调查

(6)自行车、行人交通调查

重点:交通量调查,行车速度调查。

实训一:某路段截面进行机动车交通量调查分析。

实训二:某平面交叉口高峰时段机动车交通量调查分析。

4. 第四章　交通流理论

内容:(1)交通流理论概述

(2)交通流的统计分布特性

(3)车辆跟驰理论

(4)流体动力学模拟理论

重点:交通流的统计分布特性。

5. 第五章　道路通行能力

内容:(1)道路通行能力概述

(2)机动车道通行能力

(3)非机动车道的通行能力

重点:机动车道通行能力。

6. 第六章　交通规划

内容:(1)交通规划的目的、内容与方法

(2)交通规划的指导思想

(3)交通规划的调查工作

(4)交通系统现状分析评价

(5)交通预测

(6)交通规划与路网规划

(7)交通规划的评估

重点:交通预测。

实训三:起讫点调查。

7. 交通管理

第七章　交通事故分析与安全措施

第八章　交通管理与控制

内容:(1)交通事故调查

(2)交通事故成因分析

(3)交通安全措施

(4)交通法规

(5)道路交通标志与标线

(6)平面交叉口的交通管控

(7)信号管制

(8)高速公路的交通控制

重点:交通事故调查,交通法规,道路交通标志与标线,平面交叉口的交通管控。

实训四:某市道路交通标志与标线的设置调查。

8. 交通附属设施与环境

第九章　停车设施的规划与设计

第十章　道路交通环境保护

内容:(1)停车设施分类和停车调查

(2)停车场的规划

(3)机动车停车场设计

(4)自行车停车场设计

(5)汽车污染物的危害与防治

(6)噪声污染

(7)道路交通振动的危害和防治

(8)道路结构物景观与绿化设计

重点:停车设施分类和停车调查,汽车污染物的危害与防治,道路结构物景观与绿化设计。

实训五:某市道路交通环境调查。

参 考 文 献

[1] 徐吉谦. 交通工程总论. 北京:人民交通出版社,2002.

[2] 中国公路学会《交通工程手册》编委会编. 交通工程手册. 北京:人民交通出版社,1998.

[3] 严宝杰. 交通调查与分析. 北京:人民交通出版社,1997.

[4] 任福田,等译. 道路通行能力手册(HCM 2000). 北京:人民交通出版社,2007.

[5] 中华人民共和国交通部. JTG B01—2003 公路工程技术标准. 北京:人民交通出版社,2003.

[6] 中华人民共和国建设部. 城市道路规划设计规范. 北京:人民交通出版社,2000.

[7] 黄卫,等. 智能运输系统(ITS)概论. 北京:人民交通出版社,1999.

[8] 中华人民共和国国家统计局编. 中国统计年鉴. 北京:中国统计出版社,2007.

[9] 李作敏. 交通工程学. 第2版. 北京:人民交通出版社,2001.

[10] 张玉芬. 道路交通环境工程. 北京:人民交通出版社,2000.

[11] 荆便顺,等. 智能运输系统对信息学科带来的机遇与挑战. 北京:交通与计算机. 2001年第三期。

[12] 蒋金勇,杨晓光. 美国国家智能运输系统结构概述. 公路交通科技. 1999,16(3):49~52.

[13] 杨佩昆,张树昇. 交通管理与控制. 北京:人民交通出版社,1999.

[14] 杨九龄,刘会学. GB 5678—1999《道路交通标志和标线》应用指南. 北京:中国标准出版社,新华出版社. 1999.

[15] 郑祖武,李康,徐吉谦,等. 现代城市交通. 北京人民交通出版社. 1998.

[16] 陆化普. 交通规划理论与方法. 北京:清华大学出版社,2006.

[17] 姜桂艳,丁同强. 交通工程学. 北京:国防工业出版社,2007.